# 臺灣歷史與文化 研究輯刊

九 編

## 第3冊

日治時期埔里的殖民統治與地方發展（下）

邱正略 著

花木蘭文化出版社

國家圖書館出版品預行編目資料

日治時期埔里的殖民統治與地方發展（下）／邱正略 著 ——
初版 — 新北市：花木蘭文化出版社，2016〔民 105〕
目 12+160 面；19×26 公分
（臺灣歷史與文化研究輯刊 九編；第 3 冊）
ISBN 978-986-404-471-9（精裝）
1. 殖民政策 2. 日據時期 3. 南投縣埔里鎮
733.08                                                      105001800

ISBN-978-986-404-471-9

9 789864 044719

臺灣歷史與文化研究輯刊
九　編　第三冊                          ISBN：978-986-404-471-9

日治時期埔里的殖民統治與地方發展（下）

作　　　者　邱正略
總 編 輯　杜潔祥
副總編輯　楊嘉樂
編　　　輯　許郁翎
出　　　版　花木蘭文化出版社
社　　　長　高小娟
聯絡地址　235 新北市中和區中安街七二號十三樓
　　　　　　電話：02-2923-1455／傳真：02-2923-1452
網　　　址　http://www.huamulan.tw 信箱 hml810518@gmail.com
印　　　刷　普羅文化出版廣告事業
初　　　版　2016 年 3 月
全書字數　504529 字
定　　　價　九編 24 冊（精裝）台幣 50,000 元

# 日治時期埔里的殖民統治與地方發展（下）

邱正略　著

## 附錄表目次

# 結　論

　　本書是在劉枝萬所撰寫《臺灣埔里鄉土志稿》的基礎上，繼續完成殖民
統治時期埔里地區的歷史。除了探討殖民統治與地方發展的關係，也利用人
口統計資料，呈現埔里的人口變遷與族群結構。並且以埔里的人口數據與較
上層的全臺灣數據、下一層的烏牛欄庄數據做比較，說明埔里的人口變遷與
族群結構特別之處。本書也探討地方菁英與地方發展的關係，並且把日本人
菁英也納入討論。

　　運用電腦軟體將戶口調查簿的資料建檔整理，是本書最特別的部分，也
建立了「埔里地方菁英」與「日本人菁英」的個人基本資料。除了以「文化
網絡」與「公共領域」的概念來探討地方菁英的公共參與，也對於地方菁英
進行量化分析，賦予「聲望」評等，並且討論「世代交替」關係。

　　整體架構上，筆者先從殖民統治的各項措施推動，來看埔里地區在殖民
政府眼中的定位，得到的結論是殖民政府將埔里視為「理蕃」重鎮，理蕃措
施推動過程，對於交通運輸由於沒有迫切改善的壓力，加上烏溪線的道路開
闢困難，在不符合經濟效益的考量下，不願積極地改善埔里對外交通不便的
問題。以「物」的角度，從產業發展與交通建設來看，縱然開發範圍日趨擴
大，產業型態逐漸多元化，發展上的先天缺陷還是對外交通的不便。以「人」
的角度，一方面從人口成長趨勢來看，埔里的人口成長較全臺灣的平均數為
高，尤其是日治初期增加速度特別快，但是，日本人口增加到 1,000 人以後，
即處於停滯狀態，表示埔里欠缺吸引日本移民陸續遷入的誘因，主要原因之
一還是交通不便。

　　埔里對外交通不便，是地方發展先天的不利條件，從產業發展及理蕃政

策兩方面可以看出，殖民政府對於埔里地方建設，最消極被動的就是「改善對外交通」。首先是產業發展方面，臺灣總督府民政局殖產課技師橫山壯次郎等三位，於明治 30 年（1897）5 月前來埔里進行殖民地調查約一個月，目的本在尋找較大面積適宜開墾的非私有土地，所撰的〈埔里社地方殖民地調查報告〉中卻失望地表達，埔里並無符合條件的土地。日治時期殖民政府於各地設置官營移民村，埔里由於缺少較大面積容易開墾的土地，因此缺乏設置移民村的有利條件。雖然殖民政府在推動糖業發展上，促成臺灣製糖株式會社併購埔里社製糖會社，間接地推展埔里盆地周邊丘陵地的開發，也由臺灣製糖株式會社投資興建埔里社輕鐵，以確保糖產物可以順利運出，為埔里帶來一條簡陋的新式對外交通工具。

再從理蕃政策來看，清代埔里對外交通主要分為北路、南路兩線，由於北路有番害威脅，進入埔里的官民多走南路。日治初期帶來新的交通設施埔里社輕鐵，還是屬於南路。北路由於開鑿成本太高、不符合使用效益，對於殖民政府而言，一直是個懸案。就殖民政府的立場而言，「理蕃」只是手段，「開發山地資源」才是目的，理蕃政策推行過程，對於高山族有計劃地逐步展開討伐行動，由於準備工作尚無時間上的迫切性，對於交通的不便，還不致產生「應該儘速加以改善」的危機感。直到昭和 5 年（1930）霧社事件發生，軍隊與輜重無法順利運入埔里，才促使殖民政府體認到「必須排除萬難儘速改善對外交通」的重要性，於事件後開始編列經費，著手開鑿這一條「裏南投道路」。

埔里盆地是位於內山面積較廣闊的平原，清末以來，處於漢番交界的緩衝地帶，成為理番政策推動下的重要據點。日治時期殖民政府以「北蕃」與「南蕃」來區分泰雅族和布農族，以埔里做為兩族分布區域的分界點。平坦肥沃的土地，也吸引各族群先後競爭開墾的樂土。平埔族取得先機，道光年間化整為零分批移入埔里開墾，直到光緒年間，開墾的區域逐漸推進到盆地邊緣的河谷地（見圖 1-2），仍不脫「盆地」的範圍，到了日治時期，開墾的腳步逐漸擴展到周邊的丘陵地，也著手改善盆地內的水利設施，以充分利用可耕地，最明顯的就是旱田面積的大量增加。盆地周邊旱田的拓展與丘陵地的開發，都與糖業發展有密切關係，由於原本從事稻作轉而栽種蔗糖的水田、旱田面積也不多，糖業的推動對於稻作的耕地未產生明顯的排擠效應。

埔里盆地的地理位置與自然環境顯示出的優劣條件，優點在於擁有約

6,000 甲平坦易開墾的土地（昭和 9 年水田與旱田面積總和），缺點是重山阻隔，與外界交通不易，遷移至此生活已屬不易，生產的物品欲運出銷售更感不便。雖然在總督府的糖業獎勵政策下，埔里也成為中部主要產糖地點之一，但在產量上，所佔比例不高，而且種植面積逐年縮減。

　　土地開發除了看到耕地面積的擴大，以及因水利設施的改良而促使水田面積的增加外，也看到開發範圍進一步擴展到近山的河谷地與丘陵地，這些開發與糖業的推展有密切關係，這是「地」的部分。至於「人」的部分，也有所轉變，從清代道光年間以來由平埔族開發盆地內的耕地，到了日治時期，近山河谷地與丘陵地開發的主導者，轉變成為以漢人與日本人為主，即使是原本由平埔族所開墾的平原土地，地權也有漸次轉移的現象。

　　埔里是平埔族追尋的一塊樂土，也是一個族群融合的園地，與全臺灣的人口統計數據相較，埔里的人口成長比較高一些，而且在日治初期有一段明顯的移民潮，族群結構也有明顯的差異，最特別的就是平埔族人口一直還佔 1/4 至 1/5 左右。埔里的族群分布，閩南人的聚落以埔里社街、枇杷城庄為主，也散居於埔里盆地各平埔族聚落當中，平埔族的聚落分布於埔里盆地，尤其是盆地西部與北部聚落所佔的比例較高些，至於客家人，主要分布於盆地周邊谷地或丘陵地，尤其是盆地的西邊、西北邊。為數極少的高山族，主要散居於大湳、牛眠山等靠近蕃地的聚落。由於埔里與臺灣西部平原相較，是開發較晚的地區，尚未形成較強固的宗族力量，從地方菁英的身份背景也可以看出這一點，因此，宗族勢力與地方發展關係較弱，這是與西部平原大多數地區較不同的地方。

　　在族群關係的研究上，研究者大多關注於「漢番關係」的探討，至於所謂的「番番關係」則比較被忽略。所謂「番番關係」不僅僅是平埔族不同社群的關係，還包括平埔族與高山族的埔里社番、平埔族與邵族水社番、埔里社番與邵族水社番等多環結相扣的複雜關係。第一章第二節的討論即可看出，埔里地區的族群關係有明顯的時空差異，族群關係亦不能與「族群分類」劃為等號，例如不能因為埔番與邵族的水社番關係密切，就認為他們應該被劃歸同一族。族群或聚落間，往往因時空不同而產生「親疏」、「濃淡」的關係，能夠了解這樣的複雜性，就可以理解為何牛眠山、大湳等靠近番地的聚落，與高山族既有交易關係、通婚關係，又必須進行防番守衛，甚至吃番肉的行為。

　　日治時期的殖民統治政策，諸如行政官制、教育制度、土地調查、糖業獎勵等，大多是全臺灣統一施行，不過，許多情況下也有緩急先後、因地制宜的差別。對埔里而言，殖民統治各項措施當中，哪些屬於積極主動的作為，哪些又顯得消極被動，可以先從臺灣總督前來埔里視察次數頻繁與否來檢視。歷任臺灣總督曾經到過埔里視察者僅有三位，即第五任佐久間左馬太、第六任安東貞美與第九任內田嘉吉，尤其是在任時間最久的總督佐久間左馬太，先後三次來過埔里，前來的原因都與理蕃事務有關。總督前來視察的次數如此稀少，一方面基於交通不便，目的也大多是為了「視察蕃地」，另一方面，視察的日期幾乎都集中於殖民統治前半時期，最晚的一次視察，仍是霧社事件發生前，即使到了昭和 11 年（1936）裏南投道路開通之後，也沒有總督來過。除了進行太魯閣討伐行動與霧社事件發生後的一段時間外，埔里在殖民統治期間並沒有特別受到臺灣總督注意的機會，就總督府的立場而言，埔里應只是帶有「理蕃」前哨站的重要性。

　　埔里接近蕃地，日治時期仍有發生蕃害事件，理蕃政策的推動方面，可以看到殖民政府積極性的一面。日治初期為了應付平地的反抗者，對於高山族先採取比較消極的安撫手段。等到平地的反抗勢力逐漸被消滅之後，開始採取比較積極的恩威並行策略，以隘勇線的防堵與軍隊討伐手段，逐步迫使高山族屈服於殖民統治之下。綜觀日治時期理蕃措施的演變，可以說是從隘勇線系統轉變為駐在所系統的過程，此一轉變也可以視為殖民政府對於山地開發及有效統治高山族的歷史縮影。從殖民政府幾次對於埔里附近的蕃地進行的討伐行動，都可以看出埔里在討伐行動中的重要位置。

　　日月潭水力發電工程是殖民統治時期的重大工程，大正 8 年（1919）施工以來，雖然過程幾經波折，最後還是完成。從日月潭水力發電工程的推動過程，可以看到殖民政府的積極性，埔里以地利之便，提供了施工過程所需電力的發電所與變電所的興建地點，也附帶獲得點燈 2,100 盞的電力，大正 5 年（1916）開始供電的埔里社電燈株式會社，電力約僅供應 700 盞電燈使用，被臺灣電力株式會社併購之後，由北山坑發電所供應的電力，點燈數增加了 2 倍。這項工程所帶來的人潮也促使埔里街一時商業的興盛，這是對外交通不便的埔里少見的榮景。

　　日治時期殖民統治措施與日本宗教民俗，都帶給埔里街民一些影響。醫療衛生設施的建立，提供街民更好的生活環境。「眉溪堤防工程」的修築，也

大大地減低眉溪水患帶給沿岸居民生命、財產的威脅。逐項開辦的改善生活機能措施，例如「埔里水道」、「生魚市場」、「街營當舖」等，為街民生活帶來更大的便利，即使這些措施的出發點不盡然都是「為百姓著想」，多少也無心插柳地為埔里街民營造更佳的生活環境。

　　在臺灣的日本人主要居住於都市，隨著日本人人口逐漸增加，為了提供日本人較良好的生活環境，殖民政府著手改善飲食、衛生、醫療等措施。埔里街的日本人主要居住地以埔里、大肚城為主，埔里街的水道給水區域是以埔里街市區為主，最遠延長至大肚城，正是日本人主要居住的區域。

　　殖民統治令人詬病之一就是實施「差別待遇」，這種傾向愈至統治末期愈明顯，專賣物品賣捌人（中盤商）的權利幾乎全數由日本人取得。就殖民政府的立場而言，拉攏臺灣人地方菁英擔任基層的街庄長、保正等職，對於殖民統治是有利且必要的，不過，從一些統治措施還是看得到比較偏袒日本人。例如昭和 10 年（1935）以後，臺灣各地普遍換掉臺灣人街長，改由日本人擔任。例如官選街協議會員比例，日本人僅佔全臺灣人口約 1/20，協議會員卻佔 1/3 比例，埔里的比例更高一些。昭和 19 年（1944）全臺灣的街庄協議會員，大致比例為日本人佔 1/3，臺灣人佔 2/3。昭和 16 年（1941）埔里 9 位官選街協議會員當中，臺灣人僅 3 位，日本人有 6 位，較全臺灣的平均比例顯得更不公平。若就全臺灣 10 屆的街庄協議會員來看，臺灣人一直佔 3/4 以上，日本人歷屆平均比例約僅 17%。反觀埔里，日本人一直都佔 4 成左右（見表 5-15）。埔里的日本人佔埔里總人口比例低於全臺灣的日本人佔全臺灣總人口的比例，日本人擔任街庄協議會員的比例卻較全臺灣的平均數來得高，主要在於日本人擔任官選街協議會員的比例較其他地方來得高。

　　埔里雖然地處群山之中，對外交通不便，但是在許多方面還是與臺灣整體環境共同脈動，例如在政治上，林獻堂、蔣渭水等地方士紳知識分子的帶動下，形成議會設置請願運動的風潮，成立臺灣民眾黨、臺灣地方自治聯盟，埔里都沒有缺席。臺灣各地漢詩社盛行的時候，埔里也成立櫻社互相唱和。昭和 10 年（1935）的始政四十年紀念博覽會活動是全臺灣的大事，埔里也非常積極投入宣傳工作。

　　不過，有些方面的發展也顯示出差異節奏，有的節奏比較快些，有的則是相對遲緩。總督府積極推動「市區改正」，是為了改善都市衛生環境不佳的問題，日治時期臺灣全島所公布之都市計畫共計 74 處，以開辦的時間先後看

來，埔里街為第 18 處，是屬於開辦時間較早的地方。臺灣許多市區改正都伴隨著地震後的重建著手擬定，埔里也是其中之一。戰後埔里鎮的都市計畫，也是循著日治時期的市區改正格局，向東方、北方擴展。民營電氣事業的經營，也較大多數地方來得早些。成立於大正 3 年（1914）的埔里社電燈株式會社，是中部地區第二所電氣設施，僅次於明治 44 年（1911）竣工的后里發電所。

交通的脈動可以說是埔里與外界較不容易同步之處。明治 41 年（1908）縱貫鐵路通車，對於臺灣的交通與旅遊皆帶來極大的便利，不過，埔里並未因此共同受惠。交通的不便，也連帶影響生活上的便利，以「生魚市場」為例，縱貫鐵路使得南北市場連成一氣，明治 43 年（1910）即開始以冷藏貨車運送鮮魚，埔里街民卻無福享受這項便利，直到昭和 6 年（1931）年底才開辦生魚市場。埔里通往草屯的道路，深受山川曲折的阻隔，開鑿困難。霧社事件發生後，殖民政府才編列大筆經費，將「裏南投道路」開鑿完工，與臺灣整體交通發展的腳步相較，顯然遲了些。

殖民政府將地方菁英納入殖民統治的基層行政、治安體制中，成為殖民統治的輔助工具。地方菁英也透過與官方的互動，進而獲得經濟利益或地位聲望。這樣的雙向互動，殖民政府運用較少的軍警人力，逐漸有效地掌控地方治安。地方菁英也鞏固了暨有的利益，或者獲取新的利益來源，逐漸形成一個安定和諧的殖民統治局面。單就人數來看地方菁英地域分布的差異，以埔里社街最多，約佔總人數 43%。就族群別而言，可以看出不同時期的族群差異。同治、光緒年間埔里的社會領導階層，主要還是以平埔族聚落的社長、大埔城內的紳商為主。日治時期，隨著漢人移入與混居，以及殖民統治的保甲制度取代舊有的社長職權，平埔族地方菁英人數逐漸減少。整體而言，埔里地方菁英以閩南人最多，約佔半數（50.8%），平埔族約佔 1/4（25.8%）居次，客家人約佔 1 成 5（14.5%）。比較特別的是客家人地方菁英並非出自客家人佔多數的街庄，而是分布於埔里社街和牛眠山庄。位於埔里社街者，除了埔東區長李春英之外，主要是都是醫師（包括牙醫洪國華、醫師張進來、張祖蔭等），牛眠山則是以林逢春家族成員為主。

地方菁英的世代交替可以有兩種觀察。第一種是以區域整體來看不同時期地方菁英的屬性差異，第二種則是針對地方菁英家族成員來看其間的交替延續關係。以第一種來說，清末埔里主要的地方菁英包括三大類型，第一類

是平埔族的社長等地方領袖，例如潘踏比厘、潘定文等，第二類是清末埔里的大地主，例如枇杷城庄的羅金水、牛眠山庄的林逢春與烏牛欄庄的望麒麟等。第三類是大埔城的士紳與商人，例如王廷楷、蔡戇等。這三類也都成為日治初期主要的地方菁英。到了日治中、晚期，形成地方菁英家族「延續勢力」與「新興勢力」並存的時代。「新興勢力」是指中、下階層出身的人，透過擔任巡查補或與官方建立良好關係，逐漸展露頭角，例如中期的張德元、巫俊等人，還有晚期經商致富的許清和、陳進、陳石鍊、羅銀漢等人。

再來看第二種，日治初期埔里大部份的地方菁英與殖民政府維持良好關係，成為官方攏絡的對象，加上他們把子弟送到國語傳習所，開始接受教育，畢業後也順利安插於公家機關任職。第二代菁英也逐步建立個人在地方的聲望與地位，延續了家族在地方的影響力，成為日治中期重要的地方菁英，最主要有黃敦仁、王峻槐、林其祥、施雲釵等人，日治晚期則有羅萬俥、王江源、施丹梯等人。

延續家族勢力，必須栽培後進，送孩子出國留學是栽培後進的主要方式之一。日治時期到日本留學的埔里人很多，這些留學生當中就包括許多埔里地方菁英的子弟，學成回國之後，除了少數到外地發展外，大都成為新的地方菁英，例如陳石鍊、施丹梯、林有川、許秋、童江立等。當時的留學生主要留學日本，留學歐美者相對稀少。以埔里而言，留學歐美者僅羅萬俥一人，這樣的差異正好又凸顯出羅萬俥的特殊之處。

栽培後進的另一種方式，是將小孩送到官府當差歷練，牛眠山林家是最好的例子。日軍進入埔里之初，當時擔任通譯的兩位埔里人，其中一位就是林逢春的長男林其忠。至於次男林其祥，從明治33年（1900）開始，先後擔任過埔里鎮憲兵屯所通譯、埔西區書記、南投廳雇、能高郡雇、埔里街助役，公職歷練20餘年，於昭和4年（1929）升任埔里街長。兄弟二人雖然不曾留學，在地方的聲望都達到高峰，但他們也不忘將小孩送到日本留學。

也有少數聲望很高的地方菁英並沒有世代交替的延續勢力，每一個案原因不同，有的因為英年早逝，同時小孩年幼或缺乏子嗣，有的因為事業發生困難，錯失栽培後進的機會，也有移居他處，後續發展不詳者，或者是原因尚待探尋者，例如李春英、蘇朝金、張德元、潘踏比厘、蘇逢時等人。

提高聲望，鞏固及擴展影響力，主要有兩個管道，官方的管道是透過參與地方事務（擔任公職、榮銜等），民間的管道則是參與地方宗教、文化事務。

另一個重要的努力方向就是維持財富成長，也就是運用投資新的事業組織（電燈會社、開源會社、能高自動車株式會社等）以創造財富，或者是爭取專賣物品賣捌人權利。

政權的轉移對於地方菁英造成程度不等的影響，日治初期的政權轉移，由於殖民政府透過保甲制度、授予紳章等多種手段，有系統地將地方菁英納入統治體系中，大多數的地方菁英也選擇與殖民政府合作，財富與社會地位大都獲得確保，因此，對於地方菁英的影響似乎比較輕。戰後初期的情形則大有不同，由於曾經歷衝突與鎮壓，以及推行土地改革等措施，地方菁英的生命、財產都遭受到極大的侵害。雖然少數地方菁英仍在新政權之下獲得更高的地位或利益，整體而言，戰後地方菁英家族勢力的延續，較日治時期來得困難。

人民面對改朝換代，無論作什麼肆應，都不應以「道德」的觀念來評判，臺灣的大家族，不管是離臺或是留臺，是抗日或是擁日，其過程都是大同小異，只是深淺之別。從地方菁英家族面對改朝換代的肆應，也可以看出地方菁英堅韌的適應力。以烏牛欄黃家為例，烏牛欄黃家經歷日治初期及戰後初期兩度改朝換代的衝擊，皆能沈穩因應，採取與統治者配合的態度，順利渡過動盪時代的難關。日治初期透過與南投廳長良好的互動關係，將收買蕃大租「六五租」價值兩萬圓的債券兌換成現金，成為投資南港溪流域土地開發的資金。戰後初期也響應「三七五減租」政策，率先倡導擁護政策而獲得臺灣省政府頒獎表揚，其後並接受「耕者有其田」之土地徵收。對於大地主而言，資產確實受到莫大的損傷，變通的黃家，將資金轉投入山林開發，購得種瓜坑一帶山坡地 10 甲餘，從事杉木造林事業，使得黃家的產業延續獲得另一生機。

過去對於日治時期地方史研究，常忽略日本人的部份，埔里的日本人菁英對於地方產業發展扮演著重要的角色，例如蝴蝶產業，即是由日本人高羽貞將、杉山昌作等人推展出來的地方特產，埔里社製糖株式會社也是以日本人為主體的會社。雖然與埔里的地方菁英之間通婚關係很少，不過，商業投資合作的例子很多。埔里的糖業發展，主要也是由日本人推動，埔里對外交通，昭和 11 年（1936）裏南投道路開通之前，主要仰賴的輕便鐵路也是由臺灣製糖會社埔里社製糖所經營，裏南投道路開通後，由臺中輕鐵與帝國製糖會社共同營運，都是以日本人資本為主的企業。

殖民統治 50 年，臺灣各地仍留下一些日治時期的遺跡，包括官用廳舍、

神社、製糖工場等等。戰後隨著用途變更與廳舍老舊改建，日本人在埔里留下的遺跡已很難找到。能高郡役所先改爲警察局，如今成爲合作金庫，埔里街役場、保甲聯合會館、青年會館皆已成爲民家。武德殿成爲今日的鎮公所，旁邊的忠魂碑也不存在，位於埔里公學校操場旁的「山口老師殉難碑」早已拆除。專賣局埔里出張所雖然仍是做爲煙酒公賣局的辦公廳舍及廠房，原貌亦已不復見。日治末期興建的能高神社，戰後一部份土地移撥做爲「埔里農業職業學校」（即今日埔里高工）的校地，一部份改爲「臺灣地理中心碑」，原來神社前的鳥居，曾經短時間被改爲「中山紀念堂」，此鳥居可能於民國43年（1954）之後被拆除。能高神社兩旁的石燈，戰後初期，由醒靈寺籌建董事長許清和將其中幾對石燈及一對石獅（即日本人稱的「狛犬」，含底座）從虎頭山下移到醒靈寺前斜坡安置，可以說是日本人僅存的遺跡。

　　日治初期，日本佛教原本被當作一種統治工具來運用，殖民政府打算拿佛教信仰做爲與異民族文化溝通的媒介，由於語言的隔閡，臺灣佛教與日本佛教有所差異，又缺乏溝通經驗，因此，日本佛教在臺灣的傳播並不很順利，戰後也都跟隨著殖民政府撤回日本。日治時期埔里只有兩間日本佛寺，戰後初期弘法寺移作城隍廟使用，能高寺則於民國39年（1950）由基督教長老教會買下，興建教堂，並開辦信愛幼稚園。

　　本書仍留下許多尚待研究的議題，例如埔里的宗教信仰與地方發展的關係、近山地區客家移民史的追溯等，皆有待日後繼續努力。筆者期待廣引更多資料來充實本書，結果因資料過多而感到力不從心，例如日治時期埔里周邊的林野開發，以及鄰近魚池庄、國姓庄的開發，《臺灣總督府公文類纂》仍保存許多資料，未來可以針對包括開發時間、開發者的身份背景、開發面積等多方面進行整理分析，對於埔里的產業發展與政策、環境之間的關係，可以得到更清楚的了解。有關戶籍資料的運用，雖然是一項新穎的嘗試，僅針對烏牛欄庄進行分析，成果有限，對於平埔族的婚姻、收養習俗的了解確有不足之處。日後若能再找適當的研究點進行建檔整理，應可得到更有力的檢證，如果能夠與漢人聚落的統計做比較，也能夠說明不同族群的社會文化差異。

　　隨著歲月的推移，埔里過去林林總總的人、事、物皆成追憶，透過本書所呈現的，也只是埔里過去歷史的一個側面，待發掘的過去還有很多。最後

謹以埔里的先賢、已故知名臺灣文學作家巫永福所寫的「山城」，[註1]共同環顧美麗的故鄉——埔里：

> 東門城外東塔山，聳峙護鎮民平安。
> 雖高冬天不落雪，終年蒼萃如好漢。
> 西門城外觀音山，馬璘遺蹟千年寒，
> 石器陶土何處尋，曾見面東諸石棺。
> 南門城外白葉山，日軍由此曾摧殘。
> 雖是山明又水秀，埔里頓時洗血寒。
> 北門城外虎頭山，山下大湳守城間。
> 花田艷麗紅霞秀，家家戶戶好年冬。

---

[註1] 巫永福，《巫永福全集》17「詩卷VI」（臺北：傳神福音，1999），頁 117～118。第一段第四句的「蒼萃」應爲「蒼翠」之筆誤。同書頁 227 另有一則「山城」，共計 4 段，第一段爲「翠藍的連山圍繞盆地，曾是中路同知官署的大埔城，東門城外十一份撿田螺，南門城外南烘溪捕魚蝦、西門城外鐵砧山原住民千古遺址，北門城外蜈蚣崙蝴蝶谷捕蝶。」

# 參考文獻

## 一、中、日文部份

### (一) 基本史料

1. 丁曰健,《治臺必告錄》,臺北,大通書局,1987。

2. 千草默仙,《會社銀行商工業者名鑑》(昭和 7 年、昭和 9～18 年),臺北:圖南協會,1932、1934～1943。

3. 文華堂管理委員會撰編,《文華堂沿革》,無頁數。

4. 不著撰人,《寺廟調查書 南投廳》,中央研究院民族所圖書館典藏手稿影本,1915。

5. 不著撰人,《詩報》,基隆:吟稿合刊詩報社,1930～1944。

6. 不著撰人,《臺灣總督府公文類纂》,國史館臺灣文獻館典藏。

7. 不著撰人,《臺灣總督府專賣局檔案》,國史館臺灣文獻館典藏。

8. 不著撰人,《劉銘傳撫臺前後檔案》,臺北:大通書局,1987。

9. 不著撰人,《清代臺灣大租調查書》,臺北:大通書局,1987。

10. 不著撰人,《臺灣私法物權編》,臺北:大通書局,1987。

11. 不著撰人,〈春分會簿〉手稿,參贊堂春分嘗會保存。

12. 不著撰人,《埔里鄉情》雜誌。

13. 王學新譯,《埔里社退城日誌暨總督府公文類纂相關史料彙編》,南投:國史館臺灣文獻館,2004。

14. 伊能嘉矩手稿,微捲編號 T0021/58,「28、埔里社に於ける學校(明治 29 年,埔里社支廳調查)」,臺北:臺灣大學圖書館特藏組典藏資料影本。

15. 伊能嘉矩手稿,微捲編號 T0021/58,「29、埔里社地方熟蕃雜事」,臺北:

臺灣大學圖書館特藏組典藏資料影本。

16. 伊能嘉矩手稿，微捲編號 T0021/58，「30、埔里社支廳管內熟蕃社戶口表」，臺北：臺灣大學圖書館特藏組典藏資料影本。

17. 伊能嘉矩著、劉枝萬譯，〈埔里社林圯埔地方誌〉，《南投文獻叢輯》（一），臺北：臺灣風物雜社，1954，頁 43～54。

18. 吳贊誠，《吳光祿使閩奏稿選錄》，臺北：大通書局，1987。

19. 洪敏麟主編，《日本據臺初期重要檔案》，臺中：臺灣省文獻會，1978。

20. 南投廳，《南投廳行政事務並管內概況報告書》大正 7 年分，臺北：成文，1985。

21. 南投廳，《大正七年南投廳第一統計書》，臺北：南投廳，1920。

22. 南投廳，《南投廳報》，明治 34 年至大正 9 年，先後附錄於「臺中每日新聞」、「中部臺灣日報」、「臺灣新聞」等報。

23. 耶穌基督後期聖徒教會收藏家譜微卷（與埔里有關者約 72 筆）。

24. 施丹梯手稿，施儀東手抄，〈施家之沿革〉，年代不詳。

25. 能高郡役所，《能高郡管內概況》昭和 7 年、11 年版，臺北：成文，1985。

26. 埔里戶政事務所保管，《日治時期戶口調查簿》，共計 278 冊（清單暫略）。

27. 黃火山，〈先祖父 敦仁公紀念集〉，1966 年撰，手稿本。

28. 郭嘉雄，《日據初期警察及監獄制度檔案（全一冊）》，臺中：臺灣省文獻委員會，1979。

29. 基督教長老教會出版，《臺灣府城教會報》，1885 年 7 月至 1942 年 4 月，此報先後更名為《臺南府教會報》、《臺灣教會報》、……、《臺灣教會公報》等名稱。

30. 國立故宮博物院，《宮中檔雍正朝奏摺》第七輯，臺北：國立故宮博物院，1978。

31. 國史館臺灣文獻館，《臺灣總督府檔案平埔族關係文獻選輯續篇》（Ⅱ，上、下冊），南投：國史館臺灣文獻館，2004。

32. 臺中州，《臺中州管內概況及事務概要》共 13 冊，臺北：成文，1985。

33. 臺中州，《昭和十六年臺中州統計書》，臺中：臺中州，1943。

34. 臺中州，《臺中州報》大正 9 年至昭和 18 年，「臺灣新聞」附錄。

35. 臺中縣知事官房，《臺中縣職員錄（明治 31 年 9 月現在）》，臺中：臺中縣知事官房，1899。

36. 臺中廳，《臺中廳行政事務並二管內概況報告書》共 13 冊，臺北：成文，1985。

37. 臺灣日日新報社，《臺灣日日新報》，1898～1945。

38. 臺灣省文獻委員會，《臺灣總督府檔案平埔族關係文獻選輯》，南投：臺灣省文獻委員會，2001。

39. 臺灣省政府主計處，《臺灣第七次人口普查結果表》，南投：台灣省政府主計處，1953。

40. 臺灣省政府農林廳林產管理局，《埔里事業區——埔里事業區施業計劃基本案實施前伐採豫定地域變更二關スル件》，南投：臺灣省政府農林廳林產管理局，1950。

41. 臺灣省林務局，《埔里事業區經營計劃（民國 59 年度第四次檢訂案)》，南投：臺灣省林務局，1970。

42. 臺灣教會公報社，《臺灣教會公報全覽》，臺北：臺灣教會公報社，2004。

43. 臺灣總督府，《臺灣總督府及所屬官署職員錄》(明治 35 年至昭和 17 年、昭和 19 年)，臺北：臺灣時報發行所，1902～1942、1944。

44. 臺灣總督府編，《詔敕·令旨·諭告·訓達類纂（一）》，臺北：成文，1999。

45. 臺灣總督府民政部土木局，《臺灣埤圳統計》，臺北：臺灣總督府民政部土木局，1916。

46. 臺灣總督府民政部財務局，《臺灣產業組合要覽》，第 3～12、14～21 次，臺北：臺灣總督府民政部財務局，1916～1933。

47. 臺灣總督府臨時戶口調查部，《大正四年第二次臨時臺灣戶口調查記述報文》，臺北：臺灣總督府臨時戶口調查部，1918。

48. 臺灣總督府官房臨時國勢調查部，《第一回臺灣國勢調查（第三次臨時臺灣戶口調查）記述報文》，臺北：臺灣總督府官房臨時國勢調查部，1924。

49. 臺灣總督官房臨時國勢調查部，《國勢調查結果表　州廳編（昭和 5 年)》，臺北：臺灣總督官房臨時國勢調查部，1933。

50. 臺灣總督官房臨時國勢調查部，《大正十四年國勢調查結果表》，臺北：臺灣總督官房臨時國勢調查部，1927。

51. 臺灣總督府警務局，《理蕃誌稿》（全四冊），臺北：南天，1995。

52. 臺灣總督府總督官房統計課，明治 40 年 12 月 31 日《臺灣現住人口統計》，明治 41 年（1908）刊行。

53. 臺灣總督官房企畫部，昭和 13 年末《臺灣常住人口統計》，昭和 14 年（1939）刊行。

54. 臺灣總督官房臨時戶口調查部，《第二次臨時臺灣戶口調查概覽表》，大正 6 年（1917）刊行。

55. 臺灣總督官房調查課編，《臺灣在籍漢民族鄉貫別調查》，臺北：臺灣時報發行所，1928。

56. 臨時臺灣舊慣調查會編，陳金田譯，《臨時臺灣舊慣調查會第一部調查第

三回報告書臺灣私法第二卷》，南投：臺灣省文獻委員會，1993。

57. 潘樵文化工作室，《舊情綿綿──埔里地區舊照片選輯（甲冊）》，南投：埔里鎮公所，1997。

58. 簡史朗、曾品滄主編，《【水沙連】埔社古文書選輯》，臺北：國史館，2002。

59. 簡史朗，《水沙連眉社古文書研究專輯》，南投：南投縣政府，2005。

## （二）專　書

1. 「むつみ」特集號編集委員會，《異鄉の街　ポーレーシア》，日本：台灣埔里尋常高等小學校睦会，1982。

2. 小池駒吉、五十嵐石松，《霧社事件實記》，臺北：臺灣經世新報社埔里支局，1931。

3. 小林小太郎，《臺灣開發誌》，臺北：臺北印刷株式會社，1915。

4. 小林英夫，《日本人の海外活動に関する歴史的調査　第六卷～第十卷　台灣篇　1～5》，東京都：株式會社ゆまに書房，2002。

5. 大園市藏，《臺灣裏面史》，臺北：日本植民地批判社，1936。

6. 大園市藏，《臺灣人事態勢と事業界》，臺北：新時代社臺灣支社，1942。

7. 不著撰者，《南部臺灣紳士錄》，臺南：臺南新報社，1907。

8. 内藤素生，《南國之人士》，臺北：臺灣人物社，1922。

9. 井出季和太，《台灣治績志》，臺北：南天，1997。

10. 巴克萊（Dr. George W. Barclay）《臺灣人口研究報告》，臺北：中國農村復興聯合委員會，1955。

11. 王世慶，《臺灣史料論文集》上、下冊，臺北：稻鄉，2004。

12. 王泰升，《臺灣日治時期的法律改革》，臺北：聯經，1999。

13. 王灝，《南壇采風》，南投：埔里鎮庚辰年祈安三獻清醮南壇醮務委員會，2001。

14. 日本順益台灣原住民研究会編，《台灣原住民研究概覽　日本からの視点》，東京：風響社，2005。

15. 矢内原忠雄著、周憲文譯，《日本帝國主義下的臺灣》，臺北：帕米爾書店，1985。

16. 甘為霖（William Campbell）著、許雅琦／陳珮馨譯，《福爾摩莎素描》，臺北：前衛，2005。

17. 末光欣也，《日本統治時代の臺灣》，臺北：致良出版社，2004。

18. 片岡巖，《臺灣風俗誌》，臺北：大立出版社，1985。

19. 片倉佳史著、姚巧梅譯，《臺灣日治時代遺跡》，臺北：玉山社，2002。

20. 司馬嘯青，《臺灣五大家族》，臺北：玉山社，2000。

21. 伊能嘉矩，《臺灣蕃政志》，臺北：臺灣總督府民政部殖產局，1904。

22. 伊能嘉矩編，《臺灣舊地名辭書》，東京市：富山房，1909。

23. 江燦騰、王見川主編，《臺灣齋教的歷史觀察與展望：首屆臺灣齋教學術研討會論文集》，臺北：新文豐，1994。

24. 江燦騰，《臺灣佛教百年史之研究》，臺北：南天書局，1996。

25. 吉川精馬，《臺灣經濟年鑑》，臺北：實業之臺灣社，1925。

26. 伊能嘉矩著、楊南郡譯註，《臺灣踏查日記（上）》，臺北：遠流，1996。

27. 向山寬夫著、楊鴻儒等譯，《日本統治下的台灣民族運動史》（上）（下），臺北：福祿壽，1999。

28. 竹中信子著、蔡龍保譯，《日治台灣生活史——日本女人在台灣（明治篇1895～1911）》，臺北：時報文化，2007。

29. 竹中信子著、曾淑卿譯，《日治台灣生活史——日本女人在台灣（大正篇1912～1925）》，臺北：時報文化，2007。

30. 佐佐英彥，《臺灣之產業と其取引》，臺北：臺南新報社臺北印刷所，1928。

31. 佐伯迪編，《臺灣地方自治》，高雄：中垣傳四郎，1935。

32. 近藤正己，《總力戰と台灣 日本植民地崩壞の研究》，東京都：刀水書房，1996。

33. 李力庸，《日治時期臺中地區的農會與米作（1902～1945）》，臺北：稻鄉，2004。

34. 李壬癸，《臺灣平埔族的歷史與互動》，臺北：常民文化，1997。

35. 李國祁總纂，《臺灣近代史 社會篇》，南投：臺灣省文獻委員會，1995。

36. 李園會，《日據時期臺灣教育史》，臺北：國立編譯館，2005。

37. 李園會，《日據時期臺灣初等教育制度》，臺北：國立編譯館，2005。

38. 李理，《日據臺灣時期警察制度研究》，臺北：海峽學術出版社，2007。

39. 吳文星，《日據時期在臺「華僑」研究》，臺北：學生書局，1991。

40. 吳文星，《日據時期臺灣社會領導階層之研究》，臺北：正中書局，1992。

41. 吳三連，蔡培火，《臺灣民族運動史》，臺北：自立晚報，1971。

42. 杉目妙光，《臺中州鄉土地誌》，臺北：成文，1985。

43. 東鄉實、佐藤四郎共著，《台灣植民發達史》，臺北：南天，1996。

44. 呂紹理，《水螺響起——日治時期台灣社會的生活作息》，臺北：遠流，1998。

45. 呂紹理，《展示臺灣：權力、空間與殖民統治的形象表述》，臺北：麥田，2005。

46. 巫永福，《巫永福全集》共24冊，臺北：傳神福音，1995～2003。

47. 何楨祥編，《思往事見舊情》，南投：尋根之旅工作室，1998。

48. 何楨祥編，《古早人鄉土情》，南投，尋根之旅工作室，1997。

49. 岩崎潔治，《臺灣實業家名鑑》，臺北：臺灣雜誌社，1912。

50. 岩佐鉚三郎，《始政三十年臺灣紀念名鑑》，臺北：臺灣刊行會，1926。

51. 育化堂編輯委員會，《昭平宮育化堂簡史》，南投：財團法人昭平宮育化堂董事會，2001。

52. 林進發編著，《臺灣人物評》，臺北：赤陽社，1929。

53. 林進發編著，《臺灣官紳年鑑》，臺北：民眾公論社，1932。

54. 林繼文，《日本據臺末期（1930～1945）戰爭動員體係之研究》，臺北：稻鄉，1996。

55. 林玉茹、李毓中合撰，《戰後以來臺灣地區臺灣史研究的回顧（1945～2000）》，臺北：行政院國家科學委員會，2004。

56. 周憲文，《日據時代臺灣經濟史（第一、二冊）》，臺北：臺灣銀行，1958。

57. 周宗賢總編纂，《二水鄉志》，彰化：彰化縣二水鄉公所，2002。

58. 周婉窈，《海行兮的年代：日本殖民統治末期臺灣史論集》，臺北：允晨，2002。

59. 胡傳，《臺灣日記與稟啓》，臺北：大通，1984。

60. 洪棄生，《瀛海偕亡記》，臺北：臺灣銀行，1959。

61. 洪敏麟，《臺灣舊地名之沿革》，南投：臺灣省文獻委員會，1980。

62. 洪汝茂，《日治時期戶籍登記法律及用語編譯》，臺中：臺中縣政府，2001。

63. 洪麗完，《熟番社會網絡與集體意識——臺灣中部平埔族群歷史變遷（1700～1900）》，臺北：聯經，2009。

64. 持地六三郎，《台灣殖民政策》，臺北：南天書局，1998。

65. 泉風浪編，《臺中州大觀》，臺北：成文，1985。

66. 屋部仲榮編，《新臺灣の事業界》，臺北：成文，1999。

67. 若林正丈、吳密察主編，《臺灣重層近代化論文集》，臺北：播種者文化，2000。

68. 若林正丈、吳密察主編，《跨界的臺灣史研究——與東亞史的交錯》，臺北：播種者文化，2004。

69. 柯志明，《米糖相剋——日本殖民主義下臺灣的發展與從屬》，臺北：群學，2003。

70. 美哉埔中校刊社，《美哉埔中》第 44 期，南投：美哉埔中校刊社，2006。

71. 柴山愛藏，《臺灣交通研究》，臺北：柴山愛藏，1925。

72. 原幹洲，《臺灣地方自治法制自治要求運動》，臺灣：勤勞と富源社，1932。

73. 笹森儀助,《臺灣視察日記、臺灣視察結論（全一冊）》,臺北:共榮會,1934。

74. 能高郡役所,《能高案內》,臺北:能高郡役所,1934。

75. 埔里公學校,《埔里鄉土調查》,南投:埔里公學校,1931。

76. 埔里街役場,《臺中州能高郡埔里街街政一班（昭和 3 年 12 月末現在）》,南投:埔里街役場,1929。

77. 埔里街役場,《臺中州能高郡埔里街街勢要覽》,南投:埔里街役場,1934。

78. 埔里郵局,《埔里地區郵政服務百年回顧與展望（1896～1995）》,南投:埔里郵局,1995。

79. 埔里育化堂,《破迷針》,南投:埔里育化堂,1947。

80. 財團法人台灣省埔里醒靈寺編印,《醒靈寺專刊》,南投:財團法人台灣省埔里醒靈寺,1978。

81. 宮崎直勝,《寺廟神昇天——台湾寺廟整理覚書》,東京都:東都書局,1942。

82. 宮本延人,《日本統治時代における台灣寺廟整理問題》,日本奈良:天理教道友社,1988。

83. 馬克・布洛克（Marc Bloch）著、周婉窈譯,《史家的技藝》,臺北:遠流出版社,1989。

84. 馬偕,《馬偕博士日記》,臺南:人光出版社,1996。

85. 涂照彥著、李明峻譯,《日本帝國主義下的臺灣》,臺北:人間,1991。

86. 徐子為、潘公昭,《今日的臺灣》（下冊）,上海:中國科學圖書儀器公司,1946。

87. 曹士桂,《宦海日記》,雲南:雲南人民出版社,1988,頁 171。

88. 鹿野忠雄著、楊南郡譯註,《山、雲與蕃人——臺灣高山紀行》,臺北:玉山社,2000。

89. 常夏之臺灣社,《常夏之臺灣》,臺北:常夏之臺灣社,1928（1985 年成文出版社）。

90. 許介鱗,《日本殖民統治讚美論總批判》,臺北:文英堂,2006。

91. 章子惠,《臺灣時人誌（第一集）》,臺北:國光出版社,1947。

92. 梁志輝、鍾幼蘭,《臺灣原住民史平埔族史篇（中）中臺灣平埔族群史》,南投:臺灣省文獻會,2001。

93. 梁坤明,《埔里鎮手抄紙業田野調查》,南投:南投縣文化局,2002。

94. 黃通、張宗漢、李昌槿編,《日據時代之臺灣財政》,臺北:聯經,1987。

95. 黃昭堂著、黃英哲譯,《臺灣總督府》,臺北:自由時代,1989。

96. 黃武達,《日治時代臺灣都市計畫歷程之建構（1895～1945）》,臺北：南天,2000。

97. 黃武達編著,《日治時期臺灣都市發展地圖集》,臺北：南天,2006。

98. 黃秀政,《臺灣史志論叢》,臺北：五南,1999。

99. 黃秀政,《臺中縣海線開發史》,臺中：臺中縣立文化中心,2001。

100. 黃美娥,《古典臺灣：文學史、詩社、作家論》,臺北：國立編譯館,2007。

101. 黃靜嘉,《春帆樓下晚濤急──日本對臺灣殖民統治及其影響》,臺北：臺灣商務印書館,2002。

102. 黃慧貞,《日治時期臺灣「上流階層」興趣之探討──以《臺灣人士鑑》為分析樣本》,臺北：稻鄉,2007。

103. 菅浩二,《日本統治下の海外神社──朝鮮神宮・台湾神社と祭神》,日本東京都：弘文堂,2004。

104. 鳥居龍藏原著、楊南郡譯,《探險臺灣》,臺北：遠流,1996。

105. 陳正祥、段紀憲,《臺灣之人口》,臺北：臺灣銀行金融研究室,1951。

106. 陳靜庵編,《懷善》,南投：懷善堂,1972。

107. 陳松明主編,《宣平宮醒覺堂誌》,南投：宣平宮醒覺堂管理委員會,2004。

108. 陳紹馨,《臺灣的人口變遷與社會變遷》,臺北：聯經,1979。

109. 陳秀淳,《日據時期臺灣山地水田作的展開》,臺北：稻鄉,1998。

110. 陳玲蓉,《日據時期神道統制下的臺灣宗教政策》,臺北：自立晚報,1992。

111. 陳君愷,《日治時期臺灣醫生社會地位之研究》,臺北：師範大學歷史研究所,1992。

112. 陳俊傑,《埔里平埔族現況調查報告書》,南投：財團法人南投縣立文化基金會,1997。

113. 陳俊傑,《山城古厝──南投縣傳統民宅調查》,南投：南投縣立文化中心,2000。

114. 陳哲三總編纂,《集集鎮志》,南投：南投縣集集鎮公所,1998。

115. 陳哲三總編纂,《南投農田水利會志》,南投：南投農田水利會,2008。

116. 陳哲三,《古文書與臺灣史研究》,臺北：文史哲,2009。

117. 陳春麟,《大埔城的故事──埔里鎮史》,南投：作者自刊,2000。

118. 梁坤明,《埔里鎮手抄紙業田野調查》,南投：南投縣文化局,2002。

119. 國史館臺灣文獻館編印,《臺灣總督府檔案之認識與利用入門》,南投：國史館臺灣文獻館,2002。

120. 國家圖書館特藏組編,《臺灣歷史人物小傳──明清暨日據時期》,臺北：國家圖書館,2003。

121. 張勝彥，《南投開拓史》，南投：南投縣政府，1984。

122. 張崑振，《台灣的老齋堂》，臺北：遠足文化，2003。

123. 張素玢，《臺灣的日本農業移民（1905～1945）以官營移民為中心》，臺北：國史館，2001。

124. 張素玢，《苗栗鯉魚潭巴宰族史暨古文書彙編》，苗栗：苗栗縣文化局，2007。

125. 張人傑，《臺灣社會生活史：休閒遊憩、日常生活與現代性》，臺北：稻鄉，2006。

126. 張麗俊著，許雪姬、洪秋芬、李毓嵐編纂解讀，《水竹居主人日記》（九）、（十），臺北：中央研究院近代史研究所、中縣文化局，2004。

127. 曾保明主編，《麒麟閣導化堂簡史》，南投：麒麟閣導化堂管理委員會，2006。

128. 鄧鏗揚、賴敏修主編，《埔里區寺廟弘道協會紀念特刊》，南投：埔里區寺廟弘道協會，2006。

129. 程大學編譯，《臺灣前期武裝抗日運動有關檔案》，南投：臺灣省文獻委員會，1977。

130. 辜顏碧霞著、邱振瑞譯，《流》，臺北：草根，1999。

131. 新高新報社編，《臺灣紳士名鑑》，臺北：新高新報社，1937。

132. 鈴木常良，《臺灣商工便覽》，臺中：臺灣新聞社，1918。

133. 鈴木滿男，《「漢蕃」合成家族の形成と展開：近代初期における臺灣邊疆の政治人類學的研究》，日本：山口大學人文學部，1988。

134. 鈴木滿男著、蔡恩林譯，《日本人在台灣做了什麼》，臺北：前衛，2002。

135. 詹素娟、潘英海主編，《平埔研究論文集》，臺北：中央研究院臺灣史研究所籌備處，1995。

136. 詹素娟、潘英海主編，《平埔族群與臺灣歷史文化論文集》，臺北：中央研究院臺灣史研究所籌備處，2001。

137. 趙祐志，《日據時期臺灣商工會的發展（1895～1937）》，臺北：稻鄉，1998。

138. 廖正宏，《人口遷移》，臺北：三民書局，1985。

139. 鄧傳安，《蠡測彙鈔》，臺北：大通，1987。

140. 鄧相揚，《霧社事件》，臺北：玉山社，1998。

141. 鄧相揚，《尋覓埔里客家桃花園——南投縣埔里鎮客家資源調查期末報告》，南投：南投縣政府，2004。

142. 鄧相揚，《臺灣心電圖》，南投：交通部觀光局日月潭國家風景區管理處，2002。

143. 鄧相揚,《臺灣的心臟》,南投:日月潭風景管理處,2002。

144. 鄧鏗揚、賴敏修主編,《埔里區寺廟弘道協會紀念特刊》,南投:埔里區寺廟弘道協會,2006。

145. 臺中廳蕃務課,《臺中廳理蕃史》,臺中:臺中廳蕃務課,1914。

146. 臺中州水利課,《臺中州水利梗概》,臺中:臺中州水利課,1927。

147. 臺中市役所,昭和4年版《台中州管內概況及事務概要》,臺北:成文,1985。

148. 臺中州,《臺中州水利梗概》,臺中:臺中州,1939。

149. 臺中州,《臺中州水利梗概》,臺中:臺中州,1942。

150. 臺北廣友會編,《臺灣自治名鑑》,臺北:臺北廣友會,1936。

151. 臺灣神社社務所編,《臺灣神社志》,臺北:臺灣神社社務所,1935。

152. 臺灣通訊社,《臺灣年鑑》,臺北:成文出版社,1989。

153. 臺灣新民報社,《臺灣人士鑑》,臺北:臺灣新民報社,1934。

154. 臺灣省行政長官公署統計室編印,《臺灣省五十一年來統計提要》,南投:臺灣省政府主計處重印,1994。

155. 臺灣省文獻委員會編,《臺灣史》,臺北:眾文,1990。

156. 臺灣省文獻委員會,《臺灣文獻史料整理研究學術研討會論文集》,南投:臺灣省文獻委員會,2000。

157. 臺灣教育會,《臺灣教育沿革志》,臺北:南天,1995。

158. 臺灣經濟年報刊行會,《臺灣經濟年報》(全四輯),臺北:南天書局,1996。

159. 臺灣總督府,《臺灣列紳傳》,臺北:臺灣日日新報社,1916。

160. 臺灣總督府,《臺灣事情》,臺北:成文出版社,1989。

161. 臺灣總督府,《臺灣現勢要覽》,臺北:成文出版社,1989。

162. 臺灣總督府,《臺灣總督府民政事務成績提要》,臺北:成文出版社,1989。

163. 臺灣總督府,《臺灣統治概要》,臺北:南天,1997。

164. 臺灣總督府文教局社會課編,《臺灣に於ける神社及宗教》,臺北:臺灣總督府文教局社會課,1934。

165. 臺灣總督府警察官及司獄官練習所編纂,《臺灣戶口制度要論》,臺北:臺灣總督府警察官及司獄官練習所,1925。

166. 臺灣總督府交通局遞信部,《臺中州電話帖》,臺北:臺灣總督府交通局遞信部,1937。

167. 臺灣總督府編,《臺灣總督府行政區域便覽》,臺北:成文,1999。

168. 臺灣總督府警務局編、張北等10人譯,《台灣抗日運動史(四)》,臺北:海峽學術出版社,2000。

169. 蔡錦川,《參贊碎錦集》,南投:埔里參贊堂,1972。

170. 蔡錦堂,《日本帝國主義下台湾の宗教政策》,東京都,同成社,1994。

171. 潘祈賢編,《埔里瀛海城隍廟沿革》,南投:埔里城隍廟管理委員會,1996。

172. 潘樵,《埔里祈安清醮一百年》,南投:潘樵文化工作室,2001。

173. 劉枝萬,《臺灣埔里鄉土志稿》(卷一、二),油印本,作者自印,1952。

174. 劉枝萬、石璋如等纂,《南投縣志稿》。臺北:成文出版社,1983。

175. 劉枝萬口述,林美容、丁世傑、林承毅訪問紀錄,《學海悠遊‧劉枝萬先生訪談錄》,臺北:國史館,2008。

176. 劉益昌、潘英海主編,《平埔族群的區域研究論文集》,南投:臺灣省文獻委員會,1998。

177. 劉榮傑,《日治時期官制與戶籍綜析》,臺北:臺北市萬華區第一戶政事務所,1997。

178. 劉澤民編著,《臺灣古文書常見字詞集》,南投:臺灣古文書學會,2007。

179. 鄭彥棻,《國父孫中山先生》,臺北:正中,1987。

180. 鄭世楠、葉永田、徐明同、辛在勤,《台灣十大災害地震圖集》,臺北:中華民國交通部中央氣象局,1999。

181. 鄭順德譯,Réginald Kann 原著,《福爾摩莎考察報告》,臺北:中研院臺史所籌備處,2001。

182. 橋本白水,《臺灣の事業界と人物》,臺北:南國出版協會,1928。

183. 衛惠林,《埔里巴宰七社志》,中央研究院民族學研究所專刊之 27,臺北:中央研究院民族學研究所,1981。

184. 賴貫一,《臺灣土龍傳奇》,南投:臺灣打里摺文化協會,2003。

185. 賴貫一、程士毅,《阿霧安人的話語和腳蹤》,南投:臺灣打里摺文化協會,2006。

186. 檜山幸夫等譯著,《臺灣總督府檔案之認識與利用入門》,臺北:國史館臺灣文獻館,2002。

187. 戴炎輝,《清代台灣之鄉治》,臺北:聯經,1979。

188. 戴國煇編著、魏廷朝翻譯,《臺灣霧社蜂起事件【研究與資料】上、下》,臺北:國史館,2002。

189. 藤崎濟之助,《台灣の蕃族》,臺北:南天書局,1988。

190. 藤井志津枝,《理蕃:日本治理臺灣的計策》,臺北:文英堂,1997。

191. 戴嘉玲編譯,《Formosa 原住民寫眞&解說集》,臺北:前衛,2000。

192. 羅美娥,《臺灣地名辭書》卷十,南投:臺灣省文獻會,2001。

（三）論 文

1. 丁姝嫣，〈光復以來的埔里產業〉，暨南國際大學歷史學系碩士論文，2000。

2. 山路勝彥，〈文明との邂逅と平埔族の漢化〉，《台湾原住民研究》第 1 號，東京：風響社，1996.5，頁 5〜74。

3. 王世慶，〈日據初期台灣之降筆會與戒煙運動〉，《台灣文獻》，第 34 卷，第 4 期（南投：臺灣省文獻會，1986），頁 111〜151。

4. 王世慶，〈日據初期臺灣撫墾署始末〉，《臺灣文獻》第 38 卷第 1 期，南投：臺灣省文獻委員會，1987.3，頁 203〜243。

5. 王志忠，〈一個跨文化聚落演化的歷史研究——以埔里盆地地區聚落為例〉，東海大學建築研究所碩士論文，1990。

6. 王興安，〈殖民地統治與地方菁英：以新竹、苗栗為中心〉，臺北：國立臺灣大學歷史研究所碩士論文，1999。

7. 王學新，〈大正三年（1914）「討蕃」役夫的徵召情形〉，《臺灣文獻史料整理研究學術研討會論文集》，南投：臺灣省文獻委員會，2000，頁 345〜398。

8. 王麗夙，〈日治時期臺灣電力設施之研究〉，桃園：中原大學建築學系碩士論文，2004。

9. ポール・バークレ（Paul D. Barclay），〈「生蕃近藤」の物語：中央山脈橫斷に命を懸けた日本人の小伝〉，《台湾原住民研究》第 8 號，東京：風響社，2004.3，頁 105〜151。

10. ポール・バークレ（Paul D. Barclay），〈蕃產交易所に於ける「蕃地」の商業化と秩序化〉，《台湾原住民研究》第 9 號，東京：風響社，2005.3，頁 70〜109。

11. 江燦騰，〈日本在臺殖民統治初期的宗教政策與法制化的確立（上）〉，《臺北文獻》直字第 134 期，臺北：臺北文獻委員會，2000.12，頁 257〜304。

12. 江燦騰，〈日本在臺殖民統治初期的宗教政策與法制化的確立（下）〉，《臺北文獻》直字第 135 期，臺北：臺北文獻委員會，2001.3，頁 121〜172。

13. 江佩津，〈日治時代臺灣的農業教育（1895〜1945）〉，桃園：國立中央大學歷史研究所碩士論文，1997。

14. 芝原太次郎，〈昔埔裏社（上）〉，《民俗臺灣》第一卷第四號，臺北：古亭書屋，1941，頁 34〜36。

15. 芝原太次郎，〈昔埔裏社（下）〉，《民俗臺灣》第一卷第五號，臺北：古亭書屋，1941，頁 43〜45。

16. 李棟明，〈日治時期臺灣人口社會增加之研究〉，《臺灣文獻》第 20 卷第

2 期，南投：臺灣省文獻委員會，1969，頁 1～28。

17. 吳乃德、陳明通，〈政權轉移和精英流動：臺灣地方政治精英的歷史形成〉，《臺灣史論文精選（下）》，臺北：玉山社，1996，頁 351～385。

18. 吳密察，〈歷史研究的另一種嘗試：地域史〉《二○○四年彰化研究兩岸學術研討會——鹿港研究論文集》，彰化：彰化縣文化局，2004，頁 5～10。

19. 吳念容，〈日治時期台中州青果同業組合之研究（1915～1941）〉，東海大學歷史研究所碩士論文，2006。

20. 林聖欽，〈日治時期戶籍資料的內容及其史料價值：以玉里、池上為例〉，《師大地理研究報告》23，臺北：臺灣師範大學地理系，1995，頁 27～54。

21. 林一宏、王惠君，〈從隘勇線到駐在所：日治時期李崠山地區理蕃設施之變遷〉，《臺灣史研究》第 14 卷第 1 期，臺北：中央研究院臺灣史研究所，2007.3，頁 71～137。

22. 林蘭芳，〈日據末期臺灣「皇民奉公」運動（1941～1945）〉，《中華民國史專題論文集　第三屆討論會》，臺北：國史館，1996。

23. 林蘭芳，〈工業化的推手——日治時期臺灣的電力事業〉，國立政治大學歷史系研究部博士學位論文，2003。

24. 林蘭芳，〈傳統士紳與新科技的對話——豐原張麗俊的近代化體驗（1906～1939）〉，「水竹居主人日記學術研討會」2004 年 11 月 27～28 日。（臺中縣政府‧中央研究院近代史研究所主辦，地點：臺中港區藝術中心）

25. 林美容、祖運輝，〈在家佛教：台灣彰化朝天堂所傳的龍華派齋教現況〉，《台灣齋教的歷史觀察與展望——首屆台灣齋教學術研討會論文集》，臺北：新文豐，1994，頁 191～253。

26. 林美容、祖運輝，〈臺灣地區齋堂的調查與研究〉，《臺灣文獻》第 51 卷第 3 期，南投：臺灣省文獻委員會，2000.9，頁 203～235。

27. 松田吉郎，〈台湾總督府の產業組合について〉，《台湾史研究》14 號，東京：台湾史研究會，1997.10，頁 43～59。

28. 阿部由理香，〈日治時期臺灣戶口制度之研究〉，淡江大學歷史學系碩士班碩士論文，2001。

29. 周婉窈、許佩賢，〈臺灣公學校制度、教科和教科書總說〉，《臺灣風物》53 卷 4 期，臺北：臺灣風物雜誌社，2003.12。

30. 邱正略，〈清代臺灣中部平埔族遷移埔里拓墾之研究〉，東海大學歷史研究所碩士論文，1992。

31. 邱正略，〈日治時期戶籍資料的史料特色與利用——以西來庵事件研究為例〉，《臺灣史料研究》第 20 號，臺北：財團法人吳三連臺灣史料基金會，2003，頁 94～118。

32. 邱正略、康豹（Paul R. Katz），〈武裝抗爭與地方社會——以西來庵事件對沙仔田等十五村庄人口結構的影響為例〉，《臺灣殖民地史——學術研討會論文集》，臺北：海峽學術出版社，2004，頁 170～243。

33. 邱正略，〈《熟蕃戶口及沿革調查綴》譯註（南投廳埔里社堡部分）〉，《暨南史學》第八號，南投：暨南國際大學歷史系，2005.7，頁 245～280。

34. 邱正略，〈評述：簡史朗編著《水沙連眉社古文書研究專輯》〉，《暨南史學》第九號，南投：暨南國際大學歷史學系，2006.7，頁 117～143。

35. 邱正略，〈從古文書看臺灣人的婚姻、收養關係〉，《臺灣古文書學會會訊》第 2 期，南投：臺灣古文書學會，2008.4，頁 38～44。

36. 邱正略，〈古文書與地方史研究——以埔里地區為例〉，《臺灣古文書與歷史研究學術研討會論文集》，台中：逢甲大學出版社，2007，頁 11～55。

37. 邱正略，〈日治時期埔里地區人口變遷（1903～1943）——兼論烏牛欄庄人口結構特色〉《暨南史學》第十、十一合輯號，南投：暨南國際大學歷史學系，2008.7，頁 49～106。

38. 邱正略，〈劉枝萬先生的平埔族研究〉，發表於 2008 年 10 月 18～19 日暨南國際大學人類學研究所舉辦的「2008 年水沙連區域研究學術研討會——劉枝萬先生與水沙連區域研究」，1～19。

39. 邱正略，〈重新解讀「道光 3 年岸西社等公議同立合約字」〉，《臺灣古文書學會會訊》第 3 期，南投：臺灣古文書學會，2008.10，頁 1～12。

40. 邱正略，〈臺灣民間婚姻、收養習俗——以古文書為討論中心〉，發表於 2009 年 3 月 14 日逢甲大學歷史與文物管理研究所舉辦的「第三屆台灣古文書與歷史研究」學術研討會。

41. 若林正丈撰、許佩賢譯，〈日本的臺灣殖民地支配史研究的成果〉，《當代》第 87、88 期，臺北：當代雜誌社，1993，頁 10～12。

42. 姚人多，〈認識臺灣——知識、權力與日本在臺之殖民治理性〉，《臺灣社會研究季刊》第 42 期，臺北：臺灣社會研究雜誌社，2001.6，頁 119～182。

43. 洪秋芬，〈日據初期臺灣的保甲制度（1895～1903）〉，《中央研究院近代史研究所集刊》第 21 期，臺北：中央研究院近代史研究所，1992.6，頁 437～471。

44. 洪秋芬，〈日治時期殖民政府和地方宗教信仰中心關係之探討——豐原慈濟宮的個案研究〉，《思與言》第 42 卷第 2 期，臺北：思與言雜誌社，2004.6，頁 1～41。

45. 洪麗完，〈檔案利用與平埔研究：以日治時期之戶籍舊簿為中心〉，《臺灣文獻》第 50 卷第 1 期，南投：臺灣省文獻委員會，1999，頁 17～59。

46. 洪麗完，〈從十九世紀大遷徙活動看臺灣中部「平埔熟番」意識之萌芽〉，

《族群意識與文化認同——平埔族群與臺灣社會大型研討會論文集》，臺北：中央研究院民族學研究所，2003，頁 53～128。

47. 洪慶麟，〈臺灣戶政制度之沿革〉，《臺灣文獻》第 18 卷第 2 期，南投：臺灣省文獻委員會，1967，頁 95～109。

48. 高淑媛，〈日本統治臺灣初期之米價騰貴問題〉，《第四屆臺灣總督府檔案學術研討會論文集》，南投：國史館臺灣文獻館，2006，頁 503～529。

49. 范雅慧，〈日治時期臺灣酒專賣事業中販賣權的指定與遞嬗〉，《臺灣風物》50 卷 1 期（臺北：臺灣風物雜誌社，2000.3。

50. 翁佳音，〈日治時代平埔族的調查研究史〉，《異論臺灣史》，臺北：稻鄉，2001，頁 23～49。

51. 徐國章，〈臺灣日治時期「警察政治」體制之建立〉，《臺灣文獻史料整理研究學術研討會論文集》，南投：臺灣省文獻委員會，2000，頁 89～122。

52. 梁華璜，〈「臺灣拓殖株式會社」之成立經過〉，《成功大學歷史學報》第 6 號，臺南：成功大學歷史學系，1979，頁 187～222。

53. 黃瓊瑩，〈埔里酒香·酒鄉埔里—埔里酒產業之發展（1917～2000）〉，中央大學歷史研究所碩士論文，2003。

54. 黃富三，〈日本領臺與霧峰林家之肆應——以林朝棟爲中心〉，《日據時期臺灣史國際學術研討會論文集》，臺北：臺灣大學歷史學系，1992，頁 83～104。

55. 黃士娟，〈日治時期臺灣宗教政策下之神社建築〉，桃園：中原大學建築學系碩士論文，1998。

56. 黃天祥，〈日治時期臺灣火災災害對建築與都市發展影響之研究〉，桃園：中原大學建築學系碩士論文，2007。

57. 陳大元，〈日治時期臺灣教化輔助團體之研究〉，東海大學歷史研究所碩士論文，1999。

58. 陳世榮，〈清代北桃園的開發與地方社會建構（1683～1895）〉，中壢：國立中央大學歷史研究所碩士論文，1999。

59. 陳世榮，〈國家與地方社會的互動：近代社會菁英的研究典範與未來的研究趨勢〉，《中央研究院近代史研究所集刊》第 54 期，臺北：中央研究院近代史研究所，2006，頁 129～168。

60. 陳政三，〈甘爲霖二訪泰雅族——眉原、眉溪社探險行〉，《歷史月刊》第 223 期，臺北：歷史月刊雜誌社，2006.8.，頁 47～63。

61. 陳哲三，〈埔里的史料與歷史研究〉，《中華民國史專題論文集——第四屆討論會》，臺北：國史館，1998，頁 2211～2252。

62. 陳哲三，〈清代台灣烏溪流域的移墾與水圳修築〉，《逢甲人文社會學報》第 13 期，臺中：逢甲大學人文社會學院，2006.12，頁 205～223。

63. 陳純瑩,〈日據時期臺灣的警察制度〉,《警專學報》1 卷 2 期,臺北:警察專科學校,1989.6,頁 171~192。

64. 陳維林,〈埔里の平埔族〉,《民俗臺灣》第 3 卷第 3 號,臺北:古亭書屋,1943.3,頁 36~37。

65. 陳艷紅,〈後藤新平治臺政策理念之形成及其影響〉,《臺北文獻》直字 99 期,臺北:臺北市文獻委員會,1992.3,頁 131~174。

66. 許雪姬,〈臺灣中華總會館成立前的「臺灣華僑」,1895~1927〉,《中央研究院近代史研究所集刊》,臺北:中央研究院近代史研究所,1991,頁 99~129。

67. 許雪姬,〈臺灣中華總會館與日據時期的臺灣華僑(1927~1937)〉,《史聯雜誌》23,南投:史蹟研究中心,1993.6,頁 67~94。

68. 許雪姬,〈日治時期的臺灣華僑〉,《歷史月刊》第 88 期,臺北:歷史月刊雜誌社,1995.5,頁 53~57。

69. 許雪姬,〈日治時期的「臺灣華僑」,1937~1945〉,《中國海洋發展史論文集》第六輯,臺北:中央研究院人文社會科學研究中心,1997,頁 499~549。

70. 許雪姬,〈戰後初期原「臺灣華僑」,1945~1947〉,《臺灣史研究一百年回顧與研究》,臺北:中央研究院臺灣史研究所籌備處,1997,頁 101~124。

71. 許雪姬,〈張麗俊先生「水竹居主人日記」的史料價值〉,《中縣文獻》第 6 期,臺中:臺中縣政府,1998.1,頁 1~21。

72. 許雪姬,〈臺灣家族史研究的回顧與展望──以霧峰林家的研究為例〉,發表於中研院近史所、臺灣省文獻會合辦《臺灣史研究暨史料整理成果研討會》,1998 年 6 月 1 日。

73. 許雪姬,〈日治時期霧峰林家的產業經營初探〉,《臺灣商業傳統論文集》,臺北:中央研究院臺灣史研究所籌備處,1999,頁 297~356。

74. 許雪姬,〈皇民奉公會的研究──以林獻堂的參與為例〉,《中央研究院近代史研究所集刊》第 31 期,臺北:中央研究院近代史研究所,1999.6,頁 167~211。

75. 康豹(Paul R. Katz),〈台灣的呂洞賓信仰──以指南宮為例〉,《新史學》6 卷 4 期,臺北:三民書局,1995.12,頁 21~41。

76. 康豹(Paul R. Katz),〈慈祐宮與清代新莊街地方社會之建構〉,《台北縣立文化中心季刊》第 53 期,臺北:臺北縣立文化中心,1997.6,頁 71~77。

77. 康豹(Paul R. Katz),〈日治時期新莊地方菁英與地藏庵的發展〉,《北縣文化》第 64 期,臺北:臺北縣文化局,2000.3,頁 83~100。

78. 康豹（Paul R. Katz）、邱正略，〈鸞務再興──戰後初期埔里地區鸞堂練乩、著書活動〉，發表於 2008 年 10 月 18～19 日暨南國際大學人類學研究所主辦「水沙連區域研究學術研討會：劉枝萬先生與水沙連區域研究」。

79. 康豹（（Paul R. Katz）、邱正略，〈日治時期烏牛欄庄的社會結構與族群關係〉，發表於 2008 年 12 月 17～19 日中央研究院近代史研究所舉辦的「歷史視野中的中國地方社會比較研究」學術研討會。

80. 國分直一，〈台湾山地開發と隘勇隊（防衛線）〉，《台湾原住民研究》第 3 號，東京都：風響社，1998.12，頁 3～14。

81. 清水純，〈埔里盆地における最後の原住民：淺井惠倫、鳥居龍藏台湾映像資料の探求〉，《台湾原住民研究》第 11 號，東京都：風響社，2007.3，頁 55～82。

82. 莊樹華，〈中央研究院與國史館臺灣文獻館合作整理日治時期臺灣總督府檔案計畫概述〉，《近代中國史研究通訊》第 35 期，臺北：中央研究院近代史研究所，2003，頁 102～110。

83. 張素玢，〈從二林蔗農事件到葡農事件──地域與社會力的形成〉，《臺灣史料研究》16，台北：吳三連台灣史料基金會，2000，頁 2～21。

84. 張子愚，〈埔里往魚池開山築路始祖黃萬固先生經過史〉，《南投文獻叢輯》第 39 輯，南投：南投縣政府，1994.6，頁 45～49。

85. 張家銘，〈臺灣近代社會階層史研究芻議〉，《臺灣史與臺灣史料（二）》，臺北：吳三連臺灣史料基金會，1995。

86. 張環顯，〈清代「埔里」的開發〉，臺灣師範大學歷史研究所碩士論文，1992。

87. 張隆志，〈歷史人類學與西文臺灣史研究的里程碑──評介邵著《臺灣邊疆的治理與政治經濟》〉，《臺灣史研究》第 1 卷第 2 期，臺北：中央研究院臺灣史研究所籌備處，1994，頁 150～155。

88. 張隆志，〈重構殖民者的歷史圖像：後藤新平研究芻論〉，《曹永和先生八十壽慶論文集》，臺北：樂學書局，2001，頁 121～143。

89. 張隆志，〈後殖民觀點與臺灣史研究：關於臺灣本土史學的方法論反思〉，《後殖民的東亞在地化思考：臺灣文學場域》，台南：國家臺灣文學館籌備處，2006，頁 359～383。

90. 張隆志，〈國家與社會研究的再思考：以臺灣近代史為例〉，《中央研究院近代史研究所集刊》第 54 期，臺北：中央研究院近代史研究所，2006，頁 107～128。

91. 張珣，〈祭祀圈研究的反省與後祭祀圈時代的來臨〉，《臺大考古人類學刊》第 58 期，臺北：臺灣大學考古人類學系，2002.6，頁 78～102。

92. 張家榮，〈「臺灣總督府公文類纂」分類層級的清查與編訂〉，《臺灣文獻》

第 54 卷第 4 期，南投：國史館臺灣文獻館，2003。頁 341～375。

93. 張倩容，〈日治時期臺灣的觀光旅遊活動〉，東海大學歷史研究所碩士論文，2007。

94. 梁志忠，〈日、台、原住民三民族的融合地——能高郡〉，《南投文獻叢輯》第 42 輯，南投：南投縣政府，1998.8，頁 2～14。

95. 溫振華，〈日治時期臺北市臺人移入地分析〉，《臺灣風物》第 36 卷第 4 期（1986.12），頁 1～46。

96. 溫振華，〈清代中部平埔族遷移埔里分析〉，《臺灣文獻》第 51 卷第 2 期，南投：臺灣省文獻會，2000，頁 27～37。

97. 富田哲，〈1905 年臨時臺灣戶口調查が語る臺灣社會——種族、言語、教育を中心に〉，《日本臺灣學會報》第 5 號，東京：日本臺灣學會，2003，頁 87～106。

98. 楊正寬，〈日治時期臺灣總督府檔案的管理與應用〉，《興大人文學報》第 33 期，臺中：國立中興大學文學院，2003，頁 921～959。

99. 詹素娟，〈臺灣平埔族研究資料介紹〉，《臺灣史與臺灣史料》，臺北：自立晚報，1993，頁 45～58。

100. 詹素娟，〈日治初期臺灣總督府的「熟番」政策〉，《臺灣史研究》第 11 卷第 1 期，臺北：中央研究院臺灣史研究所籌備處，2004.6，頁 43～78。

101. 臺北市文獻委員會，〈日治時期臺灣人物誌（二）〉，《臺北文獻》直字第 150 期，臺北：臺北市文獻委員會，2004.12，頁 364。

102. 臺北市文獻委員會，〈日治時期臺灣人物誌（三）〉，《臺北文獻》直字第 150 期，臺北：臺北市文獻委員會，2005.03，頁 399～407。

103. 廖鎮誠，〈日治時期台灣近代建築設備發展之研究〉，桃園：中原大學建築學系碩士論文，2007。

104. 鄧相揚，〈眉社群與牛眠山的歷史演替〉，《百年的遺落與重現——2005 南投縣平埔族群文化研討會論文集》，南投：南投縣政府文化局，2005。

105. 鄭政誠，〈日治初期臺灣舊慣調查事業的開展〉，《臺灣社會文化變遷學術研討會論文集》，臺北：師範大學歷史系，2000，頁 225～263。

106. 鄭梅淑，〈日據時期臺灣公學校之研究〉，東海大學歷史研究所碩士論文，1988。

107. 劉斌雄，〈埔里巴則海族親屬結構的研究〉，《中央研究院民族學研究所集刊》第 36 期，臺北：中央研究院民族學研究所，1973。

108. 劉翠溶，〈漢人拓墾與聚落之形成：臺灣環境變遷之起始〉，《積漸所至：中國環境史論文集（上）》，臺北：中央研究院經濟研究所，1995，頁 295～347。

109. 劉翠溶，〈日治後期臺灣合作農倉功能試探〉，《臺灣史研究》第 7 卷第 1

期，臺北：中央研究院臺灣史研究所籌備處，2001.4，頁135～173。

110. 劉澤民，〈埔里東螺社陣姓墓碑探尋〉，《臺灣文獻別冊》12，南投：國史館臺灣文獻館，2005，頁24～33。

111. 劉澤民，〈石燈照古人──醒靈寺保存的能高神社殘蹟〉，《臺灣文獻》第56卷第3期，南投：國史館臺灣文獻館，2005.9，頁297～330。

112. 劉枝萬，〈臺灣民間信仰之調查與研究〉，《臺灣風物》第44卷第1期，臺北：臺灣風物雜誌社，1994.3，頁15～29。

113. 蔡淵絜，〈清代臺灣社會領導階層性質之轉變〉，《史聯雜誌》第3期，1983，頁4～64。

114. 蔡淵絜，〈清代臺灣基層政治體系中非正式結構之發展〉，《近代歷史上的臺灣》，臺北：臺灣商務印書館，1986。

115. 蔡錦堂，〈日據時期臺灣之宗教政策〉，《臺灣風物》第42卷第4期，臺北：臺灣風物雜誌社，1992.12，頁107～136。

116. 蔡慧玉，〈日治時代臺灣的保甲戶籍行政〉，《臺灣風物》第44卷第3期，臺北：臺灣風物雜誌社，1994.9，頁107～136。

117. 蔡慧玉，〈日治時代臺灣保甲書記初探1911～1945〉，《臺灣史研究》1：2，臺北：中央研究院臺灣史研究所籌備處，1994.12，頁5～24。

118. 蔡欣雁，〈日治後期臺中州國家神道之傳播及影響（1931～1945）〉，東海大學歷史研究所碩士論文，2004。

119. 潘繼道，〈二十世紀初東台灣最大的一場戰爭〉，《臺灣文獻》第55卷第4期，南投：國史館臺灣文獻館，2004.12，頁59～105。

120. 賴勝權，〈牛眠山──一個漢化的巴宰族村落〉，臺灣大學考古人類研究所碩士論文，1973。

121. 謝繼昌，〈平埔族之漢化──臺灣埔里平原之研究〉，《中央研究院民族學研究所集刊》第47期，臺北：中央研究院民族學研究所，1979。

122. 謝國興，〈日本殖民統治時代臺灣社會的變化（1895～1945）〉，《臺灣史論文精選（下）》，臺北：玉山社，1996，頁55～76。

123. 謝國興，〈日治時期臺灣的陸上交通運輸業〉，《臺灣殖民地史──學術研討會論文集》，臺北：海峽學術出版社，2004，頁14～47。

124. 謝銘育，〈清代臺灣中部的市街與商業網路〉，東海大學歷史研究所碩士論文，2005。

125. 蕭富隆，〈日治時期檔案數位化的回顧與前瞻〉，《臺灣文獻》第54卷第1期，南投：國史館臺灣文獻館，2003，頁337～366。

126. 羅士傑，〈清代台灣的地方菁英與地方社會：以同治年間的戴潮春事件為討論中心（1862～1868）〉，清華大學歷史學研究所碩士論文，2000。

127. 藤井志津枝，〈日據時期臺灣總督府「撫墾署」〉，《國立臺灣師範大學歷史學報》第 16 期，臺北：師範大學歷史學系，1988.6，頁 221～254。

128. 鍾幼蘭，〈平埔族群與埔里盆地——關於開發問題的探討〉，《平埔族群的區域研究》，南投：臺灣省文獻委員會，1998，頁 97～140。

### （四）西文部份

1. Chang Lung-chih 張隆志 *"From Island Frontier to Imperial Colony: Qing and Japanese Sovereignty Debates and Territorial Projects in Taiwan, 1874~1906,"* Ph. D. dissertation, Harvard University, 2003.

2. Chuang Ying-chang 莊英章 & Arthur P. Wolf. *"Marriage in Taiwan, 1881~1905: An Example of Regional Diversity."* Journal of Asian Studies, 54.3（1995）:781~796.

3. Duara, Prasenjit *Culture, Power and the State: Rural North China. 1900~1942*（Stanford: Stanford University Press, 1988）

4. Katz, Paul R. *"Social Structure and Marriage Patterns in East Haven: A Preliminary Analysis."* 收入游鑑明主編，《無聲之聲：近代中國的婦女與社會》，南港：中央研究院近代史研究所，2003。

5. Katz, Paul R. *When Valleys Turned Blood Red: The Ta-pa-ni Incident in Colonial Taiwan.* Honolulu: University of Hawaii Press, 2005.

6. Katz, Paul R. *"Spirit-writing and Hakka Migration in Taiwan – A Case Study of the Canzan Tang* 參贊堂 *in Puli* 埔里, *Nantou* 南投 *County."* Paper presented at the International Conference on Comparative Study of Ritual in Chinese Local Society（「中國地方社會儀式比較研究」國際學術研討會）. Hong Kong, May 5~7, 2008.

7. Kerr, George H. *Formosa: Licensed Revolution and the Home Rule Movement 1895~1945* Honolulu: The University Press of Hawaii, 1974.

8. Seaman, Gary. *Temple Organization in a Chinese Village.* Taipei: Chinese Association for Folklore, Orient Cultural Service, 1978.

9. Wolf, Arthur P. *Sexual Attraction and Childhood Association. A Chinese Brief* for Edward Westermarck. Stanford: Stanford University Press, 1995.

## 二、口述訪問紀錄

1. 邱正略訪問，〈王正成口述紀錄〉，2006 年 12 月 26 日。永井春惠外孫。

2. 邱正略訪問，〈王世英口述紀錄〉，2008 年 9 月 11 日。育化堂首任正乩王梓性之子。

3. 邱正略、康豹訪問，〈白金章口述紀錄〉，2007 年 12 月 12 日。前埔里鎮長、醒覺堂主委。

4. 邱正略、康豹訪問，〈吳進春口述紀錄〉，2007 年 9 月 19 日。懷善堂城

隍廟主任委員。

5. 邱正略、康豹訪問,〈林秋堂口述紀錄〉,2007 年 10 月 4 日。地母廟董
   事長。

6. 邱正略、康豹訪問,〈施儀東口述紀錄〉,2007 年 3 月 28 日。施雲釵之
   孫。

7. 邱正略訪問,〈高錦祥口述紀錄〉,2007 年 5 月 16 日。高老囝之子、恒
   吉宮媽祖廟副董事長。

8. 邱正略、康豹訪問,〈高錦祥口述紀錄〉,2007 年 11 月 11 日。

9. 邱正略訪問,〈翁深淵口述紀錄〉,2009 年 3 月 11 日。通天堂主委。

10. 邱正略訪問,〈黃大鏐口述紀錄〉,2006 年 5 月 10 日。望麒麟外孫。

11. 邱正略訪問,〈黃大鏐口述紀錄〉,2006 年 5 月 16 日。

12. 邱正略訪問,〈黃大鏐口述紀錄〉,2006 年 5 月 30 日。

13. 邱正略訪問,〈黃大鏐口述紀錄〉,2006 年 6 月 13 日。

14. 邱正略、康豹訪問,〈黃大鏐口述紀錄〉,2008 年 9 月 10 日。

15. 邱正略訪問,〈黃大鏐口述紀錄〉,2008 年 10 月 1 日。

16. 邱正略訪問,〈黃大鏐口述紀錄〉,2009 年 1 月 20 日。

17. 邱正略訪問,〈黃望幸三口述紀錄〉,2008 年 4 月 2 日。望麒麟曾孫。

18. 邱正略訪問,〈黃顯章口述紀錄〉,2009 年 3 月 12 日。黃萬固長孫、黃
    連貴長男。

19. 邱正略訪問,〈許百穀口述紀錄〉,2009 年 3 月 13 日。許道南之孫、許
    秋之子。

20. 邱正略、康豹訪問,〈張敬口述紀錄〉,2007 年 5 月 30 日。醒靈寺副董
    事長。

21. 邱正略訪問,〈潘進春口述紀錄〉,2009 年 3 月 16 日。導化堂主任委員。

22. 邱正略、康豹訪問,〈劉萬通口述紀錄〉,2008 年 2 月 27 日。懷善堂城
    隍廟主任委員。

23. 邱正略訪問,〈劉萬通口述紀錄〉,2008 年 3 月 19 日。

24. 邱正略訪問,〈劉萬通口述紀錄〉,2008 年 6 月 15 日。

25. 邱正略、康豹訪問,〈蔡茂亮口述紀錄〉,2008 年 1 月 24 日。昭平宮育
    化堂(孔子廟)董事長。

26. 邱正略訪問,〈蔡茂亮口述紀錄〉,2008 年 8 月 4 日。

27. 邱正略訪問,〈蘇建次口述紀錄〉,2009 年 3 月 10 日。蘇樹發之子。

# 附　錄

## 附錄表 1：日治時期埔里地區大事紀要

| 西元 | 日本紀年 | 月 | 日 | 大　事　紀　要 | 出　　處 | 備註 |
|---|---|---|---|---|---|---|
| 1895 | 明28 | 7 | 1 | 設置埔里社警察署、埔里社守備隊。 | 調-頁15 | |
| 1895 | 明28 | 11 | 20 | 日軍警等276人進入埔里。 | 退-頁327 | |
| 1896 | 明29 | 4 | 1 | 埔里撫墾署成立，負責 1.蕃人之撫育、授產取締。2.蕃地之開發。3.山林及製腦事項。 | 大-頁38 | |
| 1896 | 明29 | 4 | 9 | 總督府職員八戶道雄向統督提出「埔里社地方巡迴復命書」。 | 公4506-18 | |
| 1896 | 明29 | 4 | 22 | 埔里郵便電信局設立。 | 郵-9 | |
| 1896 | 明29 | 7 | 11 | 日軍守備隊及廳員一同撤離大埔城。 | 退-140 | |
| 1896 | 明29 | 7 | 17 | 日軍克復大埔城。 | 調-頁16 | |
| 1897 | 明30 | 1 | 12 | 台中縣知事向總督府民政局陳報前一年 10-11 月管內概況。 | 公161-12 | |
| 1897 | 明30 | 3 | 15 | 埔里社撫墾署竹田忠治針對深堀大尉一行蹤跡調查提出復命書，表達無所獲。 | 公4533-18 | |
| 1897 | 明30 | 4 | 1 | 設置埔里國語傳習所。 | 公142-17 | |
| 1897 | 明30 | 5 | 1 | 設置埔里社辨務署。 | 表1-5 | |
| 1897 | 明30 | 6 | 4 | 埔里社撫墾署長向總督府民政局長申報五月的管理事務要項。 | 公164-13 | |
| 1897 | 明30 | 6 | 15 | 非職（停職）官吏檜山鐵三郎等4人，分別被埔里社地方法院判處不等刑期。 | 公4536-35 | |
| 1897 | 明30 | 7 | 18 | 埔里辨務署長向台中縣知事陳報四月份管內概況。 | 公161-37 | |

| 1897 | 明30 | 8 | | 伊能嘉矩與粟野傳之丞進入埔里調查，停留約一個月。 | 大-頁 41 | |
|------|------|---|---|----------------------------------------|----------|---|
| 1897 | 明30 | 9 | 13 | 埔里社地方法院閉廳。 | 公 128-27 | |
| 1897 | 明30 | 10 | 1 | 廢止埔里社監獄支署。 | 公 178-24 | |
| 1897 | 明30 | 10 | 8 | 埔里社撫墾署長長野義虎針對生蕃刑罰令提出意見書。 | 公 4534-11 | |
| 1897 | 明30 | 10 | 11 | 設置護鄉兵。 | 調-16 | |
| 1897 | 明30 | 10 | 26 | 埔里社國語傳習所的教員對於護鄉兵施予國語（日語）傳習。 | 公 142-24 | |
| 1897 | 明30 | 11 | 20 | 台中縣知事向總督府民政局長提出埔里社撫墾署事務成績及管內情況報告。 | 公 4541-2 | |
| 1897 | 明30 | 12 | | 總督府民政局殖產課技師橫山壯次郎向乃木總督提出詳細的「埔里社地方殖民地調查報告」。 | 公 302-2 | |
| 1898 | 明31 | 1 | 28 | 於蜈蚣崙設置埔里社撫墾署出張所。 | 公 260-7 | |
| 1898 | 明31 | 3 | 5 | 台中縣知事向總督府民政局長提出一月事務報告。 | 公 323-21 | |
| 1898 | 明31 | 3 | 29 | 台中縣知事向總督府民政局長提出二月事務報告。 | 公 323-22 | |
| 1898 | 明31 | 4 | 1 | 設置埔里社公學校。 | 表 2-6 | |
| 1898 | 明31 | 11 | 1 | 設置烏牛欄公學校女子分教場。 | 調-頁 16 | |
| 1899 | 明32 | 8 | | 鳥居龍藏至埔里調查停留約二個月。 | 探-頁 58、345 | |
| 1899 | 明32 | 9 | 14 | 廢止埔里社辦務署，設置南投辦務署埔里社支署。 | 調-頁 16 | |
| 1899 | 明32 | 9 | 19 | 埔里社辦務署軍役壯丁解散，拔選其中 40 名轉任巡查補之職。 | 日 18990914-3 | |
| 1899 | 明32 | 11 | 1 | 埔里社郵便電信局長向總督府要求於北港溪設置臨時郵便物保管場。 | 公 4587-16 | |
| 1900 | 明33 | 2 | 22 | 恒吉宮媽祖廟遷移現址落成安座。 | 恒-單頁 | |
| 1900 | 明33 | 4 | 14 | 台中縣知事向總督府提出南投辦務署埔里社支署長大熊廣筠巡視北蕃「トロック」及「タウッァ一」兩社狀況及深堀大尉一行遭難遺物發現報告。 | 公 4627-2 | |
| 1900 | 明33 | 8 | 20 | 茄苳腳圳沿線發生赤痢，61 人罹病，其中 23 人死亡。 | 日 19090820-2<br>日 19090915-2 | |
| 1901 | 明34 | 3 | 5 | 設置養蠶傳習所。 | 日 19010305-2 | |
| 1901 | 明34 | 3 | | 以隘勇和警察部隊組成的前進隊，對於霧社山區展開討伐行動。 | 霧-頁 32 | |
| 1901 | 明34 | 4 | 1 | 埔里社至龜仔頭道路開鑿工事開始施工。次年（1902）8 月 30 竣工。 | 調-頁 16 | |

| 1901 | 明34 | 4 | 1 | 以道路險難爲由，郵便路線廢止土城至埔里社之線，改行集集經頭社至埔里一線。 | 公 592-20 | |
|------|------|---|---|---|---|---|
| 1901 | 明34 | 5 | 5 | 設於施百川家宅正廳的懷善堂舉行安座，爲埔里第一間鸞堂。 | 瀛-頁 1 | |
| 1901 | 明34 | 5 | 29 | 龜仔頭至北港溪之間改設隘勇線，龜仔頭沿南港溪至埔里亦著手進行。 | 日 19010529-3 | |
| 1901 | 明34 | 5 | | 將埔里社堡劃分爲埔西區、埔東區，轄管一街13庄。 | 表 1-5 | |
| 1901 | 明34 | | | 森丑之助至埔里調查。 | 大-頁 43 | |
| 1902 | 明35 | 4 | 19 | 挑米坑庄發生大火，全毀 35 戶半毀 2 戶。 | 日 19020419-5 | |
| 1902 | 明35 | 5 | 1 | 埔里社守備隊山地行軍途經蜈蚣崙庄，與高山族發生衝突，死傷 20 餘名、失蹤 3 名。 | 日 19020501-2 | |
| 1902 | 明35 | | | 鸞堂參贊堂（刣牛坑帝君廟）設立。 | 參-單頁 | |
| 1903 | 明36 | 11 | 1 | 於埔里公學校內設置埔里小學校。 | 調-頁 17 | |
| 1903 | 明36 | 12 | 7 | 於埔里社街警察署設立埔里社土地調查派出所，並於五城堡魚池庄設置一處分派所，負責測量埔里、魚池一帶土地。 | 公 4229-38<br>公 4286-115<br>公 4457-35 | |
| 1904 | 明37 | 8 | 15 | 埔里社街市區改正著手辦理，10 月 19 日工程竣工。 | 調-頁 17 | |
| 1904 | 明37 | | | 烏牛欄庄三位潘姓女子升學台北國語學校附屬學校，爲埔里升學中等學校之開始。 | 大-頁 43 | |
| 1904 | 明37 | | | 開源會社成立。 | 公 9907-24 | |
| 1905 | 明38 | 3 | | 埔里山麓隘勇線前進行動自 3 月 10 日至 30 日實施。新設由蜈蚣崙直線通過鯉魚潭接過坑線的隘勇線。專門針對霧社群而設的霧ケ關中央監督所（鳥踏坑附近）也於此時設立。 | 霧-104 | |
| 1905 | 明38 | 4 | 1 | 埔里社公學校烏牛欄分校成立。 | 職(明治 38 年) | |
| 1905 | 明38 | 5 | 26 | 埔里東北方隘線向前推進，原屬蓄地的鯉魚潭包容於新設隘勇線之內。 | 日 19050526-2 | |
| 1905 | 明38 | 6 | 30 | 全島開設 27 處土地登記所，中部計有台中、彰化、南投、埔里社等 4 所。 | 日 19050630-3 | |
| 1905 | 明38 | 8 | 18 | 蜈蚣崙南方的乾溪興築五十甲圳、深溝圳等二條堤防水圳，灌溉面積 400 甲，工程費用爲14,258 圓。 | 日 19050818-4 | |
| 1905 | 明38 | 12 | | 隘勇線往前推進約 4 公里，北起北港溪阿冷線中長崙山，南至濁水溪岸埋石山，約 40 公里左右，北港溪岸原屬眉原社的耕地，半數都被畫入新的隘勇線範圍。 | 日 19060111-2<br>日 19060529-2<br>日 19060530-2 | |
| 1906 | 明39 | 3 | 21 | 埔里通往龜仔頭等聯外道路整修，由總督府補助經費 8,000 圓。 | 日 19060321-4 | |

| 1906 | 明39 | 4 | 24 | 為施設埔里街下水溝，南投廳長向總督府提出施設地所有街民的寄付受納文件。 | 公 4965-19 | |
| 1906 | 明39 | 5 | | 經過守城大山的霧社至眉原隘勇線順利完成。 | 霧-104 | |
| 1906 | 明39 | 9 | 1 | 設置臺中尋常高等小學校埔里社派遣教授。 | 調-頁 18 | |
| 1907 | 明40 | 1 | 3 | 森丑之助到埔里調查。 | 大-頁 45 | |
| 1907 | 明40 | 2 | 9 | 南烘圳的灌溉甲數 300 餘甲，惟圳路年久失修，去年（1906）11 月納入公共埤圳之後，花費 15,000 圓經費進行整修完成。 | 日 19070209-4 | |
| 1907 | 明40 | 2 | 11 | 眉原蕃土目等共 15 名前來埔里社觀光。 | 日 19070222-2 | |
| 1907 | 明40 | 3 | 2 | 埔里社方面新隘勇線的前進行動開始，自埋石山監督所前進。 | 霧-105 | |
| 1907 | 明40 | 4 | 6 | 負責埔里社支廳管內換蕃所業務的愛國婦人會台灣支部，於台北停車場設置「蕃產物陳列販賣所」，供一般民眾參觀購買。 | 日 19070406-2 | |
| 1907 | 明40 | | | 前一年（1906）南烘圳納入公共埤圳後，本年指定羅金水為公共埤圳埔里社圳的管理人。 | 公 1291-36 | |
| 1907 | 明40 | | | 南烘圳改築，經費 15,000 圓。 | 日 19080725-3 | |
| 1908 | 明41 | 1 | 3 | 土木局技手山形丹三向佐久間總督提出「埔里社花蓮港間中央山脈橫斷道路調查復命書」，表示該工事困難，且工費極高。 | 公 1407-12 | |
| 1908 | 明41 | | | 茄苳腳圳改築，經費 10,000 圓。 | 日 19080725-3 | |
| 1909 | 明42 | 4 | 1 | 南投尋常高等小學埔里社分教場成立。 | 調-頁 18 | |
| 1909 | 明42 | 10 | 17 | 埔里吹火燒風，造成稻作減產約 25%。 | 日 19091120-3 | |
| 1909 | 明42 | 11 | 28 | 埔里社輕鐵線敷設，由於烏溪線地形太險惡，決定採行由埔里經集通二八水路線施工。 | 日 19091128-2 | |
| 1910 | 明43 | 2 | 27 | 廢止埔里社公學校烏牛欄分校，改設烏牛欄公學校。 | 公 5393-11 | |
| 1910 | 明43 | 3 | 27 | 埔里社郵便局開始辦理電話交換事務。 | 公 1903-18 日 19110330-2 | |
| 1910 | 明43 | 7 | 1 | 埔里社製糖株式會社創立。 | 調-頁 18 | |
| 1910 | 明43 | 7 | | 久旱未雨，米極貴。 | 土-48 | |
| 1910 | 明43 | 12 | 15 | 總督佐久間左馬太命令南投廳對於霧社方面蕃人進行討伐，第一回霧社方面討伐行動，以霧社群、土魯閣群為主要攻擊目標。 | 日 19101218-3 霧-106 | |
| 1911 | 明44 | 1 | 9 | 第二回霧社方面討伐行動。 | 霧-106 | |
| 1911 | 明44 | 5 | 21 | 埔南公司將埔里社輕鐵的經營權轉讓予埔里社製糖株式會社。 | 日 19110521-3 | |
| 1911 | 明44 | 5 | 21 | 埔里社製糖株式會社資金由 25 萬圓擴增為 200 萬圓之合資組織。 | 日 19110521-5 | |

| 1911 | 明44 | 8 | 14 | 增資後的埔里社製糖株式會社正式成立。 | 日 19110804-2 | |
| 1911 | 明44 | 8 | 27 | 因颱風、水災，房舍倒 300 多間，田地流失 300 多甲。 | 土-48 | |
| 1911 | 明44 | 11 | 7 | 埔里社輕鐵開通營運。 | 日 19111107-1 | |
| 1911 | 明44 | | | バイバラ（眉原）方面隘勇前進著手進行。 | 理 2-頁 763-774 | |
| 1912 | 明45 | 2 | 9 | 埔里社支廳增設眉溪駐在所。 | 霧-108 | |
| 1912 | 明45 | 4 | 1 | 設置埔里社尋常高等小學校。 | 調-頁 18 | |
| 1912 | 明45 | 6 | 22 | 南投廳長向總督府地方部長提出埔里社街市區改正之市區豫定線圖。 | 公 2249-2 | |
| 1912 | 大1 | 12 | 19 | 埔里社舉行大祭（建醮）。 | 抗-頁 438 | |
| 1912 | 大1 | 12 | 26 | 台灣製糖株式會社併購埔里社製糖株式會社定案。 | 日 19121209-1 | |
| 1912 | 大1 | 12 | | 發生史稱「南投事件」的抗日事件，埔里地區參加者 6 人被捕，分別判處 5-9 年不等徒刑。 | 抗-443 至 445 | |
| 1912 | 大1 | | | 茄苳腳齋堂德華堂遷建於現址。 | 稿(八)-頁 64-65 | |
| 1913 | 大2 | | | 台灣製糖會社成立埔里社製糖所。 | 土-49 | |
| 1913 | 大2 | | | 珠仔山庄的齋堂德生堂重建完工，改稱爲「善天堂」。 | 稿(八)-頁 61-62 | |
| 1913 | 大2 | | | 小埔社齋堂覺靈堂重修完成。 | 稿（八）-頁 64 | |
| 1914 | 大3 | 2 | 25 | 隘勇田阿苍鼓動巡查補陳振發反抗日本人遭拒，陳振發並且向日人揭發此陰謀。 | 公 2257-6 | |
| 1914 | 大3 | 4 | 1 | 埔里、眉溪間軌道布設工程開始施工，同年 5 月 25 日竣工。 | 調-頁 19 | |
| 1914 | 大3 | 5 | 14 | 爲督軍蕃地討伐，總督佐久間左馬太抵達埔里社，次日設置太魯閣討伐隊司令部。 | 日 19140518-3 調-頁 19 | |
| 1914 | 大3 | 9 | 23 | 埔里社電燈會社創立。 | 調-頁 19 | |
| 1914 | 大3 | | | 水尾齋堂久靈堂擴建完工。 | 稿(八)-頁 63-64 | |
| 1915 | 大4 | 5 | 3 | 以蘇朝金爲首，共 956 人所組成「埔里信用組合」向總督府申請設立獲許可。 | 公 2417-2 | |
| 1915 | 大4 | 5 | 3 | 以林其忠爲首，共 633 人所組成「烏牛欄信用組合」向總督府申請設立獲許可。 | 公 2417-1 | |
| 1915 | 大4 | 7 | 20 | 埔里社俱樂部落成。 | 調-頁 19 | |
| 1916 | 大5 | 1 | 11 | 埔里社電燈會社之發電所竣工，1 月 20 日開始供電點燈，預定可提供 700 個燈的電力。 | 日 19160111-2 | |
| 1916 | 大5 | 2 | 3 | 總督安東貞美至埔里社進行地方視察。 | 日 19160208-1 | |
| 1916 | 大5 | 2 | 24 | 埔里社電燈會社開始點燈。 | 調-頁 19 | |
| 1916 | 大5 | 7 | 14 | 埔里街役場新建落成。 | 調-頁 19 | |
| 1916 | 大5 | 9 | 10 | 中部發生地震，集集、埔里社、林圯埔等處受災，惟災情並不嚴重。 | 日 19160910-6 | |

| 1916 | 大5 | 9 | 19 | 埔里社分遣隊中隊駐屯縮小爲小隊。 | 調-頁20 | |
|---|---|---|---|---|---|---|
| 1917 | 大6 | 1 | 5 | 埔里大地震發生於凌晨零時50分，造成嚴重災情。 | 日19170106-5 | |
| 1917 | 大6 | 1 | 7 | 再次強震，發生於上午2時10分。 | 日19170110-6 | |
| 1917 | 大6 | 2 | 9 | 埔里社市區改正著手進行。 | 日19170209-3 | |
| 1917 | 大6 | 2 | 24 | 南投廳長向總督府提出埔里市區改正計畫變更。 | 公2656-a16 | |
| 1917 | 大6 | 8 | 15 | 北海道帝國大學農科大學演習林派出所於埔里開設。 | 調-頁20 | |
| 1917 | 大6 | 12 | 25 | 烏牛欄溪鐵線橋斷裂，造成埔里分遣隊兵卒6名掉落河中，2名重傷、4名輕傷。 | 日19171227-5 | |
| 1918 | 大7 | 2 | 23 | 埔里社特產物株式會社成立，資本額5萬圓，從事蝶類、鳥獸類剝製品製造販售。 | 日19180212-4 日19180223-4 | |
| 1918 | 大7 | 9 | | 恒吉宮媽祖廟地震災後重建落成，花費8,000圓。 | 日19180915-6 | |
| 1918 | 大7 | 10 | 27 | 發生流行性感冒，公務人員約有10分之3比例罹病，一般民眾感染者亦多。 | 日19181027-5 | |
| 1918 | 大7 | 12 | 20 | 埔里社街市場新建落成。 | 調-頁20 | |
| 1918 | 大7 | | | 埔里消費市場改建。 | 日19180623-6 | |
| 1919 | 大8 | 5 | 1 | 彰化銀行開設埔里社出張所。 | 日19190501-4 | |
| 1919 | 大8 | 5 | 25 | 臺灣電力株式會社成立。 | 調-頁20 | |
| 1919 | 大8 | 9 | | 北山坑水力發電工程興工，大正10年（1921）7月竣工。 | 調-頁20 | |
| 1920 | 大9 | 8 | | 臺灣電力株式會社併購埔里電燈株式會社。 | 電-頁188 | |
| 1920 | 大9 | 9 | 1 | 地方官官制改正，改爲能高郡埔里街。 | 表1-5 | |
| 1920 | 大9 | 10 | | 設立街營行旅病人收容所。 | 概（昭和9）-頁192 | |
| 1920 | 大9 | | | 烏牛欄公學校史港分教場成立。 | 表2-6 | |
| 1921 | 大10 | 4 | | 埔里消費市場改爲街營。 | 覽-「消費市場」欄 | |
| 1921 | 大10 | 5 | | 日月潭水力工程動工，造成埔里物價極貴。 | 土-52 | |
| 1921 | 大10 | 10 | 3 | 埔里街長永井英輔向總督府提出19萬圓起債許可，做爲敷設水道之工程費用，次年（1922）1月獲得許可，10月開工。 | 公10529-15 公10556-6 | |
| 1922 | 大11 | 10 | | 埔里水道工程以街債19萬爲工程費，10月動工，於1924年1月完工。 | 日19230216-6 日19240127-4 | |
| 1922 | 大11 | | | 埔里公學校生蕃空分教場成立。 | 職（大正11年） | |
| 1923 | 大12 | 5 | | 日月潭水力發電工程停工。 | 調-頁21 | |

| 1923 | 大12 | 6 | 28 | 5月28日埔里水道竣工，向總督府申請水道使用許可。 | 公3738-1 | |
|------|------|---|----|----|----|----|
| 1924 | 大13 | 4 | 1 | 史港分教場改爲「史港公學校」。 | 職（大正13年） | |
| 1924 | 大13 | 8 | 1 | 日人藤岡了觀等9人向總督府申請設立能高寺。 | 公3994-10 | |
| 1924 | 大13 | 8 | 4 | 總督內田嘉吉到埔里視察。 | 日19240806-2 | |
| 1924 | 大13 | 12 | 23 | 埔里建醮，爲期三日（23-25日）。 | 巫9-頁154-155 | |
| 1925 | 大14 | 4 | 1 | 撤銷陸軍埔里分遣隊。 | 霧-111 | |
| 1925 | 大14 | | | 日本佛寺「能高寺」興建完成。 | 公3994-10 | |
| 1926 | 大15 | | | 曾經擔任埔里街長的日本人杉山昌作與永井英輔，2人合作投資10,755圓開鑿埔里盆地東南邊過坑蓄地的「共榮圳」。 | 公4034-1 | |
| 1926 | 大15 | | | 鸞堂昭平宮育化堂（孔子廟）設立。 | 育-頁12-14 | |
| 1927 | 昭2 | | | 虎仔耳山頂設立能高社（無格社）。 | 覽-「社寺宗教」表「神社」欄 | |
| 1927 | 昭2 | 4 | 1 | 生蕃空分教場改稱爲「溪南分教場」。 | 職（大正13年） | |
| 1927 | 昭2 | 8 | 22 | 埔里實業協會成立。 | 日19270824-3 | |
| 1927 | 昭2 | 11 | 22 | 台灣民眾黨埔里支部成立。 | 日19271121-4 | |
| 1928 | 昭3 | 5 | | 埔里武德殿建築工程興工，同年11月竣工。 | 霧-62 | |
| 1928 | 昭3 | 8 | | 能高社住持佐藤顯孝於寺內設立托兒所。 | 大-頁53 | |
| 1929 | 昭4 | 3 | 20 | 小埔社庄發生大火，延燒22棟，損失7,000餘圓。 | 日19290320-5 | |
| 1929 | 昭4 | 4 | 15 | 林其祥接任埔里街長。 | 日19290415-5 | |
| 1929 | 昭4 | 8 | 11 | 埔里青年會館落成。 | 日19290811-5 | |
| 1930 | 昭5 | 1 | 6 | 爲緩和街債壓力，埔里街長林其祥向總督府提出「街債借替」申請，將原向勸業銀行的借金一部分改爲較低利的簡易生命保險積立金（準備金）借入。並將借入期延長。 | 公10556-6 | |
| 1930 | 昭5 | 4 | 5 | 街立埔里幼稚園開辦。 | 日19300409-4 | |
| 1930 | 昭5 | 8 | | 埔里「蕃人」宿泊所建築工程興工。 | 霧-62 | |
| 1930 | 昭5 | 10 | 27 | 霧社事件發生。 | 調-頁21 | |
| 1930 | 昭5 | 10 | 29 | 於舊練兵場緊急設置飛行著陸場（梅仔腳），下午完成，次日即有飛機從鹿港飛抵降落。 | 日19301030-7 | |
| 1930 | 昭5 | 11 | 7 | 霧社事件罹難者能高郡守小笠原敬太郎及夫人、千金等遺骨運抵埔里，當夜舉行告別式。 | 日19301107-2 | |
| 1930 | 昭5 | 11 | 7 | 埔里臨時機場完工，配置四架飛機。 | 原-160 | |
| 1930 | 昭5 | 11 | 11 | 鎌田支隊空軍本部從鹿港遷到埔里。 | 日19301111-4 | |
| 1930 | 昭5 | 12 | 30 | 總督石塚英藏針對霧社事件發布諭告。 | 公4127-4 | |

| 1930 | 昭5 | 12 |    | 台中至埔里間四線道自動車開鑿計劃定案，將於次年度（1931）著手，計劃經費約 60 萬圓。 | 日 19301205-9 |  |
| 1931 | 昭6 | 1 | 9 | 台中州農會養蠶業的養蠶飼育場及乾繭室設於埔里，此後蠶繭皆在埔里處理。 | 日 19310109-5<br>日 19310111-4 |  |
| 1931 | 昭6 | 1 | 18 | 台灣地方自治聯盟能高支部於埔里青年會館舉行發會式。 | 日 19310118-8 |  |
| 1931 | 昭6 | 1 | 27 | 劉阿梧出資 2 萬圓架設埔里至珠仔山間的橋樑開通。 | 日 19310119-5 |  |
| 1931 | 昭6 | 4 | 28 | 埔里霧社間自動車道路著手實地調查完成，工程費約 50 萬圓。 | 日 19310422-4<br>日 19310429-9<br>日 19310521-4 |  |
| 1931 | 昭6 | 8 | 31 | 能高自動車株式會社成立。 | 日 19310902-2 |  |
| 1931 | 昭6 | 10 | 15 | 埔里至魚池間的乘合自動車開通。 | 日 19311014-2 |  |
| 1931 | 昭6 | 10 | 15 | 川中島社歸順於能高郡役所舉行，蕃人 106 名在警官戒護下，到埔里街購物。 | 日 19311018-4 |  |
| 1931 | 昭6 | 10 | 27 | 於能高寺舉辦霧社事件一週年弔慰活動，街內官民約 500 人參加。 | 日 19311028-4 |  |
| 1931 | 昭6 | 10 |    | 日月潭水力發電工程重新興工。 | 調-頁 21 |  |
| 1931 | 昭6 | 11 | 24 | 水裡坑至魚池自動車道開通，台中至埔里之車程里二日縮短爲一日。 | 日 19311122-3 |  |
| 1931 | 昭6 | 11 | 28 | 埔里興乘株式會社所經營埔里至眉溪的台車開通。 | 日 19311128-5 |  |
| 1931 | 昭6 | 12 | 15 | 霧社群移居川中島者代表，在能高社舉行泰雅族各群和解式。 | 霧-113 |  |
| 1931 | 昭6 | 12 | 20 | 開辦埔里街營魚市場，基隆生魚直配於埔里。 | 日 19311220-8 |  |
| 1931 | 昭6 |    |    | 以州費 25,000 圓經費，延長眉溪護岸工程 500 公尺。 | 能（昭和 7 年）-頁 48 |  |
| 1932 | 昭7 | 5 | 26 | 埔里街協議會臨時會決議開辦公設質舖（當舖）。 | 日 19320527-3 |  |
| 1932 | 昭7 | 6 | 21 | 中央貨物自動車株式會社成立，經營埔里—水裡之間貨物運輸。 | 日 19320621-3 |  |
| 1932 | 昭7 | 8 | 15 | 發生腦髓膜炎死亡案例，對於患者家屬進行隔離。 | 日 19320822-4 |  |
| 1932 | 昭7 | 8 | 29 | 埔里、魚池間自動車路開通。 | 日 19320830-3 |  |
| 1932 | 昭7 | 10 | 1 | 埔里街公設質舖開業。 | 日 19321002-3 |  |
| 1932 | 昭7 | 10 | 22 | 能高自動車株式會社併購中央自動車株式會社。 | 日 19321023-3 |  |
| 1932 | 昭7 |    |    | 以州費 27,000 圓經費（包含 6,000 圓街費），延長牛眠山眉溪護岸工程 880 公尺。 | 能（昭和 7 年）-頁 48 |  |

| 1933 | 昭 8 | 3 | 28 | 埔里街長林其祥向總督府稟請借入金 32,000 圓，包含陸軍用地收得資金 26,000 圓及河川工事負擔金 6,000 圓。分三年由「受益者負擔金」、「街費」償還。 | 公 10583-2 | |
|---|---|---|---|---|---|---|
| 1933 | 昭 8 | 3 | 31 | 再次發生腦炎案例。 | 日 19330402-3 | |
| 1933 | 昭 8 | 3 | | 烏牛欄小字大馬璘發現古物（即「大馬璘遺址」）。 | 日 19330325-12 | |
| 1933 | 昭 8 | 3 | | 久旱不雨，稻作減收二、三成。 | 日 19330329-8 | |
| 1933 | 昭 8 | 5 | | 腸疫流行，罹病者多為蕃地勤務者。 | 日 19330513-8 | |
| 1933 | 昭 8 | 6 | 22 | 埔里街發展懇談會中，街民為設立農林學校請願。請願陳情委員深山要助、芝原太次郎，偕同能高郡守澤井益衛、埔里街長林其祥同赴台中州請願。 | 日 19330623-3 | |
| 1933 | 昭 8 | 6 | 25 | 埔里信用購買組合喬遷至位於茄苳腳新建落成的洋式二層事務所。 | 日 19330628-3 | |
| 1933 | 昭 8 | 7 | 24 | 能高郡守澤井益衛、埔里街長林其祥及深山要助、芝原太次郎、黃敦仁、羅銀漢等人共赴台灣總督府陳情設立埔里農民學校。 | 日 19330720-2 | |
| 1933 | 昭 8 | 8 | | 出現偽幣流通。 | 日 19330811-3 | |
| 1933 | 昭 8 | | | 日本佛教眞言宗弘法寺興建完成。 | 覽-「社寺宗教」表「寺院」欄 | |
| 1934 | 昭 9 | 1 | 27 | 因降霜造成蔗作損害嚴重。 | 日 19340201-5 | |
| 1934 | 昭 9 | 1 | | 發生豚コレラ大流行，連同雞コレラ大流行，病死豚、雞數量極高。 | 日 19340126-3 | |
| 1934 | 昭 9 | 3 | 15 | 召開能高郡教化聯盟總會及社會教化委員大會。 | 日 19340317-3 | |
| 1934 | 昭 9 | 4 | 10 | 裏南投道路（即今之中潭公路）的自動車運行問題，埔里的實業團與中台的實業團交涉決裂。 | 日 19340411-3 | |
| 1934 | 昭 9 | 6 | 30 | 日月潭水力發電工程完工。 | 電-頁 134 | |
| 1934 | 昭 9 | 7 | 1 | 萬大社製腦增灶的影響下，造成埔里景氣上揚。 | 日 19340704-3 | |
| 1934 | 昭 9 | 9 | 5 | 發生罕見的暴風。 | 日 19340909-2 | |
| 1934 | 昭 9 | | | 郭少三自泰國引進禪種紅茶植於埔里。 | 大-頁 54 | |
| 1935 | 昭 10 | 1 | 5 | 能高自動車以 26,000 圓賣于台中輕鐵會社。 | 日 19350108-4 | |
| 1935 | 昭 10 | 1 | 13 | 帝國製糖會社併購土城自動車商會，與台中輕鐵會社爭取裏南投道路之自動車經營之權。 | 日 19350118-4 | |
| 1935 | 昭 10 | 2 | 20 | 由日本人所組成的「埔里振興會」成立，會長為山下藤太郎。目的在於因應裏南投道路開通後所帶來的正反面影響。 | 日 19350224-8 | |

| 1935 | 昭10 | 2 | 26 | 爲能善用「始政四十周年紀念博覽會」機會有效宣傳埔里,成立「台灣博埔里宣傳會」的臨時組織。會長由埔里街長擔任,副會長爲深山要助。 | 日 19350226-3 | |
|------|------|---|----|---|---|---|
| 1935 | 昭10 | 2 | 下旬 | 中部地區爆發豬コレラ流行,包括彰化市、豐原郡內埔庄、彰化郡秀水庄、新高郡魚池庄、能高郡埔里街。 | 日 19350407-3 | |
| 1935 | 昭10 | 3 | 25 | 爲爭取設立農業學校所成立的「農業學校期成同盟會」,前往台北向總督府文教局長、郡學務長陳情。 | 日 19350326-7 | |
| 1935 | 昭10 | 4 | 10 | 流腦疫情發生。 | 日 19350414-3 | |
| 1935 | 昭10 | 4 | 21 | 中部發生大地震,埔里街災情並不嚴重。 | 日 19350424-8 | |
| 1935 | 昭10 | 4 | 28 | 爲募集救災義捐金,街長與郡守等集議結果,由愛國婦人會幹部動員募捐,目標爲 1,000 圓。 | 日 19350428-3 | |
| 1935 | 昭10 | 5 | 22 | 能高郡久旱,埔里街四保於 13 日迎國姓爺遶境之後即每日降雨,因此演戲叩謝。 | 日 19350525-4 | |
| 1935 | 昭10 | 6 | 9 | 帝國在鄉軍人能高分會與愛國婦人會等聯合捐獻 5,000 餘圓,舉辦兵器寄納式。 | 日 19350612-7 | |
| 1935 | 昭10 | 6 | 13 | 埔里街役場擬採募捐方式修繕能高社,召集埔里地區各會社、團體於埔里青年會館協議。 | 日 19350616-7 | |
| 1935 | 昭10 | 8 | 15 | 於青年會館召開街民大會。 | 日 19350819-8 | |
| 1935 | 昭10 | 10 | 25 | 埔里草屯產業道路(即「裏南投道路」)開通,由州知事親臨舉行開通式。 | 日 19351025-4 | |
| 1935 | 昭10 | 11 | 10 | 埔里街官選協議員發表,共計 10 人,包括內地人黑澤元吉、池田龜男、四倉多吉、潮軍市、大久保彥衛門、植松保次等 6 人。本島人黃敦仁、張德元、王峻槐、羅銀漢等 4 人。 | 日 19351110-4 | |
| 1935 | 昭10 | 11 | | 埔里櫻社成立。 | 大-頁 57 | |
| 1935 | 昭10 | 12 | 27 | 埔里街役場於青年會館舉辦社會教化演講,聘請竹山郡劉萬章前來演講。 | 日 19360103-8 | |
| 1935 | 昭10 | | | 眉溪大淵第二號堤防延長工程施工,工程費 17,500 圓。 | 公 10671-1 | |
| 1936 | 昭11 | 1 | 14 | 召開埔里街政座談會,擬舉街債 14 萬開辦改築市場、興建第二公學校等建設案。 | 日 19360116-4 | |
| 1936 | 昭11 | 2 | | 台中州舉辦優良壯丁團檢閱式,埔里壯丁團獲優勝。 | 日 19360203-8 | |
| 1936 | 昭11 | 3 | 10 | 台中知州向總督府申請補助「烏溪上流眉溪大淵第二號堤防延長工事費」70%(金額 12,250 圓),其餘由州費、地方寄附各負擔 15%(金額 2,625 圓)。 | 公 10671-1 | |
| 1936 | 昭11 | 4 | 1 | 埔里公學校改稱爲「北公學校」,新設立南公學校。 | 職(昭和 11 年) | |

| 1936 | 昭11 | 4 | 8 | 恒吉宮媽祖駕往彰化及鹿港進香，香客 600 餘人隨香，至 13 日回宮，計 6 天 5 夜。 | 日 19360412-4 | |
|---|---|---|---|---|---|---|
| 1936 | 昭11 | 5 | 3 | 台中輕鐵株式會社開辦埔里至土城間乘合自動車，每日 10 趟往返，單程運費 1 圓。 | 日 19360506-4 | |
| 1936 | 昭11 | 6 | 6 | 台中及埔里有志者藉著裏南投道路開通機會，於埔里召開商工座談會。 | 日 19360605-4 | |
| 1936 | 昭11 | 7 | | 街營埔里消費市場改建。 | 公 10726-3 | |
| 1936 | 昭11 | 9 | 8 | 由潘勝輝及另 23 名組合員所組成的「埔里烏牛欄農事實行組合」，於烏牛欄禮拜堂舉行創立總會。 | 日 19360911-4 | |
| 1936 | 昭11 | 9 | 33 | 埔里產業組合於青年會館舉辦產米改良座談會，農家及業主百餘人參加。 | 日 19360926-4 | |
| 1936 | 昭11 | 11 | 12 | 埔里街長林其祥向總督府申請借入金 24,000 圓認可，做為埔里街消費市場建築費。 | 公 10726-3 | |
| 1936 | 昭11 | 12 | 25 | 埔里建醮，為期三日（25-27 日）。 | 水（十）-頁 300 | |
| 1937 | 昭12 | 1 | | 埔里、霧社間的自動車道路開鑿工程動工，經費 5 萬圓，預定 6 個月完成。 | 日 19370120-5 | |
| 1937 | 昭12 | 3 | 13 | 埔里街長林其祥向總督府申請將本街陸軍用地無償讓與，再由埔里街寄付 26,000 圓做為嘉義陸軍飛行場施設費。 | 公 10780-1 | |
| 1937 | 昭12 | 5 | 1 | 從羅東到埔里的「中央山脈縱斷踏查隊共 23人，在高山族人夫 40 多名伴隨下，自 5 月 1日出發，8 日抵達埔里。 | 日 19370429-5 | |
| 1937 | 昭12 | 10 | 7 | 於埔里社公學校舉辦「國民精神作興講演會」，官民參加者 500 多人。 | 日 19371010-8 | |
| 1937 | 昭12 | 12 | 11 | 埔里、霧社間的自動車開通式於埔里街練兵場舉行。 | 日 19371208-5 | |
| 1937 | 昭12 | 12 | | 開鑿埔里、霧社間的自動車道，經費 20 萬，完成之後可將原來需要 7 小時的台中至霧社行程縮短為 3.5 小時。 | 日 19371201-5 | |
| 1937 | 昭12 | 12 | | 埔里青年吳清雲欲從軍出征，遭母親反對，以自殺「明志」。 | 日 19371225-9 | |
| 1938 | 昭13 | 1 | 22 | 事變映畫於埔里街能高座放映。 | 日 19380117-7 | |
| 1938 | 昭13 | 4 | 9 | 女醫生王氏有（林其祥媳婦）於埔里街開業。 | 日 19380413-9 | |
| 1938 | 昭13 | 7 | 7 | 埔里一帶降雹。 | 日 19380710-5 | |
| 1938 | 昭13 | 8 | | 台中至埔里的裏南投道路，通行之巴士分為兩段，台中至土城由帝國製糖株式會社經營，土城至埔里則是由台中輕鐵株式會社經營。 | 日 19381209-5 | |
| 1938 | 昭13 | 12 | 15 | 台中州知事向總督府申請補助「眉溪牛眠山堤防延長工事費」22,200 圓。 | 公 10859-4 | |

| 1939 | 昭14 | 3 | 15 | 埔里、眉溪間通行的乘合巴士開始運轉。 | 日 19390316-5 | |
| 1939 | 昭14 | 6 | 2 | 埔里街長野村正男，因案家宅遭台中法院檢察官搜索，街長被留置。 | 日 19390605-5 | |
| 1939 | 昭14 | 7 | 4 | 國民精神總動員台中支部於埔里社公學校講堂舉辦講演會，郡守神田利吉以下公民約 400 人與會。 | 日 19390706-5 | |
| 1939 | 昭14 | 7 | 21 | 能高郡排英大會於埔里北公學校舉辦，其後約有民眾千餘人遊街。 | 日 19390722-7 | |
| 1939 | 昭14 | 9 | | 高砂族奉仕作業，動員能高郡下高砂族每日約 4,000 人開鑿埔里至川中島的自動車道路。 | 日 19390925-4 | |
| 1939 | 昭14 | 10 | 8 | 埔里遭受稀有暴風侵襲，農作物約有一成受害。 | 日 19391011-5 | |
| 1939 | 昭14 | 12 | 23 | 埔里街聯合青年團查閱於埔里北公學校舉辦，埔里街出席團員男子 450 名、女子 70 名，國姓街共出席 290 名。 | 日 19391225-4 | |
| 1939 | 昭14 | 12 | 25 | 台中至埔里直通巴士於 10 月因巴士輪胎配給不足而停駛，本日重新營運。 | 日 19391227-5 | |
| 1939 | 昭14 | | | 埔里圳、福龜圳與北港溪圳合併成為「能高水利組合」。 | 利（昭和 14）-頁 21、27 | |
| 1939 | 昭14 | | | 眉溪牛眠山堤防延長工程施工，總工程費 37,000 圓。 | 公 10859-4 | |
| 1940 | 昭15 | 6 | 19 | 街民意見座談會於埔里小學校講堂舉行，主要報告事項有三，一是埔里至東勢通車問題，二是裏南投巴士直達問題，三是林務學校、家政女學校設置問題。 | 日 19400620-9 | |
| 1940 | 昭15 | 7 | 5 | 大肚城部落青年會，阿杜等 6 人向能高郡守提出血書志願。 | 日 19410709-8 | |
| 1940 | 昭15 | 10 | 6 | 能高社遷建於山腳下，舉行鎮座祭，改稱為「能高神社」。 | 公 10267-8 | |
| 1941 | 昭16 | 9 | 15 | 埔里奉公青年隊接近結成，17-24 歲的志願者經體格檢查合格者有 40 多人。 | 日 19410922-4 | |
| 1941 | 昭16 | 12 | 24 | 郡守荒川美根太於能高神社舉行宣戰奉告祭。 | 日 19411227-4 | |
| 1941 | 昭16 | 12 | 29 | 埔里壯年團結成式於埔里國民學校講堂舉行，團員 50 餘人出席。 | 日 19411231-4 | |
| 1941 | 昭16 | | | 埔里小學校改稱為「埔里國民學校」、北公學校改稱為「埔里北國民學校」、南公學校改稱為「埔里南國民學校」。 | 職（昭和 16 年） | |
| 1942 | 昭17 | 1 | 4 | 埔里街青年團於能高神社舉行祈誓大會，約有 3,000 多人參加。 | 日 19420107-6 | |
| 1942 | 昭17 | 2 | 8 | 奉公醫師團能高分團結成。 | 日 19420210-6 | |
| 1942 | 昭17 | 2 | 16 | 烏牛欄崎坂道路以保甲勞動開鑿起工。 | 敦-24 | |

| 1942 | 昭17 | 4 | 8 | 商業奉公團結成。 | 日 19420410-4 | |
| 1943 | 昭18 | 4 | 1 | 埔里家政女子學校成立。 | 大-頁 61 | |
| 1943 | 昭18 | 9 | 17 | 奉公壯年團能高郡支會結成。 | 日 19430917-4 | |
| 1943 | 昭18 | 11 | 3 | 能高神社舉行大祭。 | 日 19431104-4 | |
| 1944 | 昭19 | 4 | 1 | 埔里家政女子學校改爲埔里農業實踐女學校。 | 表 2-6 | |
| 1945 | 昭20 | 3 | 8 | 能高水利組合向總督府申請補助「米穀增產水利施設費」總工費 126,899 圓之一半，即 63,449 圓。 | 公 11049-1 | |
| 1945 | 昭20 | 3 | 26 | 能高水利組合向總督府申請補助「開田工事費」15,541 圓。 | 公 11055-1 | |

說明：

一、「日本紀年」欄中年號，「明」代表明治時期，「大」代表大正時期，「昭」代表昭和時期。

二、事項的「月」、「日」欄空白者，排於該年最末，「日」欄空白者，排於該月最末。

三、「出處」中所示，依序爲「書名代號」、「頁數」，報紙則爲「報紙代號」、「西元年月日」、「版面」，總督府公文類纂則爲「檔案代號」、「冊號」、「頁數」，凡引自本文圖表者，以圖表編號表示。

四、「出處」欄引用的代號所代表的書名如下（出版年代等詳細資料請參閱書目）：

「土」：《臺灣土龍傳奇》。

「大」：《南投縣三百年重要大事記》。

「日」：《臺灣日日新報》。

「公」：《臺灣總督府公文類纂》。

「水」：《水竹居主人日記》，後附（十）指第十冊。

「抗」：《臺灣前期武裝抗日運動有關檔案》。

「巫」：《巫永福全集》，後附數字爲全集編號。

「利」：《臺中州水利梗概》，後附年代爲引用該出版年代的版本。

「拓」：《南投開拓史》。

「育」：《昭平宮育化堂簡史》。

「退」：《埔里社退城日誌暨總督府公文類纂等相關史料彙編》。

「恒」：〈埔里鎮恒吉宮湄洲天上聖母大媽廟沿革〉，單頁簡介。

「原」：《原住民寫眞&解說集》。

「能」：《能高郡管內概況》，後附年代爲引用該出版年代的版本。

「探」：《探險臺灣》。

「理」：《理蕃誌稿》，後加數字爲「卷」數。

「參」：〈眞元宮參贊堂沿革史簡介〉。

「郵」：《埔里地區郵政服務百年回顧與展望》。

「敦」：《先祖父　敦仁公紀念集》。

「電」：〈工業化的推手——日治時期臺灣的電力事業〉。

「概」：《臺中州管內概況及事務概要》，後附年代爲引用該出版年代的版本。

「稿」：《南投縣志稿》，後附（八）指第八冊。

「調」：《埔里鄉土調查》。

「覽」：《臺中州能高郡埔里街街勢要覽》（1934）。

「職」：《臺灣總督府職員錄》，後附年代爲引用該出版年代的版本。

「瀛」：《埔里瀛海城隍廟沿革》。

「霧」：《霧社事件》。

# 附錄表 2：埔里地區主要開墾申請文件簡表

| 冊號-文件號 | 地　點 | 申請人 | 族群別 | 賣渡申請年 | 面積/甲 | 地代金/使用料 | 賣渡單價/甲 | 代付料/1年1甲 | 文件類別 | 備　註 |
|---|---|---|---|---|---|---|---|---|---|---|
| 3562-5 | 大湳東方蕃地 | 久保卓爾 | 內 | 大正12 | 32.4 | 1,118圓32錢 | | | 3 | |
| 6533-2 | 大湳 | 久保卓爾蔡戀 | 內福 | 大正7 | 0.1 | | | | 8 | 豐年圳用地（含水面） |
| 2435-4 | 小埔社大平頂 | 山本悌二郎 | 內 | 大正4 | 238.1 | | | | 14 | 埔里社製糖讓渡給臺灣製糖 |
| 2249-4 | 埔里社 | 川澄惠之 | 內 | 明治44 | 0.3 | 40圓35錢 | 150圓 | | 7 | 建物用地 |
| 5873-13 | 小埔社 | 川澄惠之 | 內 | 大正3 | 211.5 | 110圓30錢 | | | 2 | |
| 3168-4 | 小埔社 | 川澄惠之 | 內 | 大正10 | 97 | 485圓23錢 | | | 2 | |
| 3154-2 | 福興史港坑 | 王峻槐臼井房吉 | 福內 | 大正9 | 13.5 | 337圓05錢 | | | 3 | |
| 2861-7 | 大湳庄東方蕃地 | 平井宇太郎 | 內 | 大正8 | 27.9 | 419圓16錢 | | | 3 | |
| 2861-9 | 大湳庄東方蕃地 | 平井宇太郎 | 內 | 大正8 | 48.4 | 629圓02錢 | | | 3 | |
| 2866-5 | 大湳庄東方蕃地 | 平井宇太郎 | 內 | 大正8 | 17.6 | 264圓19錢 | | | 3 | |
| 4123-1 | 水尾（觀音山） | 田代彥四郎 | 內 | 大正12 | 148.6 | 2,229圓81錢 | 15圓 | 80錢 | 3 | 5879-19 |
| 3903-1 | 過坑蕃地 | 江副隆 | | 大正14 | 197 | 7,882圓36錢 | | | 3 | 破損 |
| 3155-1 | 生番空 | 巫光輝辜煥章高品 | | 大正9 | 25.7 | 386圓04錢 | 15圓 | 1圓 | 3 | |
| 3329-5 | 生蕃空 | 李嘉謨+36人（共37件） | 福 | 大正11 | 37.6 | 1,515圓76錢 | | | 12 | 緣故地 |
| 6812-14 | 大湳 9.7甲枇杷城1.1甲 | 杉山昌作陳阿貴 | 內廣 | 大正9 | 10.8 | | | | 8 | 遙拜所、遊園地 |

| | | | | | | | | | |
|---|---|---|---|---|---|---|---|---|---|
| 3578-3 | 大湳庄東方蕃地 | 依田盛男 | 內 | 大正5 | 23.1 | 346圓41錢 | 15圓 | 30錢 | 2 | |
| 2860-15 | 水尾 | 依田盛男 | 內 | 大正7 | 50.2 | 753圓65錢 | 15圓 | 1圓 | 3 | 種甘蔗 |
| 3781-4 | 能高郡蕃地眉原社 | 林逢春林水性長澤圓三郎 | 廣福內 | 大正3 | 66.4 | 7,303圓78錢 | | | 3 | |
| 5864-25 | 大湳 | 林逢春 | 廣 | 大正3 | 7.9 | 11圓64錢 | 20圓 | 1圓 | 2 | 6484-4 |
| 2931-7 | 牛眠山 | 林逢春 | 廣 | 大正8 | 0.8 | 38圓50錢 | | | 2 | |
| 2939-7 | 牛眠山 | 林逢春 | 廣 | 大正8 | 0.1 | 5圓82錢 | | | 3 | |
| 3155-2 | 福興 | 林逢春 | 廣 | 大正9 | 30.6 | 244圓74錢 | 8圓 | 40錢 | 2 | 6144-3 |
| 5237-4 | 北港溪堡墘溝庄字烏樹林 | 近藤勝三郎 | 內 | 明治38 | 38.3 | | | | 2 | |
| 2601-17 | 史港坑 | 邱維傳 | | 大正6 | 18.8 | 1,031圓60錢 | 55圓 | 2圓50錢 | 2 | |
| 2249-3 | 埔里社 | 原田源吉 | 內 | 大正3 | 0.4 | 61圓12錢 | 150圓 | | 7 | |
| 2858-5 | 大湳庄東方蕃地 | 原田源吉 | 內 | 大正7 | 9.3 | 186圓08錢 | | | 3 | |
| 2861-8 | 大湳庄東方蕃地 | 原田源吉 | 內 | 大正8 | 13.6 | 204圓36錢 | | | 3 | |
| 3154-6 | 北山坑 | 徐阿安 | | 大正9 | 23.3 | 34圓29錢 | | | 3 | |
| 5692-16 | 南港溪線內之內盤鞍等11處 | 埔里社開源會社 | | 明治39 | 141.7 | | | | 4 | 破損 |
| 2866-6 | 水頭 | 陳石來+5人（含游禮堂） | 福 | 大正8 | 56.2 | 1,686圓93錢 | | | 3 | |
| 2742-6 | 不詳 | 黃敦仁+19人（共20件） | 漢 | 大正6 | 63.9 | 1,301圓80錢 | | | 3 | |
| 3161-4 | 能高郡國性庄 | 黃敦仁 | 漢 | 大正9 | 132.1 | 193圓86錢 | | | 3 | |
| 5869-20 | 牛相觸 | 臺灣拓殖株式會社 | | 大正4 | 364.4 | | | | 10 | 存置期6個月 |

| 3150-5 | 挑米坑<br>牛相觸 | 臺灣拓殖<br>株式會社 | 大正<br>9 | 224.7 | 337圓<br>08錢 | | | | 3 | |
|---|---|---|---|---|---|---|---|---|---|---|
| 3570-7 | 挑米坑<br>牛相觸 | 臺灣拓殖<br>株式會社 | 大正<br>12 | 114.6 | 1,719圓<br>63錢 | | | | 3 | |
| 6813-16 | 牛相觸 | 臺灣電力<br>株式會社 | 大正<br>9 | 0.08 | | | | 2圓30<br>錢 | 13 | 官有水面 |
| 6965-10 | 魚池庄水<br>社、貓囒<br>、……、<br>埔里街水<br>頭、枇杷<br>城等地 | 臺灣電力<br>株式會社 | 大正<br>11 | 0.2 | | | | 使用料<br>1甲4圓<br>9錢 | 13 | 電氣鐵管<br>使用地 |
| 7394-2 | 武界原野 | 臺灣電力<br>株式會社 | 昭和<br>6 | 4.2 | | | | 貸付料<br>1甲20<br>圓 | 8 | |
| 7394-16 | 水頭庄<br>未登錄原<br>野 | 臺灣電力<br>株式會社 | 昭和<br>6 | 3.1 | | | | 貸下料<br>1甲49<br>圓85錢 | 8 | |
| 7394-12 | 北山坑 | 臺灣電力<br>株式會社 | 昭和<br>6 | 4.7 | | | | 使用料<br>1甲45<br>圓34錢 | 8 | 隧道用地<br>等 |
| 3005-19 | 能高郡過<br>坑原野 | 臺灣電力<br>株式會社 | 昭和<br>6 | 2.1 | | | | 貸下料<br>1甲42<br>圓62錢 | 8 | 日月潭發<br>電工事用<br>電氣鐵道<br>及建物用<br>地 |
| 5862-19 | 福興 | 臺灣製糖<br>株式會社 | 大正<br>3 | 20.2 | | 8圓 | 40錢 | | 7 | |
| 2859-8 | 福興 | 臺灣製糖<br>株式會社 | 大正<br>8 | 55.5 | 1,109圓<br>40錢 | | | | 3 | |
| 3167-5 | 水尾 | 臺灣製糖<br>株式會社 | 大正<br>10 | 37.4 | 1,495圓<br>80錢 | | | | 3 | |
| 3158-2 | 小埔社及<br>蕃地 | 臺灣製糖<br>株式會社 | 大正<br>10 | 314.8 | 461圓<br>75錢 | | | | 3 | |
| 3167-6 | 能高郡蕃<br>地<br>近水頭 | 臺灣製糖<br>株式會社 | 大正<br>11 | 50.9 | 610圓<br>52錢 | 12圓 | 1圓 | | 3 | 6359-4 |
| 3167-7 | 水尾 | 臺灣製糖<br>株式會社 | 大正<br>11 | 67.3 | 1,009圓<br>66錢 | | | | 2 | |
| 3168-3 | 能高郡蕃<br>地 | 臺灣製糖<br>株式會社 | 大正<br>11 | 72.3 | 578圓<br>63錢 | | | | 3 | |
| 3904-6 | 水尾 | 臺灣製糖<br>株式會社 | 大正<br>14 | 354 | 3,539圓<br>80錢 | | | | 2 | |

| | | | | | | | | | | |
|---|---|---|---|---|---|---|---|---|---|---|
| 4104-1 | 福興 | 臺灣製糖株式會社 | | 昭和2 | 30.7 | 559圓87錢 | | | 3 | |
| 10357-3 | 福興 | 臺灣製糖株式會社 | | 昭和11 | 19.1 | 1,623圓94錢 | | | 5 | |
| 3473-2 | 牛相觸 | 潘侯希開山+58 人（共59件） | 熟 | 大正11 | 29.7 | | | | 12 | 緣故地 |
| 3167-1 | 牛眠山 | 蔡巒 | 福 | 大正10 | 11.6 | 696圓60錢 | | | 3 | |
| 3580-4 | 大湳東方蕃地 | 蔡巒 | 福 | 大正12 | 45.6 | 957圓31錢 | 15圓 | 1圓 | 3 | 6362-1 |
| 3027-1 | 水尾 | 羅阿食+4人 | | 大正9 | 100.4 | 1,506圓30錢 | | | 3 | |
| 5865-7 | 北港溪 | 蘇朝金+2人 | 福 | 大正3 | 47.6 | 69圓76錢 | | | 2 | |
| 2656-B09 | 水頭 | 蘇朝金 蔡巒 游禮堂 | 福 福 福 | 大正6 | 0.1 | | | 貸下料1甲5圓 | 11 | 埤路用地 |
| 6536-13 | 水頭（內大林） | 蘇朝金 蔡巒 游禮堂 | 福 福 福 | 大正7 | 0.3 | | | 貸下料1甲10圓 | 8 | 埤圳用地 |
| 6536-14 | 水頭（內大林） | 蘇朝金 蔡巒 游禮堂 | 福 福 福 | 大正7 | 0.002 | | | 使用料1甲30圓 | 13 | 埤圳用地 |

說明：

一、本表節取自《臺灣總督府公文類纂》與埔里地區相關之開墾申請案內容整理完成，表中僅收錄賣渡（或貸渡、貸下）完成之文件，初期的申請文件暫時省略不錄，惟將賣渡之前有關的「賣渡單價」、「代付料」登錄於相關欄位中，並於「備註」欄中註明相關之冊號及文件號。

二、本表另收錄部份面積不大，但使用功能較特殊的文件，包括埤圳用地、電力設施用地等。

三、文件排序依申請者筆劃遞增排列，同一申請者再依申請日期先後排列。

四、「族群別」欄的「內」指的是日本人，依據姓氏判別，本島人則是依據《戶口調查簿》的「種族」欄登錄，種族欄空白或被塗黑者，則以空白表示族群別不詳。

五、「文件類別」欄中數字，依據表3-2的流水號分類（參閱第三章第一節）。

# 附錄表 3：日治時期臨時戶口調查簿冊一覽表

| 流水號 | 館藏編號 | 調查次別 | 調查年份 | 簿冊名稱 | 冊數 | 統計表數 | 數據同異情形 | 出版單位 | 出版日期 | 備註 |
|---|---|---|---|---|---|---|---|---|---|---|
| 1 | 515.232 7643-5 | 1 | 明治三十八年（1905） | 臨時臺灣戶口調查要計表（街庄社別住居及戶口等） | 1 | 15 | | 臨時臺灣戶口調查部 | 明治四十年（1907）刊行 | |
| 2 | 515.232 7643-2 | 1 | 明治三十八年（1905） | 臨時臺灣戶口調查集計原表（地方之部） | 2 | 48 | | 臨時臺灣戶口調查部 | 明治四十年（1907）刊行 | |
| 3 | 515.232 7643-1 | 1 | 明治三十八年（1905） | 臨時臺灣戶口調查結果表 | 2 | 123 | | 臨時臺灣戶口調查部 | 明治四十一年（1908）刊行 | |
| 4 | 515.232 7643-3 | 2 | 大正四年（1915） | 第二次臨時臺灣戶口調查概覽表 | 1 | 9 | | 臺灣總督官房臨時戶口調查部 | 大正六年（1917）刊行 | |
| 5 | 0757 18 | 2 | 大正四年（1915） | 第二次臨時臺灣戶口調查集計原表（全島之部） | 2 | 32 | | 臺灣總督官房臨時戶口調查部 | 大正六年（1917）刊行 | 臺灣分館藏書 |
| 6 | 0757 18 | 2 | 大正四年（1915） | 第二次臨時臺灣戶口調查集計原表（地方之部） | 2 | 47 | | 臺灣總督官房臨時戶口調查部 | 大正六年（1917）刊行 | 臺灣分館藏書 |
| 7 | 515.232 7643-1 | 2 | 大正四年（1915） | 第二次臨時臺灣戶口調查結果表 | 2 | 123 | | 臺灣總督官房臨時戶口調查部 | 大正七年（1918）刊行 | |
| 8 | 515.232 4322-3 | 3 | 大正九年（1920） | 國勢調查結果概數 | 1 | 1 | | 臺灣總督官房臨時國勢調查部 | 大正十年（1921）刊行 | |
| 9 | 515.232 4322-9 | 3 | 大正九年（1920） | 第一回臺灣國勢調查（第三次臨時臺灣戶口調查）住居世帶及人口 | 1 | 1 | 異於流水號 8 | 臺灣總督官房臨時國勢調查部 | 大正十年（1921）刊行 | |

| 10 | 515.232 4322 | 3 | 大正九年（1920） | 第一回臺灣國勢調查（第三次臨時臺灣戶口調查）要覽表 | 3 | 9 | | 臺灣總督官房臨時國勢調查部 | 大正十一年(1922)刊行 | |
|---|---|---|---|---|---|---|---|---|---|---|
| 11 | 515.232 4322-4 | 3 | 大正九年（1920） | 第一回臺灣國勢調查（第三次臨時臺灣戶口調查）集計原表（全島之部） | 2 | 38 | | 臺灣總督官房臨時國勢調查部 | 大正十二年(1923)刊行 | |
| 12 | 515.232 4322-4 | 3 | 大正九年（1920） | 第一回臺灣國勢調查（第三次臨時臺灣戶口調查）集計原表（州廳之部） | 2 | 48 | | 臺灣總督官房臨時國勢調查部 | 大正十三年(1924)刊行 | |
| 13 | 515.232 4322-3 | 4 | 大正十四年(1925) | 國勢調查結果概數 | 1 | 1 | | 臺灣總督官房臨時國勢調查部 | 大正十五年(1926)刊行 | |
| 14 | 515.232 4322-1 | 4 | 大正十四年(1925) | 國勢調查結果表 | 2 | 7 | 異於流水號13 | 臺灣總督官房臨時國勢調查部 | 昭和二年（1927）刊行 | |
| 15 | 0757 120 | 5 | 昭和五年（1930） | 國勢調查結果概報 | 1 | 2 | | 臺灣總督官房臨時國勢調查部 | 昭和六年（1931）一月 | 臺灣分館藏書 |
| 16 | 515.232 4322-6 | 5 | 昭和五年（1930） | 國勢調查結果中間報 | 49 | 17 | 異於流水號15 | 臺灣總督官房臨時國勢調查部 | 昭和八年（1933）二月十五日發行 | 缺能高郡 |
| 17 | 515.232 4322-7 | 5 | 昭和五年（1930） | 國勢調查結果表　州廳編 | 5 | 45 | | 臺灣總督官房臨時國勢調查部 | 昭和八年（1933）六月十七日發行 | |
| 18 | 515.232 4322-1 | 5 | 昭和五年（1930） | 國勢調查結果表　全島編 | 1 | 87 | | 臺灣總督府 | 昭和九年（1934）刊行 | |
| 19 | 515.232 4322-5 | 6 | 昭和十年（1935） | 國勢調查結果概報 | 1 | 3 | | 臺灣總督官房臨時國勢調查部 | 昭和十年（1935）十二月刊行 | |

| | | | | | | | | | | |
|---|---|---|---|---|---|---|---|---|---|---|
| 20 | 515.232 4322-1 | 6 | 昭和十年（1935） | 國勢調查結果表 | 2 | 15 | 異於流水號19 | 臺灣總督府 | 昭和十二年（1937）三月三十日發行 | |
| 21 | 0757 102 | ? | 昭和十四年（1939） | 臨時國勢調查結果表第一卷州廳編 | 6 | 6 | | 臺灣總督府 | 昭和十六年（1941）刊行 | 臺灣分館藏書經濟方面統計（與人口無關） |
| 22 | 515.232 4322-2 | ? | 昭和十四年（1939） | 臨時國勢調查結果表第二卷上編、第二卷下編 | 4 | 1 | | 臺灣總督府 | 昭和十六年（1941）刊行 | 經濟方面統計（與人口無關） |
| 23 | 0757 102 | ? | 昭和十四年（1939） | 臨時國勢調查結果表第三卷 | 1 | 2 | | 臺灣總督府 | 昭和十六年（1941）刊行 | 臺灣分館藏書經濟方面統計（與人口無關） |
| 24 | 0757 V3.2 | 7 | 昭和十五年(1940) | 臺灣第七次人口普查結果表 | 1 | 31 | | 臺灣省政府主計處 | 民國四十二年（1953）三月 | 臺灣分館藏書 |

補充說明：

一、簿冊整理順序係先就中央研究院民族學研究所圖書館藏簿冊優先整理，不足的部分再從中央圖書館臺灣分館找尋補充。「備註」欄註記「台灣分館藏書」者，館藏編號爲臺灣分館之編號。

二、「流水號」欄係依臨時戶口調查時間先後排序，同一調查次別的簿冊依出版先後排序。

三、「統計表數」欄係指與人口統計相關之統計表，不包含「附錄」部份。

四、「數據同異情形」欄係指同一次別的調查簿冊之間；每份簿冊與前一流水號簿冊之間數據的同異關係。

# 附錄表 4：埔里戶政事務所保管日治時期戶口調查簿冊清單

## 一、本　籍

| 流水號 | 冊號 | 街庄別 | 番　地 | 備　註 | 流水號 | 冊號 | 街庄別 | 番　地 | 備　註 |
|---|---|---|---|---|---|---|---|---|---|
| 1 | 1 | 埔里社堡 | | | 36 | 23-1 | 珠仔山 | 1-493 | |
| 2 | 2 | 東門埔里街 | | | 37 | 24 | 生番空 | 26-337 | |
| 3 | 3 | 埔里 | 1-254 | | 38 | 24-1 | 水頭 | 7-966 | |
| 4 | 4 | 埔里 | 121-334 | | 39 | 25 | 挑米坑 | 5-183 | |
| 5 | 4-1 | 埔里 | 121-334 | | 40 | 25-1 | 挑米坑 | 5-183 | |
| 6 | 5 | 埔里 | 262-331 | | 41 | 26 | 挑米坑 | 11-490 | |
| 7 | 6 | 東門埔里街 | | | 42 | 26-1 | 挑米坑 | 11-490 | |
| 8 | 7 | 梅仔腳 | 22-438 | | 43 | 27 | 牛相觸 | 16-433 | |
| 9 | 7-1 | 梅仔腳 | 132-394 | | 44 | 27-1 | 牛相觸 | 16-433 | |
| 10 | 8 | 梅仔腳 | 287-349 | | 45 | 28 | 烏牛欄 | 6-129 | |
| 11 | 9 | 茄苳腳 | 6-7 | | 46 | 28-1 | 烏牛欄 | 6-129 | |
| 12 | 10 | 茄苳腳 | 8-733 | | 47 | 29 | 烏牛欄 | 132-394 | |
| 13 | 10-1 | 茄苳腳 | 8-733 | | 48 | 29-1 | 烏牛欄 | 132-394 | |
| 14 | 11 | 茄苳腳 | 26、35、48 | | 49 | 30 | 房里里 | 57-1586 | |
| 15 | 11-1 | 茄苳腳 | 26、35、48 | 續上冊 | 50 | 30-1 | 房里里 | 57-1586 | |
| 16 | 12 | 茄苳腳 | 3-133 | | 51 | 31 | 水尾 | 1-854 | |
| 17 | 13 | 茄苳腳 | 49-131 | | 52 | 31-1 | 水尾 | 1-854 | |
| 18 | 14 | 茄苳腳 | 49-65 | | 53 | 32 | 水尾 | 3-820 | |
| 19 | 14-1 | 茄苳腳 | 49-65 | | 54 | 32-1 | 水尾 | 3-820 | |
| 20 | 15 | 大肚城 | 1-569 | | 55 | 33 | 小埔社 | 2-287 | |
| 21 | 15-1 | 大肚城 | 1-569 | | 56 | 33-1 | 小埔社 | 2-287 | 續上冊 |
| 22 | 16 | 大肚城 | 643-832 | | 57 | 34 | 小埔社 | 1-191 | |
| 23 | 16-1 | 大肚城 | 643-832 | | 58 | 35 | 史港 | 3-299 | |
| 24 | 17 | 大肚城 | 873-1060 | | 59 | 35-1 | 史港 | 3-299 | |
| 25 | 17-1 | 大肚城 | 873-1060 | | 60 | 36 | 福興 | 1-236 | |

| | | | | | | | | | |
|---|---|---|---|---|---|---|---|---|---|
| 26 | 18 | 枇杷城 | 6-593 | | 61 | 37 | 牛眠 | 1-97 | |
| 27 | 19 | 枇杷城 | 405-523 | | 62 | 38 | 牛眠 | 1-1621 | |
| 28 | 19-1 | 枇杷城 | 405-523 | | 63 | 39 | 牛眠 | 342-1390 | |
| 29 | 20 | 枇杷城 | 600-854 | | 64 | 39-1 | 牛眠 | 342-1390 | |
| 30 | 20-1 | 枇杷城 | 600-854 | | 65 | 40 | 大湳 | 2-923 | |
| 31 | 21 | 水頭 | 7-966 | | 66 | 40-1 | 大湳 | 2-923 | 續上冊 |
| 32 | 21-1 | 水頭 | 7-966 | | 67 | 41 | 大湳 | 2-923 | |
| 33 | 22 | 水頭 | 20-1036 | | 68 | 42 | 大湳 | 187-665 | |
| 34 | 22-1 | 水頭 | 20-1036 | | 69 | 42-1 | 大湳 | 187-665 | |
| 35 | 23 | 珠仔山 | 1-493 | | 70 | 43 | 大湳 | 181-228 | |

## 二、寄　留

| 流水號 | 冊號 | 街庄別 | 番地 | 備註 | 流水號 | 冊號 | 街庄別 | 番地 | 備註 |
|---|---|---|---|---|---|---|---|---|---|
| 71 | 44 | 梅仔腳 | 204-330 | | 83 | 50-1 | 史港福興 | 1-236 | |
| | | 埔里 | 1-254 | | | | 茄苳腳 | 93-133 | |
| 72 | 44-1 | 梅仔腳 | 204-330 | | 84 | 51 | 大肚城 | 643-1061 | |
| | | 埔里 | 1-254 | | 85 | 52 | 枇杷城 | 6-854 | |
| 73 | 45 | 埔里 | 1-333 | | 86 | 53 | 水頭 | 29-101 | |
| | | | | | 87 | 54 | 烏牛欄 | 6-166 | |
| 74 | 45-1 | 埔里 | 1-333 | | 88 | 54-1 | 烏牛欄 | 6-166 | 續上冊 |
| 75 | 46 | 梅仔腳 | 8-438 | | 89 | 55 | 桃米坑 | | |
| 76 | 47 | 茄苳腳 | 6-733 | | | | 生番空 | | |
| 77 | 47-1 | 茄苳腳 | 6-733 | 續上冊 | | | 珠山 | | |
| 78 | 48 | 茄苳腳 | 36-49 | | | | 牛相觸 | | |
| 79 | 48-1 | 茄苳腳 | 36-49 | | 90 | 55-1 | 同上 | | 續上冊 |
| 80 | 49 | 茄苳腳 | 50-64 | | 91 | 56 | 房里 | 266-1588 | |
| 81 | 49-1 | 茄苳腳 | 50-64 | | 92 | 57 | 水尾 | 1-854 | |
| 82 | 50 | 史港福興 | 1-236 | | 93 | 58 | 小埔社 | 1-287 | |
| | | 茄苳腳 | 93-133 | | 94 | 58-1 | 小埔社 | 1-287 | |

## 三、舊簿冊

| 流水號 | 冊號 | 街庄別 | 備註 | 流水號 | 冊號 | 街庄別 | 備註 |
|---|---|---|---|---|---|---|---|
| 95 | 59 | 埔里街 | 明治 35 年 | 96 | 60 | 埔里、桃米、珠仔山 | 明治 35-39 年 |

## 四、保甲資料

| 流水號 | 冊號 | 保別 | 年 代 | 備註 | 流水號 | 冊號 | 保別 | 年 代 | 備註 |
|---|---|---|---|---|---|---|---|---|---|
| 98 | 62 | 第四保 | 明治 39 年 | | 105 | 66 | 第七保 | 明治 39 年 | |
| 99 | 62-1 | 第四保 | 明治 39 年 | | 106 | 66-1 | 第七保 | 明治 39 年 | |
| 100 | 63 | 第四保 | 明治 39 年 | | 107 | 67 | 第十保 | 明治 39 年 | |
| 101 | 64 | 第一保 | 明治 39 年 | | 108 | 67-1 | 第十保 | 明治 39 年 | |
| 102 | 64-1 | 第一保 | 明治 39 年 | | 109 | 68 | 第九保 | 明治 39 年 | |
| 103 | 65 | 第五保 | 明治 39 年 | | 110 | 68-1 | 第九保 | 明治 39 年 | |
| 104 | 65-1 | 第五保 | 明治 39 年 | | | | | | |

## 五、除 戶

| 流水號 | 冊號 | 年 代 | 流水號 | 冊號 | 年 代 | 流水號 | 冊號 | 年 代 |
|---|---|---|---|---|---|---|---|---|
| 97 | 61 | 明治 39 年 | 173 | 109-1 | 大正 11 年 | 237 | 150 | 昭和 9 年 |
| 111 | 69 | 明治 39 年 | 174 | 110 | 大正 12 年 | 238 | 150-1 | 昭和 9 年 |
| 112 | 69-1 | 明治 39 年 | 175 | 110-1 | 大正 12 年 | 239 | 151 | 昭和 9 年 |
| 113 | 70 | 明治 39 年 | 176 | 111 | 大正 12 年 | 240 | 151-1 | 昭和 9 年 |
| 114 | 70-1 | 明治 39 年 | 177 | 111-1 | 大正 12 年 | 241 | 152 | 昭和 10 年 |
| 115 | 71 | 明治 40、41 年 | 178 | 112 | 大正 12 年 | 242 | 152-1 | 昭和 10 年 |
| 116 | 72 | 明治 41 年 | 179 | 112-1 | 大正 12 年 | 243 | 153 | 昭和 10 年 |
| 117 | 73 | 明治 41 年 | 180 | 113 | 大正 12 年 | 244 | 153-1 | 昭和 10 年 |
| 118 | 74 | 明治 42 年 | 181 | 114 | 大正 12 年 | 245 | 154 | 昭和 11 年 |
| 119 | 75 | 明治 42 年 | 182 | 115 | 大正 12、13 年 | 246 | 154-1 | 昭和 11 年 |
| 120 | 76 | 明治 42 年 | 183 | 116 | 大正 13 年 | 247 | 155 | 昭和 12 年 |
| 121 | 77 | 明治 43 年 | 184 | 117 | 大正 13 年 | 248 | 156 | 昭和 12 年 |
| 122 | 78 | 明治 43 年 | 185 | 117-1 | 大正 13 年 | 249 | 156-1 | 昭和 12 年 |
| 123 | 79 | 明治 44 年 | 186 | 118 | 大正 14 年 | 250 | 157 | 昭和 12 年 |
| 124 | 80 | 明治 44 年 | 187 | 118-1 | 大正 14 年 | 251 | 158 | 昭和 13 年 |
| 125 | 80-1 | 明治 44 年 | 188 | 119 | 大正 14 年 | 252 | 158-1 | 昭和 13 年 |
| 126 | 81 | 明治 44 年 | 189 | 119-1 | 大正 14 年 | 253 | 159 | 昭和 13 年 |
| 127 | 82 | 明治 45 年 | 190 | 120 | 大正 15 年 | 254 | 160 | 昭和 13 年 |
| 128 | 83 | 大正 2 年 | 191 | 120-1 | 大正 15 年 | 255 | 161 | 昭和 14 年 |
| 129 | 83-1 | 大正 2 年 | 192 | 121 | 大正 15 年 | 256 | 161-1 | 昭和 14 年 |
| 130 | 84 | 大正 2 年 | 193 | 121-1 | 大正 15 年 | 257 | 162 | 昭和 14 年 |

| 131 | 85 | 大正 2 年 | 194 | 122 | 大正 15 年 | 258 | 163 | 昭和 14 年 |
|---|---|---|---|---|---|---|---|---|
| 132 | 85-1 | 大正 2 年 | 195 | 123 | 大正 15 年 | 259 | 163-1 | 昭和 14 年 |
| 133 | 86 | 大正 3 年 | 196 | 123-1 | 大正 15 年 | 260 | 164 | 昭和 14 年 |
| 134 | 86-1 | 大正 3 年 | 197 | 124 | 大正 15 年 | 261 | 165 | 昭和 14 年 |
| 135 | 87 | 大正 3 年 | 198 | 124-1 | 大正 15 年 | 262 | 166 | 昭和 15 年 |
| 136 | 88 | 大正 3 年 | 200 | 126 | 昭和 2 年 | 263 | 167 | 昭和 15 年 |
| 137 | 89 | 大正 4 年 | 201 | 126-1 | 昭和 2 年 | 264 | 168 | 昭和 15 年 |
| 138 | 89-1 | 大正 4 年 | 202 | 127 | 昭和 2 年 | 265 | 168-1 | 昭和 15 年 |
| 139 | 90 | 大正 4 年 | 203 | 128 | 昭和 2 年 | 266 | 169 | 昭和 15 年 |
| 140 | 90-1 | 大正 4 年 | 204 | 129 | 昭和 3 年 | 267 | 170 | 昭和 16 年 |
| 141 | 91 | 大正 4 年 | 205 | 129-1 | 昭和 3 年 | 268 | 170-1 | 昭和 16 年 |
| 142 | 92 | 大正 5 年 | 206 | 130 | 昭和 3 年 | 269 | 171 | 昭和 16 年 |
| 143 | 92-1 | 大正 5 年 | 207 | 131 | 昭和 3 年 | 270 | 171-1 | 昭和 16 年 |
| 144 | 93 | 大正 5 年 | 208 | 131-1 | 昭和 3 年 | 271 | 172 | 昭和 16 年 |
| 145 | 94 | 大正 5 年 | 209 | 132 | 昭和 3 年 | 272 | 172-1 | 昭和 16 年 |
| 146 | 95 | 大正 6 年 | 210 | 132-1 | 昭和 3 年 | 273 | 173 | 昭和 17 年 |
| 147 | 96 | 大正 6 年 | 211 | 133 | 昭和 4 年 | 274 | 174 | 昭和 17 年 |
| 148 | 97 | 大正 7 年 | 212 | 133-1 | 昭和 4 年 | 275 | 175 | 昭和 17 年 |
| 149 | 97-1 | 大正 7 年 | 213 | 134 | 昭和 4 年 | 276 | 175-1 | 昭和 17 年 |
| 150 | 98 | 大正 7 年 | 214 | 135 | 昭和 4 年 | 277 | 176 | 昭和 17 年 |
| 151 | 98-1 | 大正 7 年 | 215 | 135-1 | 昭和 4 年 | 278 | 176-1 | 昭和 17 年 |
| 152 | 99 | 大正 8 年 | 216 | 136 | 昭和 4 年 | 279 | 177 | 昭和 17 年 |
| 153 | 99-1 | 大正 8 年 | 217 | 137 | 昭和 5 年 | 280 | 177-1 | 昭和 17 年 |
| 154 | 100 | 大正 8 年 | 218 | 137-1 | 昭和 5 年 | 281 | 178 | 昭和 17 年 |
| 155 | 100-1 | 大正 8 年 | 219 | 138 | 昭和 5 年 | 282 | 179 | 昭和 18 年 |
| 156 | 101 | 大正 8 年 | 220 | 139 | 昭和 5 年 | 283 | 179-1 | 昭和 18 年 |
| 157 | 101-1 | 大正 8 年 | 221 | 140 | 昭和 6 年 | 284 | 180 | 昭和 18 年 |
| 158 | 102 | 大正 9 年 | 222 | 140-1 | 昭和 6 年 | 285 | 180-1 | 昭和 18 年 |
| 159 | 102-1 | 大正 9 年 | 223 | 141 | 昭和 6 年 | 286 | 181 | 昭和 18 年 |
| 160 | 103 | 大正 9 年 | 224 | 142 | 昭和 6 年 | 287 | 181-1 | 昭和 18 年 |
| 161 | 103-1 | 大正 9 年 | 225 | 142-1 | 昭和 6 年 | 288 | 182 | 昭和 19 年 |
| 162 | 104 | 大正 10 年 | 226 | 143 | 昭和 7 年 | 289 | 183 | 昭和 19 年 |
| 163 | 105 | 大正 10 年 | 227 | 143-1 | 昭和 7 年 | 290 | 183-1 | 昭和 19 年 |
| 164 | 105-1 | 大正 10 年 | 228 | 144 | 昭和 7 年 | 291 | 184 | 昭和 19 年 |
| 165 | 106 | 大正 10 年 | 229 | 144-1 | 昭和 7 年 | 292 | 185 | 昭和 19 年 |

| 166 | 106-1 | 大正 10 年 | 230 | 145 | 昭和 8 年 | 293 | 186 | 昭和 19 年 |
|---|---|---|---|---|---|---|---|---|
| 167 | 106-2 | 大正 10 年 | 231 | 146 | 昭和 8 年 | 294 | 187 | 昭和 20 年 |
| 168 | 107 | 大正 11 年 | 232 | 146-1 | 昭和 8 年 | 295 | 187-1 | 昭和 20 年 |
| 169 | 107-1 | 大正 11 年 | 233 | 147 | 昭和 8 年 | 296 | 188 | 昭和 20 年 |
| 170 | 108 | 大正 11 年 | 234 | 148 | 昭和 9 年 | 297 | 188-1 | 昭和 20 年 |
| 171 | 108-1 | 大正 11 年 | 235 | 149 | 昭和 9 年 | 298 | 189 | 昭和 20 年 |
| 172 | 109 | 大正 11 年 | 236 | 149-1 | 昭和 9 年 | 299 | 189-1 | 昭和 20 年 |

## 六、別　類

| 流水號 | 冊號 | 街庄別 | 備註 | 流水號 | 冊號 | 內容 | 備註 |
|---|---|---|---|---|---|---|---|
| 199 | 125 | 獅仔頭 | 大正 10 年 | 305 | 192-1 | 改姓名調查簿 | |
| 300 | 190 | 埔里寄留 | 日籍內地 | 306 | 192-2 | 改姓名調查簿 | |
| 301 | 190-1 | 埔里寄留 | | 307 | 193 | 埔里全鎮 | |
| 302 | 191 | 埔里街、梅仔腳、茄苳腳、大肚城 | 寄留日籍 | 308 | 193-1 | 埔里全鎮 | |
| 303 | 191-1 | 埔里街、梅仔腳、茄苳腳、大肚城 | 寄留日籍 | 309 | 194 | 埔里全鎮 | |
| 304 | 192 | 改姓名調查簿 | | 310 | 194-1 | 埔里全鎮 | |

說明：

一、2008 年埔里戶政事務所爲檔案影像掃描進行準備工作，由於將所有的浮籤拆下重貼整理，導致部份簿冊必需分編爲兩冊，簿冊數由原來 278 冊增編爲 310 冊，本表依據重新編整後的簿冊進行整理。

二、「流水號」欄爲戶政事務所於戶口調查簿上方所貼小標籤流水號。冊號與檔案本身編法略有小異，同一冊號有兩冊以上者，本表統一採第二冊加「-1」、第三冊加「-2」方式編列。

三、各年的除戶簿內容並無一定規律的街庄排列順序方式，由於簿冊數量太多，僅分別登錄年份，各簿冊內容包含哪些街庄暫不一一羅列。

# 附錄表 5：戶籍資料管理系統簡要功能說明書

## 一、項目資料管理

　　設定各項於戶籍資料中所需之選單項目，包括事由項目管理、街庄資料管理、婚姻項目管理、收養項目管理……等。

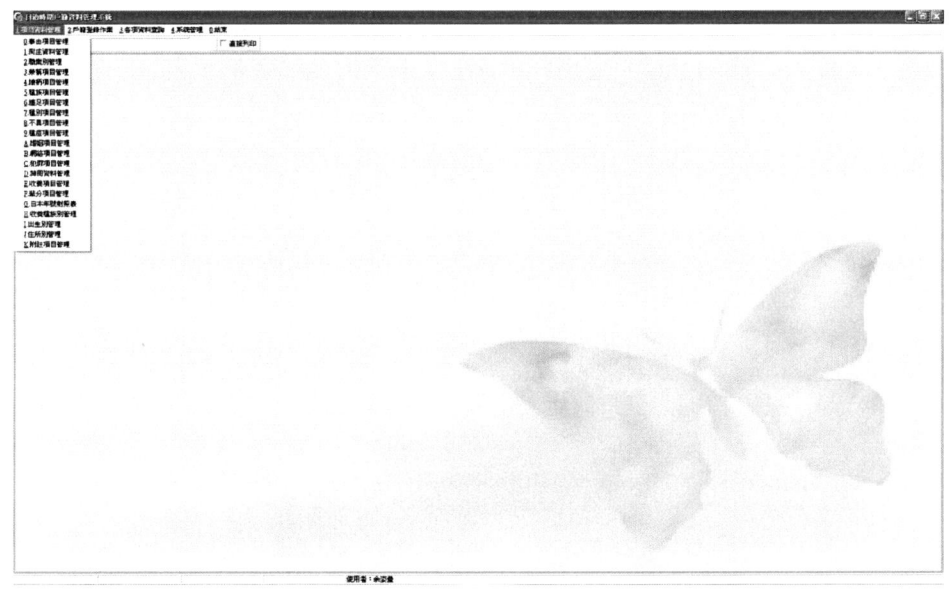

## 二、戶籍登錄作業

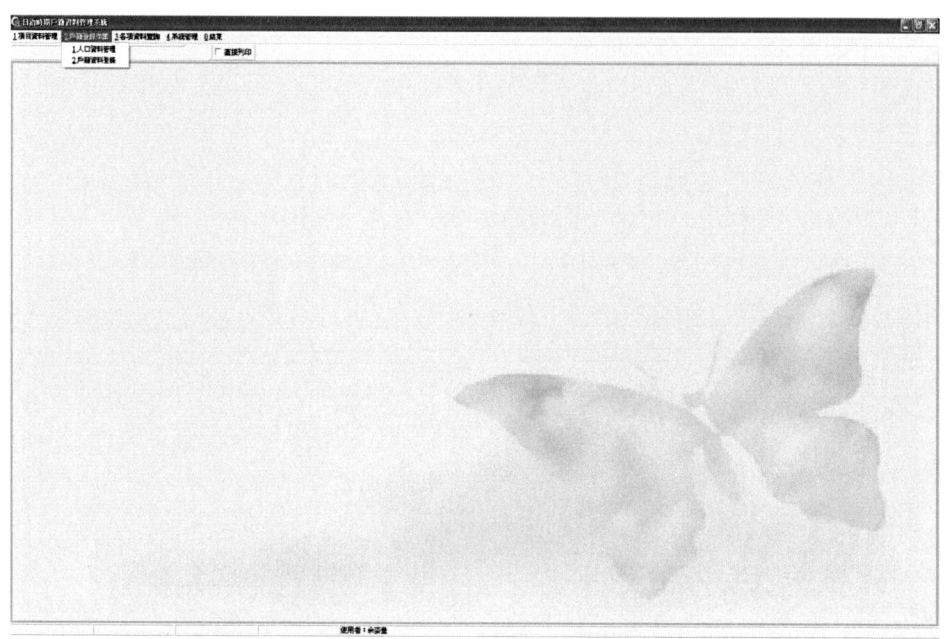

### （一）人口資料管理

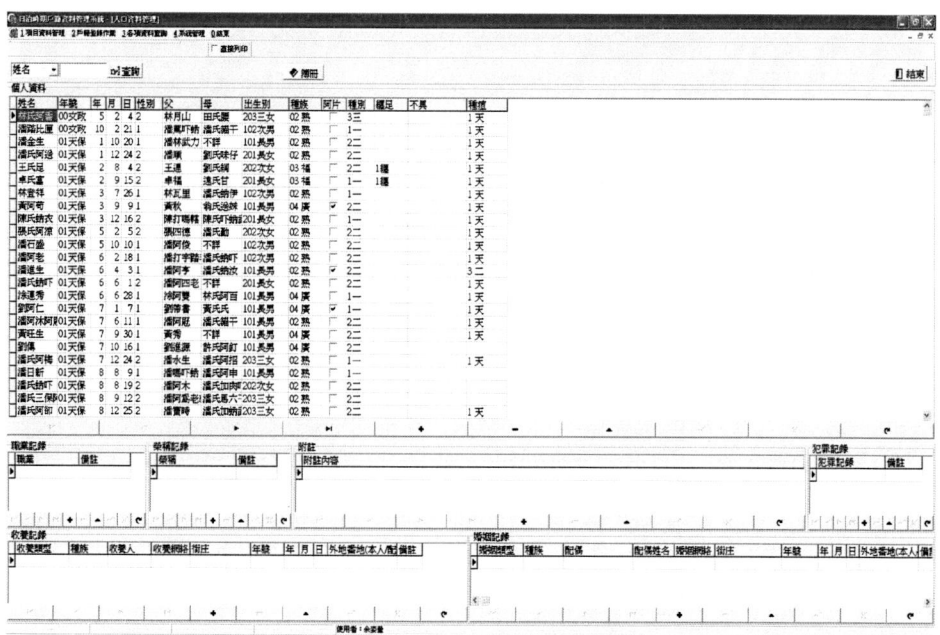

## （二）戶籍資料管理

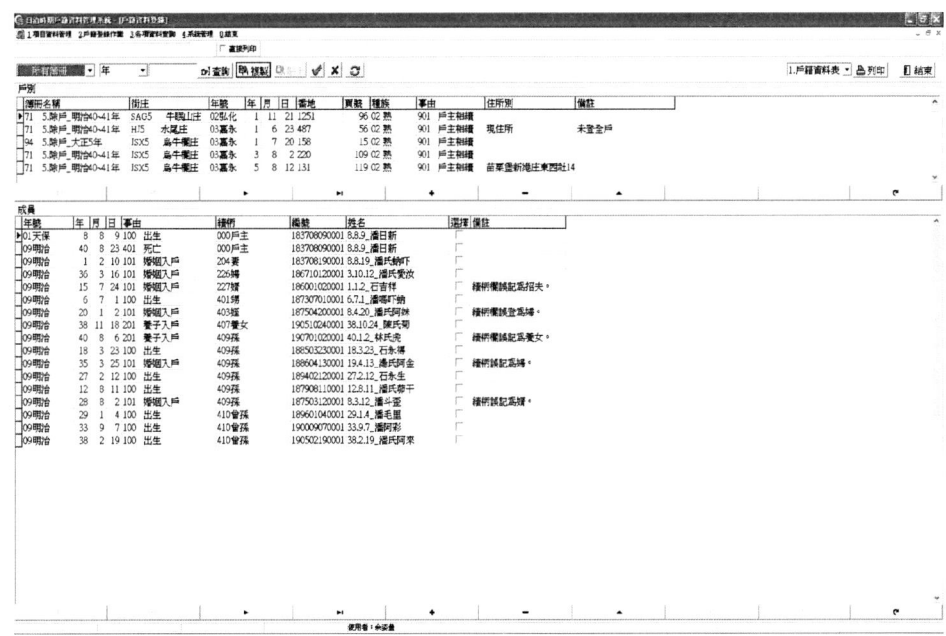

## （三）個人資料登錄

先登錄「戶別」資料，再登錄各戶中「成員」的入戶時間、原因等，然後按右鍵點出「個人資料管理」視窗，輸入個人資料。

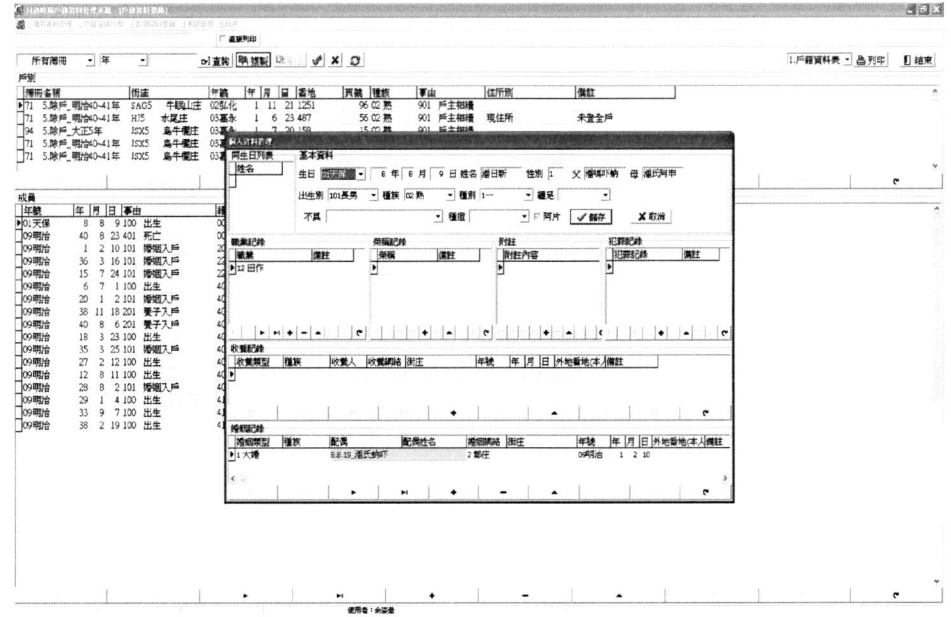

## 三、各項查詢作業

　　共分為「個人資料查詢」、「存在人口查詢」、「收養記錄查詢」、「婚姻記錄查詢」等四類查詢。各類項下還有查詢細目，以「收養記錄查詢」為例，尚有「收養次數」、「地域網絡」、「族群網絡」、「收養資料查詢」等四項。

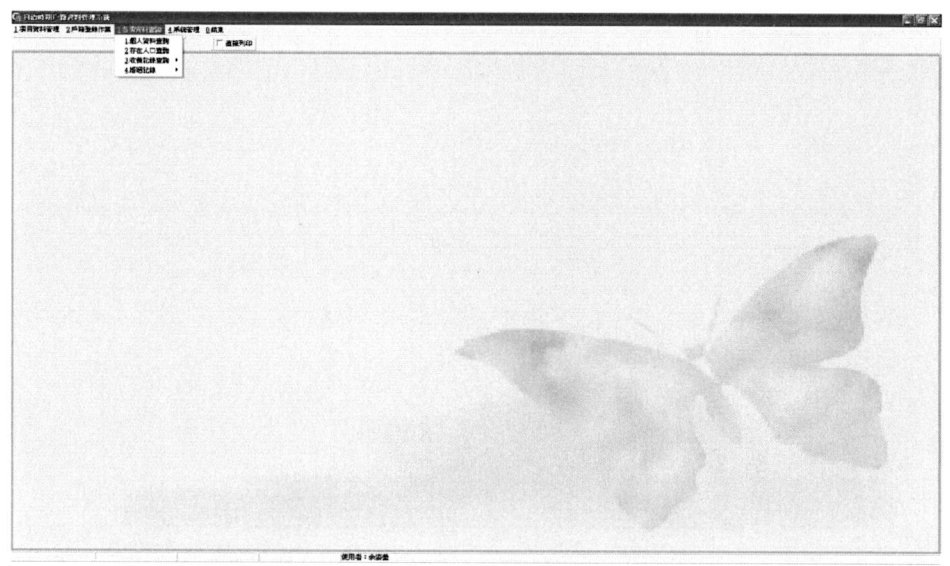

## （一）個人資料查詢

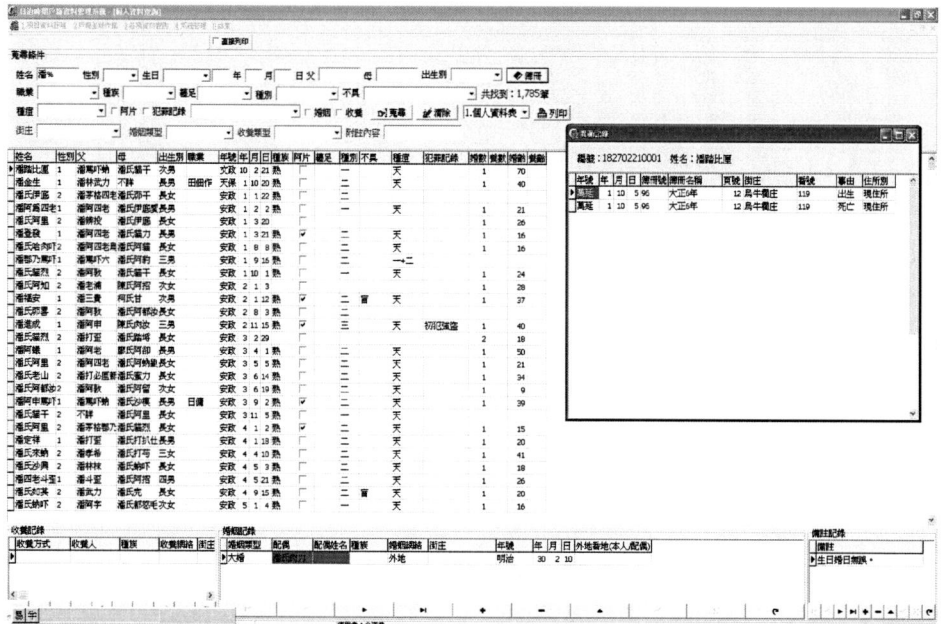

## （二）收養資料查詢

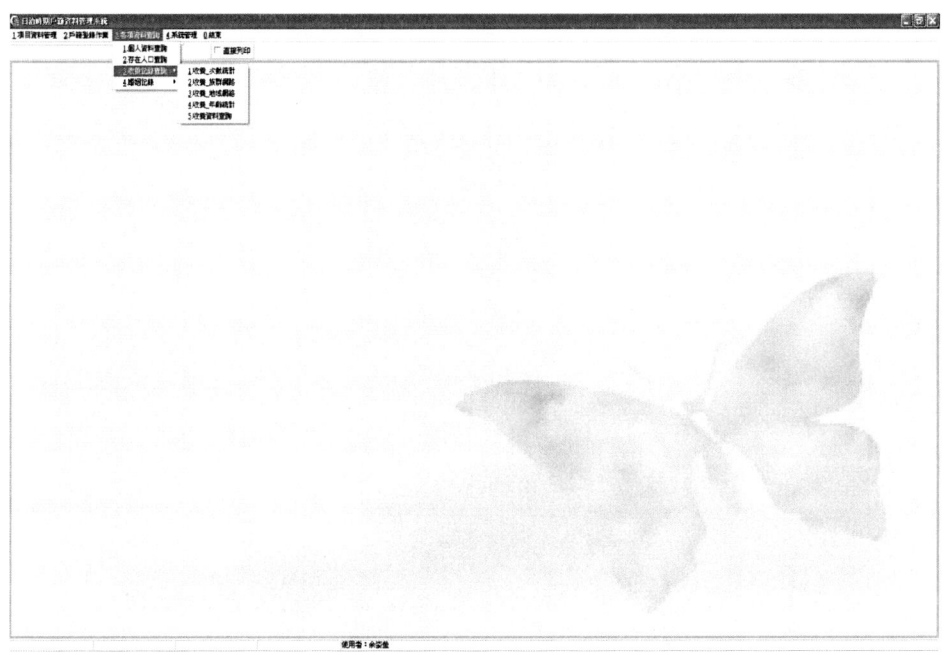

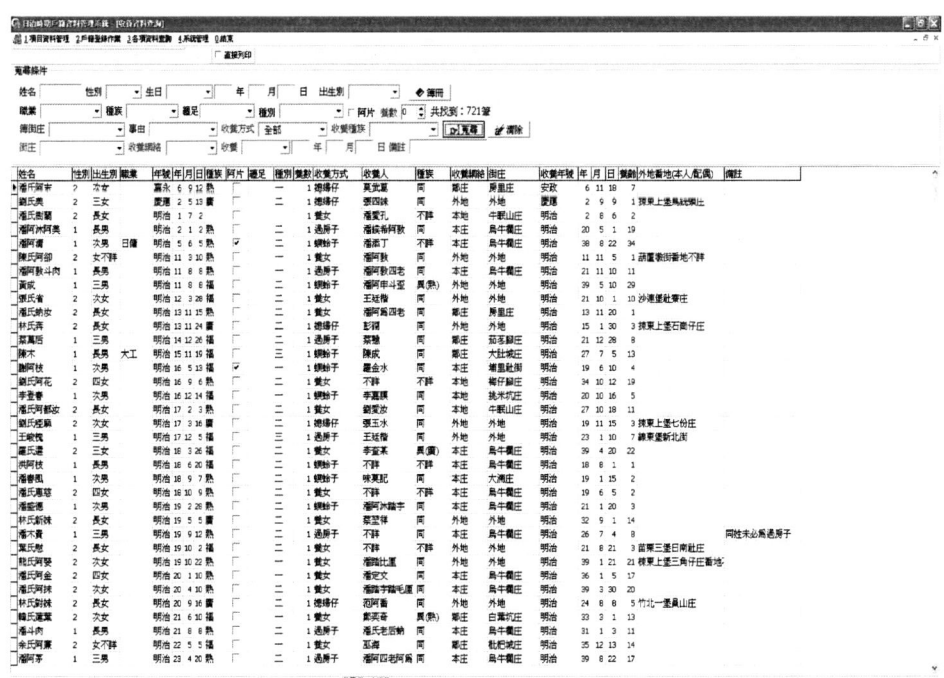

## （三）婚姻資料查詢

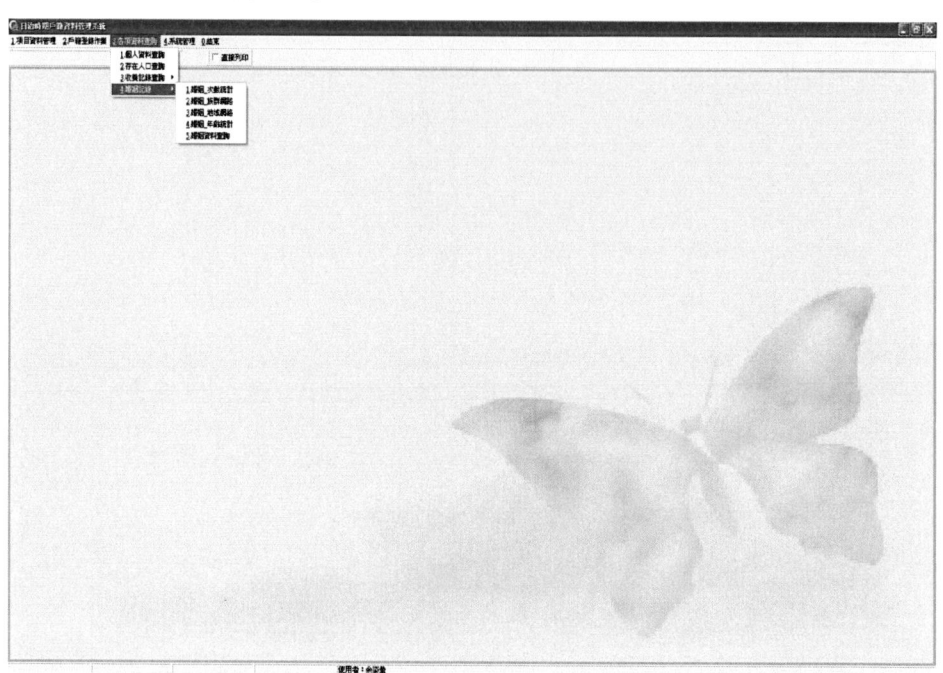

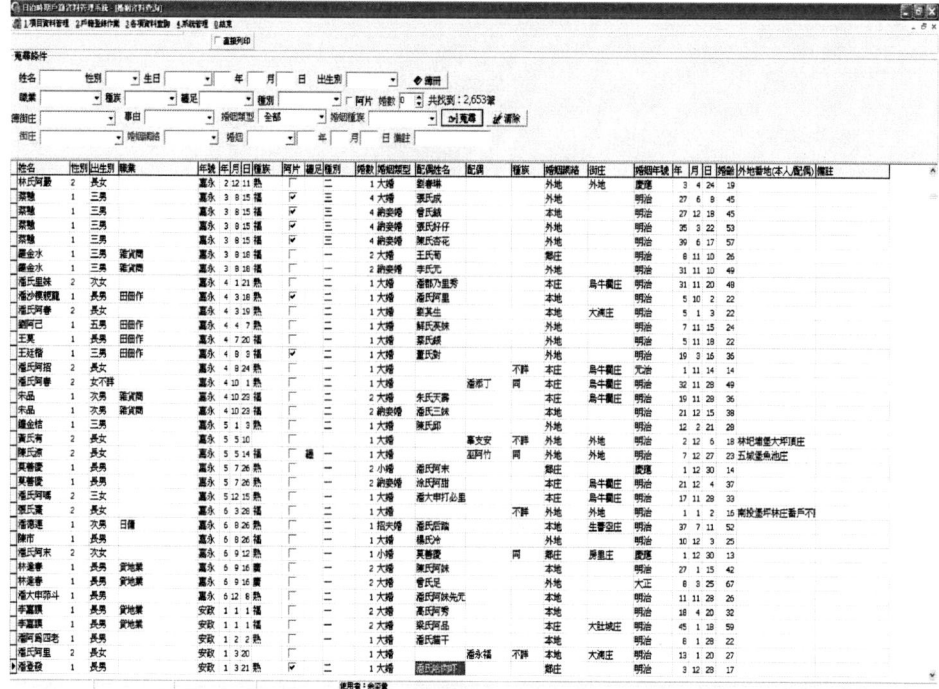

# 附錄表 6：日治時期埔里地方菁英簡歷表

| 姓名 | 族群 | 街庄／職業 | 種別 | 聲望 | 出生年（紀年／西元年） | 死亡年（西元年） | 享年 | 經歷／關係 |
|---|---|---|---|---|---|---|---|---|
| 乃鴻源 | 熟 | 史港／吏員 | 二 | 1 | 同治 13 1874 | 1939 | 66 | 埔西區書記（明治 44 年～大正 9 年（1911～1920），職。<br>大正 7 年（1918）以擔任埔西區書記成績優良獲得表彰。／<br>史港地區墾戶乃三進長男。 |
| 石文彬 | 福 | 埔里／農、雜貨商 | 二 | 3 | 光緒 12 1886 | 1927 | 42 | 埔里街協議會員，報 734 號，p.415。 |
| 王氏有 | 廣 | 牛眠山／醫生 | 二 | 1 | 明治 43 1910 |  |  | 埔里開業醫生，日 1938.4.13 九版。 |
| 王明誥 | 福 | 水頭／農 | 一 | 3 | 道光 21 1841 | 1916 | 76 | 東角總理，退 p.327。 |
| 王足恩 | 福 | 烏牛欄／教職、商 | 二 | 3 | 光緒 19 1893 | 1948 | 56 | 公學校訓導、烏牛欄信用組合長，人 p.15。<br>埔里街協議會員，鑑 10，p.716。 |
| 王進發 | 福 | 烏牛欄／ |  | 3 | 明治 30 1897 | 1978 | 82 | 埔里街協議會員，鑑 15，p.655。 |
| 王廷楷 | 福 | 埔里／ | 二 | 4 | 咸豐 1 1851 | 1918 | 68 | 清代秀才，南 p.485。<br>獲得紳章（1902），列 p.221。<br>埔里社公學校學務委員，南 p.485。<br>埔里采訪冊編輯者，踏 p.193。<br>埔里社開源會社股東，公 5962 冊 16 件 153 頁。／<br>王峻槐之養父。 |
| 王峻槐 | 福 | 埔里／商 | 三 | 3 | 光緒 16 1890 | 1965 | 76 | 臺灣製糖所原料委員（明治 41 年），經營精米業、運送業，實業家，紳 p.90。<br>埔里實業協會幹事，日 1927.8.24 三版。<br>能高自動車株式會社常務取締役，日 1931.9.2 二版。<br>埔里街協議會員，事 p.544。<br>酒類賣捌人（大正 12 年起，至昭和 9 年 6 月），紳 p.90。<br>能高神社土地買收委員，日 1937.7.21 八版。<br>資產 10 萬圓（昭和 11 年），專 6681 冊 1 件 39 頁。 |

| | | | | | | | | |
|---|---|---|---|---|---|---|---|---|
| | | | | | | | | 埔里社振業公司代表人，中 p.173。<br>丸高運輸公司代表人、埔里信用組合理事、社會教化委員，人 p.13。／<br>清代秀才王廷楷過房子。 |
| 王江源 | 福 | 埔里／ | 二 | 3 | 明治 43<br>1910 | 1994 | 85 | 埔里街協議會員，鑑 15，p.655。／<br>王峻槐長男。 |
| 白福順 | 福 | 枇杷城／<br>律師 | 二 | 1 | 明治 38<br>1905 | 1988 | 84 | 辯護士，大 p.77。／<br>黃敦仁女婿。 |
| 吳朝宗 | 福 | 茄苳腳／<br>藥種商 | 三 | 2 | 光緒 1<br>1875 | 1942 | 68 | 埔里社信用組合監事，商 p.14。<br>齋堂德華堂（茄苳腳荣堂）創建者，稿 p.2613。／<br>吳金水之兄。 |
| 吳金水 | 福 | 茄苳腳／<br>商 | 二 | 1 | 光緒 8<br>1882 | 1929 | 48 | 寫眞師（攝影師）、雜貨商、巡查補，戶。／<br>吳朝宗之弟、、陳進女婿、陳景寅岳父。 |
| 吳阿生 | 福 | 烏牛欄／<br>雜貨商 | | 3 | 明治 28<br>1895 | 1952 | 58 | 烏牛欄信用組合理事長、水利組合評議員、牛相觸部落振興會會長、能高郡米穀管制組合總代、第 20 保保正，p.364。 |
| 李春英 | 廣 | 埔里／<br>農、官吏 | 一 | 3 | 同治 8<br>1869 | 1906 | 38 | 土地整理組合長、赤十字社分區委員，南 p.482。<br>埔東區長（明治 36 年，1903），職。 |
| 李嘉謨 | 福 | 大肚城／<br>商 | 一 | 2 | 咸豐 4<br>1854 | 1926 | 73 | 第 22 保保正、綢緞什貨商，泉利號，南 p.482。<br>烏牛欄信用組合監事，商 p.14。<br>埔里社支廳大地主，商 p.32。<br>土地調查委員，公 4362 冊 24 件 153頁。<br>埔里社開源會社股東，公 5962 冊 16件 153 頁。 |
| 李憲章 | | 埔里／農 | | 2 | 咸豐 7<br>1857 | 1935 | 79 | 第 29 保保正，南 p.482。 |
| 李進財 | | 大肚城／<br>農 | | 2 | 咸豐 5<br>1855 | 1918 | 64 | 第 21 保保正，南 p.482。 |
| 李王衡 | 熟 | 大肚城／<br>醫生 | 三 | 1 | 咸豐 11<br>1861 | 1923 | 64 | 醫生、葯舖主、慶順堂，南 p.482。 |
| 李萬福 | 福 | 茄苳腳／<br>雜貨商 | 二 | 3 | 明治 29<br>1896 | 1960 | 65 | 埔里街協議會員、國姓庄助役，公 10726 冊 3 件 497 頁。<br>埔里信購組合監事，日 1938.6.4 五版。<br>埔里實業協會幹事、中央貨物自動車董事兼經理、方面委員、防衛團副所長、蠶業組合理事，會 P.430。 |

| 李長 | 福 | 埔里／醫生 |  | 1 | 大正 1<br>1912 | 2001 | 90 | 大安醫院醫師，電 p.142。 |
|---|---|---|---|---|---|---|---|---|
| 余定邦 | 熟 | 枇杷城／雜貨商 | 二 | 3 | 光緒 9<br>1883 | 1943 | 61 | 埔里街協議會員，評 p.242。<br>第五保保正，南 p.491。<br>埔里社信用組合理事，商 p.14。<br>埔里實業協會評議員，日 1927.8.24 三版。<br>昭和 8 年（1933）被任命為埔里街方面委員，日 1933.4.11 三版。<br>埔里信購組合廿週年獲表彰之功勞者，日 1935.7.22 八版。<br>社會教化委員、埔里圳水利組合評議員，人 p.176。 |
| 何其昌 |  | 埔里／醫生 |  | 3 | 明治 32<br>1899 | 1980 | 82 | 埔里街協議會員、北門興業株式會社取締役，醫，p.67、95。<br>保和醫院醫師，日 1931.9.28 三版。 |
| 巫俊 | 福 | 埔里／巡查補、商 | 一 | 3 | 光緒 10<br>1884 | 1935 | 50 | 埔里社信用組合長，鑑 11，p.594。<br>埔里青年會長、壯丁團長、日 1925.2.4 四版。<br>埔里實業協會評議員，日 1927.8.24 三版。<br>臺灣地方自治聯盟能高支部議長，日 1931.1.18 八版。<br>昭和 8 年（1933）被任命為埔里街方面委員，日 1933.4.11 三版。<br>埔里社電燈株式會社股東，公 2325 冊 5 件 107 頁。／<br>巫永昌之父。 |
| 巫永昌 | 福 | 埔里／醫師 | 一 | 3 | 明治 38<br>1905 | 2000 | 96 | 臺中市協議會員，醫，p.62。／<br>巫俊長男。 |
| 巫光輝 | 熟 | 生番空／巡查補 |  | 2 | 光緒 2<br>1876 | 1947 | 72 | 第十五保保正，南 p.486。<br>南投廳巡查補，日 1902.4.19 五版。<br>埔里信用組合理事，公 2417 冊 2 件 114 頁。 |
| 巫慶寅 |  | 福興／ |  | 1 | 光緒 3<br>1877 | 1944 | 68 | 始政三十年記念，獲頒木杯彰狀之能高郡下壯丁團長（唯一一位能高郡下獲頒之壯丁團長），名 p.214。 |
| 林逢春 | 廣 | 牛眠山／貸地業、官吏 | 一 | 4 | 咸豐 3<br>1853 | 1931 | 79 | 土地整理組合委員長、赤十字社分區委員，南 p.480。<br>獲得紳章（1908），列 p.221。<br>埔里社支廳大地主，商 p.32。<br>埔西區長（明治 44～大正 4，1911～1915），職。 |

| | | | | | | | | |
|---|---|---|---|---|---|---|---|---|
| | | | | | | | | 埔里社堡北角區人民總代,公 4680 冊 6 件 57 頁。<br>大湳庄民總代,公 2125 冊 6 件 43 頁。<br>/<br>潘進生女婿,林其忠、林其祥之父。 |
| 林其忠 | 廣 | 牛眠山 /<br>商、官吏 | 一 | 4 | 光緒 3<br>1877 | 1942 | 66 | 臨時臺灣土地調查局通譯、埔里特產株式會社取締役(大正 7 年)、埔里鹽務支館館主、食鹽賣捌人(約大正 11 年至昭和 5 年,1922〜1930),獲得紳章(1920),石 p.313。<br>埔西區書記、埔西區長(大正 5〜大正 8,1916〜1919)、埔東區長(大正 9,1920),職。<br>昭和 11 年(1936)埔里祈安清醮大總理,日 1935.9.1 四版。<br>烏牛欄信用組合長,公 6725 冊 3 件 296 頁。<br>土地調查委員,公 4362 冊 24 件 153 頁。<br>埔里圳水利組合評議員、埔里街協議會員,人 p.212。/<br>林逢春長男、林其祥之兄、施丹梯之岳父。 |
| 林其祥 | 廣 | 牛眠山 /<br>官吏 | 一 | 4 | 光緒 7<br>1881 | 1951 | 71 | 埔里社支廳雇(明治 39〜大正 9 年,1906〜1920)、埔里街長(昭和 4 年〜11 年,1929〜1936),職。<br>民間有力家介紹,台中州下代表者有 9 位,埔里只有一名,即林其祥,事 p.516。<br>台中州協議會員,事 p.541。<br>埔里慈光會會長,紳 p.90。<br>埔里實業協會評議員,日 1927.8.24 三版。能高自動車株式會社社長,日 1931.9.2 二版。<br>台中州能高郡興農倡和會埔里街支部長,日 1933.3.19 三版。<br>埔里信用購買販賣利用組合組合長(1933),日 1933.6.28 八版。<br>昭和 8 年(1933)7 月 24 日共同至總督府陳情設置埔里農林學校,日 1933.7.20 二版。<br>臺灣博覽會埔里宣傳會長,日 1935.9.1 四版。<br>能高神社土地買收委員,日 1937.7.21 八版。<br>埔里實業協會會長,日 1938.6.4 五版。 |

| | | | | | | | |
|---|---|---|---|---|---|---|---|
| | | | | | | | 能高寺倡建者之一，公 3994 冊 10 件 96 頁。<br>埔里街助役、向陽會埔里分會副會長、獲授紳章（1925），人，p.211。/<br>林逢春次男、林其忠之弟。 |
| 林有川 | 廣 | 埔里 / | 一 | 4 | 明治 43<br>1910 | 1971 | 62 | 能高郡雇（昭和 13 年～14 年，1938～1939），職。<br>埔里街協議會員，鑑 15，p.655。<br>埔里信購組合專務理事，鑑 16，p.442。<br>台中州會議員（昭和 19 年），職。/<br>林其祥四男。 |
| 林有德 | 廣 | 牛眠山 / | 一 | 1 | 明治 36<br>1903 | 1974 | 72 | 埔里信購組合監事，日 1938.5.1 九版。/<br>林其祥長男。 |
| 林溪水 | 福 | 枇杷城 /<br>雜貨商 | 二 | 3 | 明治 32<br>1899 | 1943 | 45 | 埔里街協議會員，鑑 10，p.716。 |
| 林宇義 | 福 | 埔里 / 貸<br>地業 | 一 | 3 | 明治 30<br>1897 | 1972 | 76 | 昭和 8 年（1933）被任命爲埔里街方面委員，日 1933.4.11 三版。<br>埔里街協議會員，鑑 15，p.655。<br>埔里信購組合監事，日 1940.5.1 五版。 |
| 東李順德 | 熟 | 埔里 / 吏<br>員 | | 1 | 光緒 6<br>1880 | 1943 | 64 | 埔東區書記（明治 44～大正 3，1911～1914），職。 |
| 味莫記 | 熟 | 蜈蚣崙 / | 二 | 2 | 咸豐 4<br>1854 | 1927 | 74 | 蜈蚣崙庄長，篡 302 冊 2 件 79 頁。<br>（姓名或寫爲味莫圯、味莫已、味目杞） |
| 施百川 | 福 | 埔里 / 漢<br>醫、米商 | 一 | 2 | 光緒 2<br>1876 | 1919 | 44 | 什貨商、瑞源號，南 p.491。<br>埔里社支廳大地主，商 p.32。<br>埔里第一間鸞堂「懷善堂」創立者，瀛 p.20。<br>埔里社電燈株式會社股東，公 2325 冊 5 件 107 頁。<br>埔里社開源會社股東，公 5962 冊 16 件 153 頁。/<br>施雲釵、施丹梯之父。 |
| 施雲釵 | 福 | 埔里 / 商 | 一 | 3 | 明治 34<br>1901 | 1960 | 60 | 埔里街協議會員，評 p.242。<br>第四保保正、埔里街保甲聯會會長，紳 p.91。<br>埔里信用組合理事、水利組合評議員、能高自動車株式會社董事、埔里興業株式會社董事，誌三 p.399。<br>施瑞源號，電 p.142。<br>能高自動車株式會社取締役，石 p.321。<br>埔里實業協會評議員，日 1927.8.24 三版。 |

| | | | | | | | | |
|---|---|---|---|---|---|---|---|---|
| | | | | | | | | 埔里信用購買販賣利用組合專務（1933），日 1933.6.28 八版。<br>埔里信購組合廿週年慶獲表彰之功勞者，日 1935.7.22 八版。<br>埔里興業株式會社取締役，人 p.81。／施百川長男、施丹梯之兄。 |
| 施丹梯 | 福 | 埔里／官吏 | 一 | 3 | 明治 37<br>1904 | 1961 | 58 | 昭和 6 年（1931）明治大學政治經濟系專門部畢業、能高自動車株式會社監察（昭和 6 年，1931）、昭和 7 年（1932）進入臺灣新民報社，任職編輯部、昭和 10 年（1935）當選埔里街協議會員、昭和 11 年（1936）擔任埔里街會計員、昭和 12 年（1937）擔任埔里街助役，誌三，p.403 ／施百川次男、施雲釵之弟、林其忠女婿。 |
| 施文彬 | 福 | 埔里／商 | | 3 | 明治 32<br>1899 | 1987 | 89 | 埔里信購販利合作社常務理事、埔里南公學校保護者會常務幹事、埔里保健合作社理事、18 歲擔任埔里信用合作社書記、第三保保正、埔里實業協會評議員、埔里青年會副常務幹事 誌三 p.407。<br>埔里信購組合廿週年慶獲表彰之功勞者，日 1935.7.22 八版。<br>埔里信購組合倉庫部專務，日 1937.4.25 九版。<br>埔里街協議會員，鑑 15，p.655。<br>方面委員、防衛團第二所副所長，會 P.430。戰後首任官派埔里鎮長，大 p.83。 |
| 柯金同 | 福 | 埔里／醫生、藥種商 | 二 | 1 | 同治 8<br>1869 | 1934 | 66 | 醫生、藥舖主、保安堂，南 p.484。／柯全福之父。 |
| 柯全福 | 福 | 茄苳腳／雜貨商 | 二 | 3 | 明治 33<br>1900 | 1978 | 79 | 柯保安商會經營者，鑑 10，p.486。<br>經營製冰之廠，耗資 1 萬數千圓，於昭和 3 年（1928）6 月 23 日舉行落成典禮，提供之冰製品，僅過去價格 1／5，日 1928.6.27 三版。<br>埔里街協議會員，日 1935.1.30 四版。／柯金同長男。 |
| 洪國華 | 福 | 埔里／醫師 | | 1 | 明治 39<br>1906 | 1950 | 45 | 國華齒科，日 1931.9.28 三版。／林其忠女婿。 |
| 徐雲騰 | 廣 | 牛眠山／吏員 | 二 | 3 | 光緒 7<br>1881 | 1960 | 80 | 區長役場書記，戶。<br>埔里街協議會員，事 p.544。<br>牛眠山國語普及會會長，日 1928.4.17 十二版。 |

| | | | | | | | |
|---|---|---|---|---|---|---|---|
| 高老囝 | 福 | 茄苳腳／ | 2 | 同治6<br>1867 | 1952 | 86 | 埔里信購組合廿週年慶獲表彰之功勞者，日1935.7.22八版。<br>保正，口：高錦祥。 |
| 黃利用 | 漢 | 烏牛欄／<br>商 | 2 | 咸豐6<br>1856 | 1935 | 80 | 埔里社公學校學務委員，南p.486。<br>土地調查委員，公4362冊24件153頁。<br>埔里社辦務署參事，鈴p.225。<br>埔里社電燈會社股東，公5962冊16件153頁。<br>埔里社警察署警吏，鈴-1p.20。<br>烏牛欄庄耶穌教會學校教讀，敦。／<br>番秀才望麒麟親家、黃敦仁之父。 |
| 黃敦仁 | 漢 | 烏牛欄／<br>地主 | 4 | 光緒9<br>1883 | 1965 | 83 | 埔里街協議會員，事p.544。<br>烏牛欄信用組合長、第十六保保正、南投水利組合評議員、烏牛欄保甲聯會會長，紳p.91。<br>第十八保保正，南p.487。<br>埔里社支廳大地主，p.32。<br>始政三十年記念，獲頒木杯彰狀的能高郡下保正3人之1，名p.214。<br>昭和7年（1932）2月21日於自宅舉辦業佃懇親會，報紙譽為「埔里的模範地主」，日1932.2.24三版。<br>昭和8年（1933）7月24日共同至總督府陳情設置埔里農林學校，日1933.7.20二版。<br>埔里社電燈會社股東，公2325冊5件108頁。<br>能高自動車會社股東、興農倡和會總代、烏牛欄公學校家長會長、埔里社警察署給仕（1897）、南投廳臨時雇（1904，於埔里社支廳勤務）、學校保護者會會長（1912）、授佩紳章（1915）、埔里社電燈株式會社取締役、臨時戶口調查委員通譯（1915）、南投廳農會囑託、臺中州農會囑託、烏牛欄第三區總代（1921）、社會教化委員（1935）、能高郡米穀統制組合特別總代、能高郡漁業者組合總代，敦。／<br>黃利用之子，望麒麟女婿，蕭添財、白福順之岳父。 |
| 黃萬固 | 福 | 挑米坑／<br>地主 | 2 | 光緒1<br>1875 | 1942 | 68 | 始政三十年記念獲頒木杯彰狀的能高郡下保正3人之1，名p.214。<br>創立二高自動車、於昭和4年（1929） |

| 姓名 | | | | | | | | |
|---|---|---|---|---|---|---|---|---|
| | | | | | | | | 向台中州提出申請開墾埔里至魚池的自動車道,獲得許可,獨自投入 3 萬餘圓開墾,日 1930.5.15 四版。<br>臺中州自動車共榮株式會社監察役、埔里街水利組合評議員,人 p.65。/<br>黃連貴之父、黃寶堂弟、黃萬得堂兄。 |
| 黃連貴 | 福 | 挑米坑 /<br>地主 | | 3 | 明治 30<br>1897 | 1943 | 47 | 埔里街協議會員,鑑 15,p.655。/<br>黃萬固長男。 |
| 黃寶 | 福 | 挑米坑 /<br>地主 | 一 | 2 | 同治 9<br>1870 | 1908 | 39 | 第十六保保正,南 p.487。/<br>黃萬得之兄、黃萬固堂兄。 |
| 黃萬得 | 福 | 挑米坑 /<br>地主 | 一 | 3 | 光緒 2<br>1876 | 1949 | 74 | 埔里街協議會員,事 p.544。<br>埔里社信用組合監事,商 p.14。<br>創立二高自動車、埔里信購組合廿週年慶獲表彰之功勞者,日 1935.7.22 八版。<br>昭和 11 年(1936)埔里祈安清醮副總理、13 保保正,日 1932.1.14 三版。<br>昭和 7 年(1932)與保民共同奉上「滿州事件費」11 圓獻金,日 1932.1.14 三版。/<br>黃寶之弟、黃萬固堂弟。 |
| 黃千秋 | 福 | 枇杷城 /<br>醫生 | | 1 | 明治 36<br>1903 | 1950 | 48 | 回生醫院台灣醫學士,日 1931.9.28 三版。 |
| 黃進生 | 熟 | 牛眠山 / | 二 | 3 | 明治 38<br>1905 | 1950 | 46 | 埔里街協議會員,鑑 13,p.673。 |
| 莫善慶 | 熟 | 烏牛欄 /<br>農 | 一 | 2 | 咸豐 2<br>1852 | 1919 | 68 | 八股吞霄社社長,退 p.266。 |
| 許道南 | 福 | 大肚城 /<br>貸地業、<br>雜貨商 | 二 | 1 | 同治 11<br>1872 | 1935 | 64 | 土名許萬生、泉興號,電 p.142。<br>埔里信購組合廿週年慶獲表彰的功勞者,日 1935.7.22 八版。<br>昭和 11 年(1936)埔里祈安清醮副總理,日 1935.9.1 四版。<br>埔里社開源會社股東,公 5962 冊 16 件 153 頁。/<br>許秋之父。 |
| 許秋 | 福 | 埔里 / | 二 | 3 | 明治 37<br>1904 | 1977 | 74 | 埔里信購組合信用部專務,日 1937.4.25 九版。<br>埔里街協議會員,公 10726 冊 3 件 498 頁。<br>戰後第二任官派埔里鎮長,大 p.91。<br>/<br>許道南次子。 |

| 許清和 | 福 | 大肚城 /雜貨商 |  | 3 | 明治 29 1896 | 1982 | 87 | 許泉發商店，電 p.141。<br>昭和 8 年（1933）被任命爲埔里街方面委員，日 1933.4.11 三版。<br>昭和 10 年（1935）年初，舊曆年前，提供白米 80 斗救濟貧戶，一人可申請一斗，向街役場提出申請，日 1935.1.15 七版。<br>保正、烏牛欄信用組合長（昭和 14 年），石 p.319。 |
|---|---|---|---|---|---|---|---|---|
| 許清標 | 福 | 枇杷城 / |  | 3 | 光緒 5 1879 | 1952 | 74 | 埔里街協議會員，事 p.544。<br>埔里信購組合廿週年慶獲表彰之功勞者，日 1935.7.22 八版。 |
| 陳秋全 | 福 | 埔里 /雜貨商 | 二 | 2 | 光緒 11 1885 | 1946 | 62 | 東源米店，電 p.142。<br>保正、能高郡米穀統制組合總代，石，318。<br>昭和 8 年（1933）被任命爲埔里街方面委員，日 1933.4.11 三版。<br>昭和 11 年（1936）提議次年埔里祈安清醮提議人，日 1935.9.1 四版。 |
| 陳進 | 福 | 埔里 / 商 |  | 3 | 光緒 18 1892 | 1963 | 72 | 埔里街協議會員，公 10726 冊 3 件 497 頁。<br>埔里興業株式會社長（非經營埔眉輕鐵之埔里興業株式會社）。<br>埔里實業協會評議員，日 1927.8.24 三版。<br>碾米業，大 p.29。製材業，大 p.34。<br>埔里利昌製材工場代表人，中 p.168。/<br>陳石鍊之兄、吳金水岳父。 |
| 陳石鍊 | 福 | 埔里 / 醫生 |  | 3 | 明治 33 1900 | 1974 | 75 | 泉成醫院醫師，電 p.142。<br>埔里街協議會員，評 p.242。/<br>醫師張祖蔭女婿。 |
| 陳國賡 | 福 | 埔里 / 藥種商 | 一 | 2 | 同治 10 1871 | 1918 | 48 | 埔里社國語傳習所雇員，公 9396 冊 5 件 244 頁。<br>埔里社支廳臨職雇，公 9387 冊 14 件。<br>埔里社開源會社股東，公 5962 冊 16 件 153 頁。<br>巡查，大 p.31。/<br>陳朝賡之兄、陳景賢之父。 |
| 陳景賢 | 福 | 埔里 / | 一 | 1 | 明治 34 1901 | 1962 | 62 | 埔里實業協會評議員，日 1927.8.24 三版。/<br>陳國賡長男。 |

| 陳景崧 | 福 | 埔里／律師 | 一 | 1 | 明治43 1910 | | | 辯護士，巫9，p.162。／陳國賡三男。 |
|---|---|---|---|---|---|---|---|---|
| 陳景寅 | 福 | 埔里／ | 一 | 1 | 明治41 1908 | 1965 | 57 | 壯丁團長，大 p.63。／吳金水女婿。 |
| 陳元炳 | 福 | 埔里／商 | 二 | 2 | 咸豐10 1860 | 1929 | 70 | 第二保保正，南 p.478。 |
| 陳福來 | 熟 | 水頭／農 | | 2 | 咸豐1 1851 | 1926 | 76 | 第十四保保正，南 p.478。 |
| 陳打嗎轄 | 熟 | 水尾／農 | 一 | 2 | 道光11 1831 | 1908 | 78 | 第十九保保正，南 p.478。 |
| 陳阿貴 | 福 | 埔里／陸軍通譯、雜貨商 | 一 | 1 | 光緒6 1880 | 1924 | 45 | 埔里社信用組合理事，商 p.14。明治33年（1900）埔里社分遣隊軍吏，公 2417 冊 2 件 114 頁。埔里社電燈株式會社股東，公 2325 冊 5 件 108 頁。 |
| 陳阿順 | | 小埔社／農 | | 2 | 光緒17 1891 | 1951 | 61 | 第三十保保正，南 p.478。 |
| 陳永泉 | 福 | 林仔城／ | 二 | 2 | 光緒20 1894 | 1973 | 80 | 林仔城一帶的保正，日 1933.3.29 八版。埔里米穀統制組合總代，日 1937.1.19 八版。 |
| 陳如商 | 福 | 埔里／代書業、吏員 | 一 | 2 | 光緒18 1892 | 1954 | 63 | 埔里米穀統制組合總代，日 1937.1.19 八版。埔里街會計役，公 10726 冊 3 件 499 頁。埔里公學校訓導、臺灣總督府監獄教師，人 p.130。 |
| 陳阿漢 | | 生蕃空／教職、吏員 | | 1 | 明治35 1902 | 1968 | 67 | 公學校訓導、台中州雇，戶。／陳文質之兄，童肇文女婿。 |
| 陳文質 | | 生蕃空／教職 | | 1 | 明治38 1905 | 1994 | 90 | 公學校訓導，戶。／陳阿漢之弟。 |
| 張世昌 | 熟 | 水尾／地主 | 一 | 2 | 同治1 1862 | 1927 | 66 | 下赤崁吞霄社社長，退，p.266。第 31 保保正，南 p.478。烏牛欄信用組合監事，南 p.14。恒吉宮媽祖廟倡建者之一。／雙寮日北吞霄三社總社長張大陞四男、張以時與張以利之父。 |
| 張以時 | 熟 | 水尾／ | 一 | 3 | 光緒18 1892 | 1953 | 62 | 埔里街協議會員，鑑15，p.655。／張世昌次男。 |
| 張振春 | 熟 | 史港／農 | | 3 | 光緒17 1891 | 1973 | 83 | 埔里街協議會員，事 p.544。埔里米穀統制組合總代，日 1937.1.19 八版。 |

| 張省三 | 福 | 大肚城／雜貨商 | 一 | 1 | 同治9 1870 | 1956 | 87 | 烏牛欄信用組合監事，南 p.14。<br>土地調查委員，公 4362 冊 24 件 154 頁。 |
|---|---|---|---|---|---|---|---|---|
| 張德元 | 福 | 茄苳腳／南投廳巡查補 | 一 | 3 | 光緒12 1886 | 1951 | 66 | 埔里街協議會員，事 p.544。<br>埔里實業協會幹事，日 1927.8.24 三版。<br>社會教化委員，日 1934.3.17 三版。<br>昭和 10 年（1935）埔里街官選協議員，日 1935.11.14 四版。<br>埔里信購組合監事，日 1938.5.1 九版。<br>埔里信購組合理事，日 1940.5.1 五版。<br>埔里實業協會副會長，會 P.18。 |
| 張進來 | 廣 | 埔里／醫生 | 二 | 3 | 光緒10 1884 | 1960 | 77 | 安東醫院醫師，電 p.141。<br>公醫、埔里社支廳囑託（明治 42 年，1909）職。<br>埔里街協議會員，表 5-15。<br>埔里實業協會評議員，日 1927.8.24 三版。／<br>張進乾之兄。 |
| 張進乾 | 廣 | 埔里／教職 | 二 | 3 | 明治35 1902 | 1982 | 81 | 埔里社公學校訓導，職。<br>埔里街協議會員，鑑 10，p.716。／<br>張進來三弟。 |
| 張祖蔭 | 廣 | 埔里／醫生 | 二 | 3 | 光緒15 1889 | 不詳 | 不詳 | 醫師、埔里街協議會員、埔里興業株式會社常務取締役、埔里信用組合理事、博濟醫院長，國 p.224。／<br>陳石鍊之岳父。 |
| 辜煥章 | | 生蕃空／ | | 3 | 同治12 1873 | 不詳 | 不詳 | 第十一保保正，名 p.214。<br>始政三十年記念，獲頒木杯彰狀的能高郡下保正 3 人之 1，名 p.214。<br>社會教化委員，日 1934.3.17 三版。<br>埔里信購組合廿週年慶獲表彰的功勞者，日 1935.7.22 八版。<br>埔里街協議會員，鑑 10，p.716。<br>昭和 7 年（1932）與保民共同奉上「滿州事件費」14 圓獻金，日 1932.1.14 三版。 |
| 童肇文 | 福 | 埔里／醫生 | 三 | 2 | 同治12 1873 | 1924 | 52 | 第三保保正，南 p.475。<br>藥舖主、存德堂，南 p475。<br>埔里街福神廟信徒總代，公 2125 冊 20 件 120 頁。／<br>童江立、童炳輝之父、陳阿漢岳父。 |

| | | | | | | | | |
|---|---|---|---|---|---|---|---|---|
| 童江立 | 福 | 埔里／醫生 | 二 | 3 | 明治39 1906 | 1983 | 78 | 存德醫院醫師，電 p.142。<br>奉公醫師團能高分團團長，日 1942.2.10 六版。<br>埔里街協議會員，公 10726 冊 3 件 498 頁。／<br>童肇文五男。 |
| 童炳輝 | 福 | 埔里／律師 | 二 | 1 | 明治42 1909 | 1952 | 44 | 辯護士。／<br>童肇文六男。 |
| 游禮堂 | 福 | 茄苳腳／雜貨商 | 一 | 2 | 同治5 1866 | 1936 | 71 | 製腦業、元社製腦組合支配人，南 p.490。<br>埔里社電燈株式會社股東，公 2325 冊 5 件 108。<br>埔里社開源會社股東，公 5962 冊 16 件 153 頁。埔里社製酒組合代表人，中 p.166。<br>釀酒業，大 p.35。／<br>游四象之兄。 |
| 游四象 | 福 | 茄苳腳／工程承包商 | 二 | 1 | 同治7 1868 | 1945 | 78 | 土木建築請負業，南 p490。／<br>游禮堂之弟。 |
| 游清河 | 福 | 埔里／米商、吏員 | 二 | 1 | 明治33 1900 | 1970 | 71 | 昭和 8 年（1933）被任命為埔里街方面委員，日 1933.4.11 三版。<br>能高郡雇（1921～1936）、能高郡書記（1937～1942）職。<br>埔里米穀統制組合總代，日 1931.1.19 八版。 |
| 潘踏比厘 | 熟 | 烏牛欄／農、官吏 | 一 | 4 | 道光7 1827 | 1917 | 91 | 埔里公學校學務委員、授配紳章（1897），南 p.475。<br>南投廳參事(明治35～大正5年，1902～1916)，職。 |
| 潘踏宇 | 熟 | 烏牛欄／吏員 | | 1 | 明治31 1898 | 1951 | 54 | 埔里實業協會評議員，日 1927.8.24 三版。<br>能高郡雇，職。 |
| 潘定文 | 熟 | 烏牛欄／農 | 一 | 2 | 道光21 1841 | 1916 | 76 | 埔里社公學校學務委員，南 p.475。<br>烏牛欄庄長，公 4362 冊 22 件 138 頁。 |
| 潘候希開山 | 熟 | 烏牛欄／ | | 2 | 同治12 1873 | 1949 | 77 | 保正，石 p.316。／<br>潘勝輝養父、潘阿為開山之弟。 |
| 潘阿為開山 | 熟 | 烏牛欄／農 | 一 | 2 | 同治4 1865 | 1933 | 69 | 第 17 保保正，南 p.475。<br>烏牛欄信用組合理事，商 p.14。<br>土地調查委員，公 4362 冊 24 件 154 頁。／<br>潘候希開山之兄。 |

| 潘勝輝 | | 烏牛欄／ | | 3 | 明治39 1906 | 1989 | 84 | 保正、埔里街協議會員，公 10726 冊 3 件 498 頁。<br>烏牛欄信用組合長、社會教化委員，日 1934.3.17 三版。<br>創立烏牛欄農事實行組合，日 1936.9.11 四版。<br>埔里米穀統制組合總代，日 1937.1.19 八版。／<br>潘候希開山之螟蛉子，本姓吳。 |
|---|---|---|---|---|---|---|---|---|
| 潘西侃 | 熟 | 大肚城／農 | 一 | 2 | 咸豐8 1858 | 1908 | 51 | 土地調查委員，公 4362 冊 24 件 154 頁。<br>埔里社開源會社業務總代，公 9907 冊 24 件 427 頁。<br>埔里社開源會社股東，公 5962 冊 16 件 153 頁。 |
| 潘進生 | 熟 | 牛眠山／ | 二 | 3 | 道光15 1835 | 1910 | 76 | 牛臥山總社長，眉，p.168。<br>北角總理，退，p.265。／<br>埔眉社總土目潘永成之子、林逢春岳父、潘萬安祖父。 |
| 潘萬安 | 熟 | 牛眠山／ | 二 | 3 | 明治37 1904 | | | 埔里街協議會員，鑑 10，p.716。／<br>牛臥山（牛眠山）總社長、北角總理潘進生之孫，父為潘阿敦斗歪。 |
| 潘日新 | 熟 | 牛眠山／農 | 一 | 2 | 道光17 1837 | 1907 | 71 | 牛臥（眠）山庄社長，眉，p.322。 |
| 潘鎮安 | 廣 | 埔里／金銀細工 | 二 | 1 | 道光26 1846 | 1922 | 77 | 武秀才，戶。 |
| 潘瓦丹 | 熟 | 牛相觸／農 | | 3 | 光緒1 1875 | 1942 | 68 | 埔里街協議會員，事 p.544。 |
| 潘應廉 | 熟 | 房里／ | | 3 | 不詳 | 1902 | 不詳 | 西角總理，退，P.265。／<br>潘玉山之父。 |
| 潘玉山 | 熟 | 房里／官吏 | 二 | 4 | 光緒4 1878 | 1936 | 59 | 壯丁團長、埔里社公學校學務委員，公 3057 冊 11 件 223 頁。<br>埔西區長，戶。<br>獲得紳章（1920），公 3057 冊 11 件 227 頁。<br>第二十保保正，南 p.475。<br>糖廍主，南 p475。<br>烏牛欄信用組合理事，商 p.14。<br>埔里社電燈株式會社股東，公 2325 冊 5 件 107 頁。<br>埔里社開源會社股東，公 5962 冊 16 件 153 頁。／<br>西角總理潘應廉三男。 |

| 潘塗生 | 熟 | 牛眠山／農 | 一 | 2 | 道光 28 1848 | 1911 | 64 | 第二十四保保正，南 p.475。 |
|---|---|---|---|---|---|---|---|---|
| 潘蚋目 | 熟 | 牛眠山／農 | 二 | 2 | 同治 9 1870 | 1921 | 52 | 大湳庄長，纂 302～2 p.79。 |
| 鄭奕奇 | 熟 | 生蕃空／地主 | 一 | 3 | 光緒 1 1875 | 1911 | 37 | 南角區長。<br>埔里社開源會社股東，公 5962 冊 16 件 153 頁。／<br>鄭阿金、鄭火炎、鄭錦水之父。 |
| 鄭阿金 | 熟 | 生蕃空／地主 | 一 | 3 | 明治 28 1895 | 1952 | 58 | 埔里社支廳大地主，商 p.32。<br>壯丁團長、保正、埔里街協議會員。<br>溪南分教場保護者會會長，日 1935.6.8 四版。／<br>鄭奕奇長男。 |
| 鄭火炎 | 熟 | 生蕃空／地主 | | 1 | 明治 35 1902 | 1975 | 74 | 埔里米穀統制組合總代，日 1937.1.19 八版。／<br>鄭奕奇次男。 |
| 鄭錦水 | 熟 | 生蕃空／地主 | | 2 | 明治 40 1907 | 1988 | 82 | 昭和 10 年（1935）大地震，捐出白米 20 石救助災民，日 1935.4.30 三版。<br>木材商組合副組合長，日 1939.4.10 五版。／<br>鄭奕奇庶子。 |
| 劉阿梧 | 廣 | 生蕃空／林木業 | | 1 | 同治 4 1865 | 1939 | 75 | 始政三十年記念獲頒木杯彰狀的能高郡下甲長 4 人之 1，名 p.214。<br>獨力出資 2 萬餘圓工費興建埔里往珠仔山的橋樑，於 1931 年 1 月 27 日舉行開通式，日 1931.1.19 五版。<br>昭和 8 年（1933）11 月 30 日東京電報，今年將受褒賞，1933.12.2 二版。<br>土地調查委員，公 4362 冊 24 件 154 頁。 |
| 劉增銓 | 廣 | 埔里／律師 | 一 | 1 | 明治 37 1904 | | | 辯護士，巫 9，p.162。 |
| 蔡戀 | 福 | 埔里／雜貨商 | 三 | 1 | 道光 30 1850 | 1925 | 76 | 土木建築請負業，南 p.489。<br>埔里社電燈株式會社股東，公 2325 冊 5 件 107 頁。 |
| 蕭添貴 | 廣 | 水尾／教職、米商 | 一 | 1 | 明治 35 1902 | 1970 | 69 | 公學校訓導心得，戶。<br>埔里米穀統制組合總代，日 1937.1.19 八版。／<br>蕭添財之兄。 |
| 蕭添財 | 廣 | 水尾／教職 | 一 | 1 | 明治 38 1905 | 1976 | 72 | 公學校訓導心得，戶。／<br>蕭添貴之弟、黃敦仁女婿。 |
| 蕭木桂 | 福 | 水頭／教職 | 二 | 1 | 明治 36 1903 | 1972 | 70 | 社會教化委員，日 1934.3.17 三版。<br>奉公壯年團幹事，日 1941.12.31 四版。 |

| 鍾阿在 | 廣 | 茄苳腳／雜貨商 | 二 | 1 | 光緒 17 1891 | 1957 | 67 | 昭和 8 年（1933）被任命爲埔里街方面委員，日 1933.4.11 三版。 |
|---|---|---|---|---|---|---|---|---|
| 謝添發 | 廣 | 烏牛欄／米商 | 二 | 1 | 明治 39 1906 | 1976 | 71 | 埔里米穀統制組合總代，日 1937.1.19 八版。 |
| 羅金水 | 福 | 埔里／地主、商 | 一 | 4 | 道光 30 1850 | 1922 | 73 | 第 4 保保正、什貨商，義興號，南 p.486。<br>獲得紳章（1915），列 p.219。<br>埔里社信用組合監事，p.14。<br>埔里社支廳大地主，商 p.32。<br>職業：糖米、什貨，家號：義興，阿片及什貨商，曾經擔任埔里社街總理、明治 37 年（1904）經營塩務支館、明治 39 年（1906）擔任埔里社公共埤圳管理人，擁有水田 180 甲，實 p.382。<br>義女祠倡建者，天。<br>土地調查委員，公 4362 冊 24 件 153 頁。<br>埔里社電燈株式會社股東，公 2325 冊 5 件 108 頁。<br>埔里社製糖株式會社監察役，公 2377 冊 2 件 43 頁。<br>埔里社開源會社股東，公 5962 冊 16 件 153 頁。／<br>羅萬俥之父。 |
| 羅萬俥 | 福 | 埔里／ | 一 | 4 | 明治 31 1898 | 1963 | 66 | 臺灣新民報專務兼營業局長（昭和 7 年），士 p 323。<br>戰後，民國 35 年（1946）4 月當選台中縣參議會首任議長，又當選國民參政員，先後擔任臺灣人壽保險公司董事、立法委員、彰化銀行董事長，民國 52 年（1963）赴日會議，病逝，歷 P.803～804。／<br>羅金水長男。 |
| 羅銀漢 | 福 | 埔里／商 | | 3 | 明治 28 1895 | 1979 | 85 | 義源號，電 P 141。<br>埔里實業協會會長，日 1929.5.1 五版。<br>埔里青年會會長，任內募集資 8,200 圓，興建青年會館，昭和 3 年募集，昭和 4 年興建完成，8 月 11 日落成典禮，日 1929.8.11 五版。<br>昭和 8 年（1933）7 月 24 日共同至總督府陳情設置埔里農林學校，日 1933.7.20 二版。<br>埔里街協議會員，日 1935.1.30 四版。<br>埔里信購組合廿週年慶獲表彰之功勞者，日 1935.7.22 八版。 |

| | | | | | | | | |
|---|---|---|---|---|---|---|---|---|
| | | | | | | | | 能高神社土地買收委員，日 1937.7.21 八版。<br>埔里信購組合理事，日 1940.5.1 五版。<br>兒童保護者會長，日 1929.4.24 五版。<br>出資 150 圓設立埔里文庫，鄉 p.152。<br>埔里教化委員、臺灣地方自治聯盟能高支部幹事，會 P.429。<br>埔里興業株式會社取締役社長、能高自動車株式會社取締役，人 p.188。/<br>蘇新伙女婿。 |
| 蘇朝金 | 福 | 茄苳腳 /<br>貸地業、煙草仲賣業 | 一 | 4 | 光緒 4<br>1878 | 1932 | 55 | 保正、區長、參事，戶。<br>壯丁團長、獲得紳章（1915），列 p.220。<br>第一保保正、埔里社市場董事，南 p.485。<br>埔里信用組合長，產八，p.94。。<br>南投廳參事（1920 大正 9 年）、埔東區長（明治 44 年～大正 8 年 1911～1919）職。<br>埔里社電燈株式會社社長，公 6403a 冊 3 件 25 頁。<br>埔里社開源會社股東，公 5962 冊 16 件 153 頁。<br>埔里產業株式會社代表人，中 p.161。<br>臺中州協議會員，中 p.311。/<br>蘇逢時之兄。 |
| 蘇逢時 | 福 | 茄苳腳 /<br>雜貨商地主 | 一 | 3 | 光緒 8<br>1882 | 1937 | 56 | 埔里街協議會員，事 p.544。<br>北港區長（大正元年～大正 7 年，1912～1918），職。<br>昭和 8 年（1933）被任命為埔里街方面委員，日 1933.4.11 三版。<br>資產 12,000 圓（大正 4 年），公 11072 冊 5 件 115 頁。<br>埔里社酒造株式會社代表人，中 p.167。<br>臺灣地方自治聯盟埔里支部幹事、酒類賣捌人（1934），人 p.101。/<br>蘇朝金之弟。 |
| 蘇新伙 | 福 | 茄苳腳 /<br>米商 | | 1 | 同治 12<br>1873 | 1946 | 74 | 五城堡木履囒庄土地調查委員，公 4362 冊 24 件 156 頁。/<br>羅銀漢岳父、蘇樹發。 |
| 蘇樹發 | 福 | 茄苳腳 /<br>律師 | | 1 | 明治 38<br>1905 | 1991 | 86 | 辯護士，巫 9，p.162。/<br>蘇新伙次男、鄭奕奇女婿。 |
| 欉林秀 | 熟 | 史港坑 /<br>農 | | 2 | 道光 15<br>1835 | 1909 | 75 | 第 25 保保正，南 p.485。 |

說明：

一、本表依據第六章條列之「地方菁英」標準要項篩選整理完成，共計 125 位，依姓氏筆劃排列。

二、「街庄／職業」欄的街庄，以戶口調查簿居住街庄爲準，部份人物曾經遷移至另一街庄，僅登錄其於日治時期原居住地或主要居住地點。「職業」主要引自戶口調查簿登錄的項目，未登錄者，以其從事行業類別記之。

三、「聲望」欄中的數字，是依地方菁英的聲望區分爲 4 級，數字愈高表示聲望愈高，各級標準如下：

「4」：具有州廳級聲望者，包括曾經授配紳章、擔任州廳參事或州協議會員者。

「3」：具有堡里、街庄級聲望者，包括曾經擔任總理、區長、街協議會員、賣捌人、信用組合長等職務者或權利者。

「2」：具有街庄、大字級聲望者，包括曾經擔任社長、庄長、保正、辦務署參事、街庄會計役、街庄助役、巡查、商業團體代表人。

「1」：雖未具備 2-4 之資歷，其身份、職業受敬重者，例如清代秀才，或曾經擔任公學校訓導、訓導心得（代理訓導）、區役場書記、廳雇、郡雇、巡查補、壯丁團長、方面委員、社會教化委員等公職，或擔任信用組合理事或監事、商業組織評議員，或從事醫師、辯護士等職業者。

四、「出生年」欄中的紀年，日治（1895 年）以前出生者，採清代年號紀年，日治時期出生者，採日本年號紀年。

五、「經歷／關係」欄中的經歷，依所引用的資料條列，若於同一單位、團體先後擔任不同職務（例如擔任埔里信用組合理事、埔里信用組合長），僅列出位階較高職務。人物之父、兄、伯、叔等兄長及姻親亦爲本表中人物者，分別於「經歷／關係」欄最末加註雙方之關係。若其兄長未列於本表（例如已經死亡），但有其重要性者，亦予以加註。

六、「出處」中所示，依序爲「書名代號」、「頁數」，報紙則爲「報紙代號」、「西元年月日」、「版面」，總督府公文類纂則爲「檔案代號」、「冊號」、「頁數」。「出處」欄引用的代號所代表的書名如下（出版年代等詳細資料請參閱書目）：

「人」：《臺灣人士鑑》。

「士」：《臺灣紳士名鑑》。

「大」：《大埔城的故事—埔里鎮史》。

「口」：口述訪問，其後爲「受訪者姓名」。

「日」：《臺灣日日新報》。

「天」：義女廟簡介〈埔里開基祖天水夫人概史〉，一頁。

「戶」：《戶口調查簿》。

「公」：《臺灣總督府公文類纂》。

「中」：《臺中州大觀》。

「弘」：《埔里區寺廟弘道協會紀念特刊》。

「石」：〈石燈照古人—醒靈寺保存的能高神社殘蹟〉。

「名」：《始政三十年臺灣記念名鑑》。

「列」：《臺灣列紳傳》。

「事」：《臺灣の事業界と人物》。

「南」：《南部臺灣紳士錄》。

「退」：《埔里社退城日誌暨總督府公文類纂相關史料彙編》。

「時」：《臺灣時人誌》。

「埔」：《水沙連埔社古文書選輯》。

「眉」：《水沙連眉社古文書研究專輯》。

「紳」：《臺灣官紳年鑑》。

「產」：《產業組合要覽》，加次別，「產八」即「產業組合要覽（第八次）」。

「商」：《臺灣商工便覽》。

「國」：《南國之人士》。

「鄉」：《埔里鄉土調查》。

「郵」：《埔里地區郵政服務百年回顧與展望（1896～1995）》。

「評」：《臺灣人物評》。

「報」：《臺中州報》，後附號數爲州報的號數。

「敦」：《先祖父　敦仁公紀念集》。

「鈴」：《「漢蕃」合成家族の形成と展開》。

「鈴-1」：《日本人在臺灣做了什麼》。

「電」：《臺中州電話帖》。

「會」：《日據時期臺灣商工會的發展（1895～1937）》。

「誌二」：《日治時期臺灣人物誌（二）》。

「誌三」：《日治時期臺灣人物誌（三）》。

「態」：《臺灣人事態勢と事業界》。

「實」：《臺灣實業家名鑑》。

「稿」：《南投縣志稿》。

「踏」：《臺灣踏查日記》。

「歷」：《臺灣歷史人物小傳—明清暨日據》。

「職」：《臺灣總督府職員錄》。

「醫」：《日治時期臺灣醫生社會地位之研究》。

「瀛」：《埔里瀛海城隍廟沿革》。

「霧」：《霧社事件實記》。

「鑑」：《會社銀行商工業者名鑑》，由於有不同年版別，故加註年代，例如昭
　　　和 3 年即「鑑 3」。

「廳」：《南投廳行政事務並管內概況報告書》，其後加註年份，例如「廳 7」即
　　　大正 7 年。

# 附錄表 7：日治時期埔里地區日本人菁英簡歷表

| 姓名 | 街庄／職業 | 身份 | 種別 | 出生年（日本紀年／西元年） | 經　　　歷 | 備註 |
|---|---|---|---|---|---|---|
| 山下藤太郎 | 埔里／雜貨商 | 平民 | 二 | 明治 8 1875 | 帝國生命保險代理店，日 1931.9.28 三版。<br>民間有力家，埔里 6 名內地人之一，事 p.517。<br>埔里街協議會員，事 p.544。<br>埔里實業協會常務幹事，日 1927.08.24 三版。<br>埔里酒煙草小賣人組合長，日 1928.4.21 十二版。<br>埔里信購組合廿週年慶獲表彰之功勞者，日 1935.7.22 八版。<br>能高神社土地買收委員，日 1937.7.21 八版。<br>埔里信購組合監事，日 1938.5.1 九版。<br>能高寺倡建者之一，公 3994 冊 10 件 96 頁。<br>酒、煙草賣捌人（昭和 9 年 7 月以後），專 6681 冊 1 件 37 頁。 | 子山下庄之介於昭和 18 年（1943）取得度量衡器販賣營業特許。 |
| 山崎金太郎 | 埔里／臺灣電力會社員 | 平民 | 二 | 明治 21 1888 | 埔里街協議會員，報 18 號，p.87～88。 | |
| 川澄惠之 | 埔里／農、土木請負業 | 平民 | 三 | 文久 3 1863 | 土木建築請負業，南 p.471。<br>埔里社信用組合理事，商 p.14。<br>埔里社支廳大地主，商 p.32。<br>川澄組，土木建築請負及開拓業，實 p.369。<br>埔里社製糖株式會社發起人，實 p.369。 | |
| 大久保彥右衛門 | 埔里／埔里郵便局長 | 平民 | | 明治 18 1885 | 昭和 10 年（1935）埔里街官選協議員，日 1935.11.14 四版。 | |
| 小笠原敬太郎 | 埔里／教職、官吏 | 平民 | 一 | 明治 17 1884 | 小學校校長，職。<br>能高郡守（昭和 5 年，1930），職。 | |
| 小笠原悅馬 | 埔里／土木業、造材業 | 平民 | 二 | 明治 11 1878 | 埔里實業協會評議員，日 1927.8.24 三版。<br>土木建築請負、材木販賣，日 1931.9.28 三版。 | |
| 川西常吉 | 埔里／警部 | 平民 | 一 | 明治 19 1886 | 煙草賣捌人，鑑（昭和 15 年），頁 731。 | |
| 中野虎次郎 | 埔里／旅人宿、雜貨商 | 平民 | 三 | 文久 1 1861 | 雜貨商，中野商店，南 P.472。<br>埔里撫墾署會計掛雇員，公 164 冊 13 件 142 頁。<br>取得度量衡器販賣特許，公 1706 冊 19 件 266 頁。 | 有一內緣妻 |

| 中原貞一 | 埔里／吏員 | 平民 | 一 | 明治21<br>1888 | 埔里街協議會員,報18號,p.87〜88。 | |
| 五十嵐石松 | 埔里／商 | 平民 | | 明治18<br>1885 | 埔里實業協會幹事,日1927.8.24三版。<br>木材商組合組合長,日1939.4.10五版<br>埔里商工會會長,會P.16。 | |
| 四倉多吉 | 埔里／南投廳巡查 | 平民 | 一 | 明治20<br>1887 | 食鹽元賣捌人,電P.142。<br>埔里實業協會評議員,日1927.8.24三版。<br>埔里街霧社酒保四倉商店,日1931.9.28三版。<br>昭和10年（1935）埔里街官選協議員,日1935.11.14四版。<br>能高神社寄付募集委員,日1937.7.21八版。<br>奉公壯年團團長,日1941.12.31四版。<br>埔里商工會會長,日1933.3.7三版。 | |
| 平井宇太郎 | 埔里／農 | 士族 | 二 | 明治1<br>1868 | 埔里興業株式會社（經營埔眉輕鐵）管理人,廳7,p.14。<br>開墾大湳東方蕃地27.9甲,公2861冊7件。<br>開墾大湳東方蕃地48.4甲,公2861冊9件。<br>開墾大湳東方蕃地17.6甲,公2866冊5件。 | |
| 池田龜男 | 埔里／齒科醫生 | 平民 | | 明治26<br>1893 | 池田齒科醫院醫師,國P.234。<br>埔里興業株式會社取締役,國P.234。<br>昭和10年（1935）官選埔里街協議會員,日1935.11.14四版。 | |
| 西村繼太 | 埔里／醫師 | 平民 | 一 | 元治1<br>1864 | 埔里社支廳公醫,南P.470。 | |
| 西村勝隆 | 埔里／銀行員 | 平民 | 二 | 明治24<br>1891 | 埔里街協議會員,報734號,p.415。 | |
| 永野種伊 | 梅仔腳／銀行員 | 平民 | 二 | 明治26<br>1893 | 埔里街協議會員,國P.226。<br>株式會社彰化銀行埔里支店長,國P.226。 | 有一內緣妻 |
| 永井英輔 | ／官吏 | | | 不詳 | 民間有力家,埔里6名內地人之一,事P.517。<br>埔里街協議會員,事P.554。<br>埔里實業協會會長,日1927.8.24三版。<br>埔里街長,（1922〜1925）。 | |
| 永井春惠 | 埔里／牙醫師 | | | 明治45<br>1912 | 埔里開業牙醫師,戶。 | |
| 芝原太次郎 | 埔里／建築測量業 | 士族 | | 明治2<br>1869 | 埔里煙草賣捌人,日1931.9.28三版,電P.141。<br>埔里社內地人組合評議員,P.19。<br>埔里實業協會代理會長,日1928.4.21十二版。<br>埔里實業協會會長,日1929.5.1五版。<br>昭和8年（1933）7月24日共同至總督府陳情設置埔里農林學校,日1933.7.20二版。<br>能高神社寄付募集委員,日1937.7.21八版。<br>埔里街協議會員,鑑13,p.673。 | 有一內緣妻 |

| | | | | 埔里信購組合理事，日 1940.5.1 五版。<br>能高寺倡建者之一，公 3994 冊 10 件 96 頁。<br>臺中州社會教化委員，人 p.83。 | |
|---|---|---|---|---|---|
| 坂元軍二 | 茄苳腳／菸草賣捌業 | 平民 | 二 | 明治 1<br>1868 | 煙草賣捌人，日 1932.3.24 三版。<br>埔里街協議會員，日 1932.4.1 三版。<br>民間有力家，埔里 6 名內地人之一，事，P.517。<br>埔里實業協會評議員，日 1927.8.24 三版。 | |
| 近藤勝三郎 | 蜈蚣崙／物品販賣業、生蕃交換業 | | 三 | 明治 6<br>1873 | 蕃產物及材木商，埔里社堡大湳庄，南 P.473。<br>埔里社支廳大地主，P.32。 | |
| 近藤小次郎 | 埔里／南投廳警部 | 士族 | 一 | 明治 3<br>1870 | 埔里社支廳大地主，商 P.32。 | |
| 杉山昌作 | 埔里／農、藥種商 | 士族 | 二 | 慶應 1<br>1865 | 埔里社內地人組合組合長，商 P.19。<br>埔里社信用組合理事，P.14。<br>埔里社支廳大地主，P.32。<br>埔里街長（大正 10 年、1921）。<br>能高寺倡建者之一，公 3994 冊 10 件 96 頁。<br>埔里社特產株式會社代表者，中 P.168。 | |
| 谷口清之助 | 埔里／公學校教諭 | 平民 | 一 | 明治 19<br>1886 | 埔里公學校長（1921～1932），職。 | |
| 岸石藏 | 茄苳腳／菓子製造業 | 平民 | 三 | 明治 18<br>1885 | 質屋業（當舖），商 P.22。<br>埔里社內地人組合評議員，商 P.19。 | |
| 林長平 | 茄苳腳／醫生 | 平民 | 二 | 明治 22<br>1889 | 民間有力家，埔里 6 名內地人之一，事 P.517。<br>埔里街協議會員，事 P.554。 | |
| 依田盛男 | 埔里／南投廳警部、官吏 | 士族 | 一 | 慶應 1<br>1865 | 埔里社支廳長，明治 43 年（1910）至大正 3 年（1914），職。<br>開墾水尾土地 50.2 甲，公 2860 冊 15 件。<br>開墾大湳東方蕃地 23.1 甲，公 3578 冊 3 件。 | |
| 長井實一 | 埔里／官吏 | 士族 | 一 | 明治 15<br>1882 | 埔里街助役，霧 P.51。 | |
| 高羽貞將 | 埔里／物品販賣業、剝製業 | 平民 | 三 | 明治 4<br>1871 | 埔里社信用組合監事，P.14。<br>埔里社支廳大地主，P.32。<br>憲兵分隊副隊長退役，明治 32 年（1899）至埔里社從事開墾事業，明治 40 年（1907）亦從事標本製作業，實 P.370。<br>經營「名和昆蟲用材全島一手採集所」日 1910.2.17 四版。 | |

| 荻原德太郎 | 埔里／吳服商 | 平民 | 二 | 明治 3 1870 | 雜貨商、荻原商店，南 P.471。取得度量衡器販賣特許（年限 10 年），公 1706 冊 19 件 266 頁。埔里社電燈株式會社股東，公 2325 冊 5 件 108 頁。 | |
|---|---|---|---|---|---|---|
| 原田源吉 | 埔里／南投廳巡查 | | 一 | 明治 6 1873 | 埔里社內地人組合副組合長，商 P.19。日月館館主，商 P.243。埔里實業協會評議員，日 1927.8.24 三版。埔里街協議會員，鑑 13，p.673。埔里信購組合廿週年慶獲表彰之功勞者，日 1935.7.22 八版。能高寺倡建者之一，公 3994 冊 10 件 96 頁。埔里商工會副會長，中 P.225。埔里實業協會副會長，會 P.18。 | |
| 桶谷久松 | 埔里／電力製材所、土木請負業 | | 二 | 明治 11 1878 | 埔里社內地人組合評議員，商 P.19。埔里實業協會評議員，日 1927.8.24 三版。埔里實業協會副會長，日 1935.6.12 七版。埔里街土木建築請負營業組合長，日 1937.10.16 八版。經營質舖（當舖），公 10583 冊 2 件 512 頁。 | |
| 深山要助 | 大肚城／製糖業 | 平民 | | 明治 16 1883 | 臺灣製糖埔里社製糖所所長（大正八年始），日 1931.9.28 三版。民間有力家，埔里 6 名內地人之一，事 P.517。埔里街協議會員，事 P.544。臺中州協議會員，紳 P.92。埔里實業協會評議長，日 1927.8.24 三版。昭和 8 年（1933）7 月 24 日共同至總督府陳情設置埔里農林學校，日 1933.7.20 二版。兒童保護者會會長，日 1929.6.5 五版。 | |
| 鹿兒島輝雄 | 埔里／銀行員 | 平民 | 二 | 明治 29 1896 | 埔里街協議會員，評 P.242。 | |
| 渡邊誠之進 | 埔里／教職、官吏 | 平民 | | 明治 26 1893 | 埔里小學校長、霧社小學校長，態 P.195。埔里街長（昭和 14～17 年，1939～1942）職。奉公壯年團名譽團長，日 1941.12.31 四版。 | |
| 植松保次 | 茄苳腳／ | | 二 | 明治 23 1890 | 埔里商工會副會長，日 1927.04.19 三版。昭和 10 年（1935）官選埔里街協議員，日 1935.11.14 四版。 | |
| 黑澤元吉 | ／ | | | 不詳 | 昭和 10 年（1935）官選埔里街協議會員，日 1935.11.10 四版。 | |
| 森田博文 | 埔里／銀行員 | 平民 | 一 | 明治 16 1883 | 埔里街協議會員，報 295 號，p.452～453。 | |

| 潮軍市 | 埔里／醫師 | 平民 | | 明治 12 1879 | 民間有力家，埔里 6 名內地人之一，事 P.517。<br>埔里街協議會員，事 P.544。<br>埔里興業株式會社監查役，國 P.227。<br>埔里社公醫（大正 2 年～11 年，1913～1922）職。<br>昭和 10 年（1935）官選埔里街協議會員，日 1935.11.14 四版。<br>能高寺倡建者之一，公 3994 冊 10 件 96 頁。 | |
|---|---|---|---|---|---|---|
| 橘修 | 大肚／ | 平民 | | 明治 21 1888 | 埔里街協議會員，鑑 13，p.673。 | |
| 瀨戶崎市之亟 | 埔里／郵便局長 | 平民 | 一 | 明治 16 1883 | 埔里街協議會員，國 P.233。 | |
| 藤澤靜象 | 大肚城／製糖會社重役 | 平民 | 二 | 明治 2 1869 | 1910 年（明治 43 年）後，創立埔里社製糖株式會社，擔任專務取締役，實 P.375。 | |
| 豐島倫 | 埔里／商 | | | 明治 22 1889 | 酒類賣捌人、埔里信用組合理事、民選埔里街協議會員，鑑（昭和 16 年）P.442、550、571。 | 昭和 12 年（1937）從台北遷移至埔里。 |

說明：

一、本表參考第六章條列之「地方菁英」標準要項篩選整理完成，共計 43 位，依姓氏筆劃排列，出生年全部以日本紀年表示。

二、「街庄／職業」欄的街庄，以戶口調查簿的居住街庄為準，部份人物曾經遷移至另一街庄，僅登錄其主要居住地點，職業項目除了引自戶口調查簿之外，也參考「經歷」欄增補之。

三、「出生年」欄仍維持日本紀年。

四、永井英輔與黑澤元吉二人查不到戶籍資料，原因應是由於全戶遷出該堡里（或 1920 年以後的街庄）者，戶口調查簿資料會隨之移出，因此並未留下戶籍資料，曾經擔任過埔里街長的 5 位日本人，只有杉山昌作與渡邊誠之進留下戶籍資料，永井英輔、兒玉達吉與野村正男皆查無資料。

五、「經歷」欄所引出處資料代號，請參閱附錄表 6 的「說明五」。

# 附錄表 8：埔里地區相關人口統計表清單

| 性質 | 表號 | 表　名 | 年代 | 包含資料（行政區） 全島 | 廳 | 郡 | 堡/街 | 各庄 | 烏牛欄庄 | 引用資料 現住人口 | 臨時戶口調查 | 51年統計提要 | 備註 |
|---|---|---|---|---|---|---|---|---|---|---|---|---|---|
| 人口增減 | 表1 | 埔里社堡各街庄人口增減表-1（1905～1912） | 1905～1912 | | | | V | V | V | V | | | |
| | 表2 | 埔里社堡各街庄人口增減表-2（1912～1919） | 1912～1919 | | | | V | V | V | V | | | |
| | 表3 | 南投廳、埔里社堡、烏牛欄庄人口增減表（1905～1919） | 1905～1919 | V | | | | V | V | V | | | 引用表1-2做成 |
| | 表4 | 能高郡、埔里街人口增減表（1920～1931） | 1920～1931 | | | V | V | | | V | | | |
| | 表5 | 埔里街及各庄人口增減表（1932～1941） | 1932～1941 | | | | V | V | V | V | | | |
| | 表6 | 能高郡、埔里街、烏牛欄庄人口增減表（1932～1941） | 1932～1941 | | | V | V | | V | | | | 表3刪其他庄 |
| 人口變遷/出生死亡轉入轉出 | 表7 | 埔里社堡各街庄人口變遷表-1（1905～1912） | 1905～1912 | | | | V | V | V | V | | | |
| | 表8 | 埔里社堡各街庄人口變遷表-2（1912～1919） | 1912～1919 | | | | V | V | V | V | | | |
| | 表9 | 埔里街人口變遷表（1920～1931） | 1920～1931 | | | | V | | | V | | | |
| | 表10 | 埔里社堡（埔里街）人口變遷表（1906～1931） | 1906～1931 | | | | V | | | V | | | 引用表7-9做成 |
| 人口增減及族群比較 | 表11 | 日治時期台灣人口增減及族群比例表-1（1903～1940） | 1903～1940 | V | | | | | | V | V | | |
| | 表12 | 埔里社堡（埔里街）人口增減及族群比例表（1903～1940） | 1903～1940 | | | | V | | | V | V | | |
| | 表13 | 烏牛欄庄人口增減及族群比例表-1（1903～1935） | 1903～1935 | | | | | | V | V | V | | |

| 分類 | 表號 | 表名 | 年代 |  |  |  |  |  |  |  | 備註 |
|---|---|---|---|---|---|---|---|---|---|---|---|
|  | 表14 | 日治時期台灣人口增減及族群比例表-2（1906～1943） | 1906～1943 | V |  |  |  |  |  | V |  |
|  | 表15 | 烏牛欄庄人口增減及族群比例表-2（1932～1939） | 1932～1939 |  |  |  |  |  | V | V |  |
| 本島人族群結構 | 表16 | 埔里社堡及各街庄臺灣人族群結構表（1915） | 1915 |  |  | V | V | V |  | V |  |
|  | 表17 | 埔里社堡、烏牛欄庄臺灣人族群結構表（1915） | 1915 |  |  |  | V | V |  | V | 上表刪其他庄 |
|  | 表18 | 能高郡、埔里街及各大字臺灣人族群結構表-1（1920） | 1920 |  | V | V | V | V |  | V |  |
|  | 表19 | 能高郡、埔里街、烏牛欄臺灣人族群結構表-1（1920） | 1920 |  | V | V |  | V |  | V | 上表刪其他庄 |
|  | 表20 | 能高郡、埔里街及各大字臺灣人族群結構表-2（1925） | 1925 |  | V | V | V | V |  | V |  |
|  | 表21 | 能高郡、埔里街、烏牛欄臺灣人族群結構表-2（1925） | 1925 |  | V | V |  | V |  | V | 上表刪其他庄 |
|  | 表22 | 能高郡、埔里街及各大字臺灣人族群結構表-3（1930） | 1930 |  | V | V | V | V |  | V |  |
|  | 表23 | 能高郡、埔里街、烏牛欄臺灣人族群結構表-3（1930） | 1930 |  | V | V |  | V |  | V | 上表刪其他庄 |
|  | 表24 | 能高郡、埔里街及各大字臺灣人族群結構表-4（1935） | 1935 |  | V | V | V | V |  | V |  |
|  | 表25 | 能高郡、埔里街、烏牛欄臺灣人族群結構表-4（1935） | 1935 |  | V | V |  | V |  | V | 上表刪其他庄 |
|  | 表26 | 日治時期臺灣人族群結構表（1905～1940） | 1905～1940 | V |  |  |  |  |  | V |  |
|  | 表27 | 日治時期臺灣人「其他漢人」人口表（1905～1940） | 1905～1940 | V |  |  | V |  | V | V |  |
|  | 表28 | 日治時期埔里社堡（埔里街）臺灣人族群結構表（1915～1935） | 1915～1935 |  |  |  | V |  |  | V |  |
|  | 表29 | 日治時期烏牛欄庄臺灣人族群結構表（1915～1935） | 1915～1935 |  |  |  |  |  | V | V |  |

| 性別比例 | 表號 | 表名 | 年代 | | | | | | | | | 備註 |
|---|---|---|---|---|---|---|---|---|---|---|---|---|
| 性別比例 | 表30 | 台灣全島人口及性別比例表（1905～1940） | 1905～1940 | V | | | | | | | V | |
| | 表31 | 埔里社堡（埔里街）人口及性別比例表（1905～1941） | 1905～1941 | | | | V | | | V | | |
| | 表32 | 埔里社堡（埔里街）人口及性別比例表（1905～1940） | 1905～1940 | | | | V | | | V | | 表31之簡要表 |
| | 表33 | 烏牛欄庄人口及性別比例表（1905～1939） | 1905～1939 | | | | | | V | V | | |
| | 表34 | 埔里社堡（埔里街）、烏牛欄庄人口及性別比例表（1905～1941） | 1905～1941 | | | | V | | V | V | | 將表31、33結合 |
| 鴉片吸食、纏足 | 表35 | 台灣全島鴉片吸食及纏足人數表（1905、1915、1920） | 1905、1915、1920 | V | | | | | | | V | |
| | 表36 | 台灣全島纏足人數表（1905～1930） | 1905～1930 | V | | | | | | | V | |
| | 表37 | 埔里社堡及各街庄鴉片吸食及纏足人數表（1915） | 1915 | | | | V | V | V | V | V | |
| | 表38 | 能高郡、埔里街及各大字鴉片吸食與纏足人數表（1920） | 1920 | | | V | V | V | V | V | V | |
| | 表39 | 埔里社堡（埔里街）鴉片吸食及纏足人數表（1915、1920） | 1915、1920 | | | | V | | | | V | 引表37、38做成 |
| | 表40 | 1930年台灣全島纏足者年齡層分布表 | 1930 | V | | | | | | | V | |
| 語言程度 | 表41 | 1905年台灣全島居民常用語言區分表 | 1905 | V | | | | | | | V | |
| | 表42 | 1905年台灣全島居民副用語言區分表 | 1905 | V | | | | | | | V | |
| | 表43 | 1905年南投廳居民常用語言區分表 | 1905 | | V | | | | | | V | |
| | 表44 | 1905年南投廳居民副用語言區分表 | 1905 | | V | | | | | | V | |
| | 表45 | 1915年全島、南投廳、埔里社堡、烏牛欄庄臺灣人日語了解程度統計表 | 1915 | V | V | | V | | V | | V | |
| | 表46 | 1920年全島、能高郡、埔里街、烏牛欄臺灣人日語了解程度統計表 | 1920 | V | | V | V | | V | | V | |

| | | | | | | | | | | | | |
|---|---|---|---|---|---|---|---|---|---|---|---|---|
| 表47 | 1930年臺灣人會日語程度區分表 | 1930 | V | | | | | | | V | | |
| 表48 | 1940年臺灣人會日語程度區分表 | 1940 | V | | | | | | | V | | |

說明：

一、本表羅列的48個人口統計表，依據統計表內容的性質，區分爲「人口增減」、「人口變遷/出生、死亡、轉入、轉出」、「人口增減及族群比較」、「本島人族群結構」、「性別比例」、「鴉片吸食、纏足」、「語言程度」等七大類。排序方式先依「類別」，同一類別再依函蓋年份先後、行政區域層級高低排列，各表分別標示涵蓋年份、行政區域層級、引用資料等項目，並將48個表依序附於本表之後。

二、有關48個人口統計表內容的分析討論，請參閱拙著〈日治時期埔里地區人口變遷（1903～1943）——兼論烏牛欄庄人口結構特色〉《暨南史學》第十、十一合輯號（南投：暨南國際大學歷史學系，2008.7），頁49～106。

表 1：埔里社堡各街庄人口增減表-1（1905～1912）

| 堡、街庄別 | 項目 | 明治38年 | 明治39年 | 明治40年 | 明治41年 | 明治42年 | 明治43年 | 明治44年 | 大正元年 |
|---|---|---|---|---|---|---|---|---|---|
| 埔里社堡 | 人口數 | 11,584 | 12,713 | 13,657 | 14,557 | 15,546 | 15,933 | 16,512 | 16,939 |
|  | 增減數 | 198 | 1,129 | 944 | 900 | 989 | 378 | 579 | 427 |
|  | 增減比例% |  | 9.7% | 7.4% | 6.6% | 6.8% | 2.4% | 3.6% | 2.6% |
| 埔里社街 | 人口數 | 2,869 | 3,285 | 3,327 | 3,511 | 3,750 | 3,941 | 4,308 | 4,711 |
|  | 增減數 | -2 | 416 | 42 | 184 | 239 | 191 | 367 | 403 |
|  | 增減比例% |  | 14.5% | 1.3% | 5.5% | 6.8% | 5.1% | 9.3% | 9.4% |
| 大肚城庄 | 人口數 | 1,212 | 1,239 | 1,235 | 1,262 | 1,271 | 1,289 | 1,390 | 1,520 |
|  | 增減數 | 14 | 27 | -4 | 27 | 9 | 18 | 101 | 130 |
|  | 增減比例% |  | 2.2% | -0.3% | 2.2% | 0.7% | 1.4% | 7.8% | 9.4% |
| 枇杷城庄 | 人口數 | 797 | 866 | 898 | 934 | 993 | 1,174 | 1,189 | 1,271 |
|  | 增減數 | 12 | 69 | 32 | 36 | 59 | 181 | 15 | 82 |
|  | 增減比例% |  | 8.7% | 3.7% | 4.0% | 6.3% | 18.2% | 1.3% | 6.9% |
| 水頭庄 | 人口數 | 450 | 464 | 565 | 621 | 701 | 712 | 680 | 697 |
|  | 增減數 | 17 | 14 | 101 | 56 | 80 | 11 | -32 | 17 |
|  | 增減比例% |  | 3.1% | 21.8% | 9.9% | 12.9% | 1.6% | -4.5% | 2.5% |
| 珠仔山庄 | 人口數 | 191 | 205 | 235 | 285 | 323 | 288 | 320 | 331 |
|  | 增減數 | 5 | 14 | 30 | 50 | 38 | -35 | 32 | 11 |
|  | 增減比例% |  | 7.3% | 14.6% | 21.3% | 13.3% | -10.8% | 11.1% | 3.4% |

| | | | | | | | | |
|---|---|---|---|---|---|---|---|---|
| 挑米坑庄 | 人口數 | 532 | 532 | 561 | 585 | 579 | 527 | 447 | 402 |
| | 增減數 | 0 | -29 | -24 | 6 | 52 | 80 | 45 | -3 |
| | 增減比例% | 0.0% | -5.2% | -4.1% | 1.0% | 9.9% | 17.9% | 11.2% | |
| 生蕃空庄 | 人口數 | 399 | 393 | 370 | 375 | 384 | 389 | 359 | 355 |
| | 增減數 | 6 | 23 | -5 | -9 | -5 | 30 | 4 | 21 |
| | 增減比例% | 1.5% | 6.2% | -1.3% | -2.3% | -1.3% | 8.4% | 1.1% | |
| 烏牛欄庄 | 人口數 | 1,184 | 1,156 | 1,145 | 1,168 | 1,134 | 1,115 | 1,039 | 1,005 |
| | 增減數 | 28 | 11 | -23 | 34 | 19 | 76 | 34 | 2 |
| | 增減比例% | 2.4% | 1.0% | -2.0% | 3.0% | 1.7% | 7.3% | 3.4% | |
| 房里庄 | 人口數 | 684 | 654 | 662 | 656 | 689 | 676 | 637 | 616 |
| | 增減數 | 30 | -8 | 6 | -33 | 13 | 39 | 21 | -11 |
| | 增減比例% | 4.6% | -1.2% | 0.9% | -4.8% | 1.9% | 6.1% | 3.4% | |
| 水尾庄 | 人口數 | 1,173 | 1,248 | 1,276 | 1,279 | 1,130 | 1,071 | 935 | 901 |
| | 增減數 | -75 | -28 | -3 | 149 | 59 | 136 | 34 | 46 |
| | 增減比例% | -6.0% | -2.2% | -0.2% | 13.2% | 5.5% | 14.5% | 3.8% | |
| 牛相觸庄 | 人口數 | 224 | 200 | 159 | 113 | 94 | 64 | 56 | 35 |
| | 增減數 | 24 | 41 | 46 | 19 | 30 | 8 | 21 | 1 |
| | 增減比例% | 12.0% | 25.8% | 40.7% | 20.2% | 46.9% | 14.3% | 60.0% | |
| 牛眠山庄 | 人口數 | 1,096 | 1,078 | 996 | 1,032 | 1,038 | 1,033 | 988 | 824 |
| | 增減數 | 18 | 82 | -36 | -6 | 5 | 45 | 164 | 15 |
| | 增減比例% | 1.7% | 8.2% | -3.5% | -0.6% | 0.5% | 4.6% | 19.9% | |
| 福興庄 | 人口數 | 325 | 337 | 347 | 339 | 305 | 294 | 272 | 232 |
| | 增減數 | -12 | -10 | 8 | 34 | 11 | 22 | 40 | -2 |
| | 增減比例% | -3.6% | -2.9% | 2.4% | 11.1% | 3.7% | 8.1% | 17.2% | |

| 庄名 | 項目 | | | | | | | | |
|---|---|---|---|---|---|---|---|---|---|
| 史港坑庄 | 人口數 | 408 | 415 | 465 | 493 | 486 | 492 | 481 | 502 |
| | 增減數 | 2 | 7 | 50 | 28 | -7 | 6 | -11 | 21 |
| | 增減比例% | | 1.7% | 12.0% | 6.0% | -1.4% | 1.2% | -2.2% | 4.4% |
| 小埔社庄 | 人口數 | 381 | 393 | 424 | 546 | 706 | 779 | 812 | 648 |
| | 增減數 | 47 | 12 | 31 | 122 | 160 | 73 | 33 | -164 |
| | 增減比例% | | 3.1% | 7.3% | 22.3% | 22.7% | 9.4% | 4.1% | -25.3% |
| 大滿庄 | 人口數 | 656 | 702 | 755 | 860 | 980 | 956 | 928 | 861 |
| | 增減數 | 6 | 46 | 53 | 105 | 120 | -24 | -28 | -67 |
| | 增減比例% | | 7.0% | 7.5% | 13.9% | 14.0% | -2.4% | -2.9% | -7.2% |
| 北山坑庄 | 人口數 | 250 | 409 | 580 | 692 | 789 | 788 | 808 | 784 |
| | 增減數 | 37 | 159 | 171 | 112 | 97 | -1 | 20 | -24 |
| | 增減比例% | | 63.6% | 41.8% | 19.3% | 14.0% | -0.1% | 2.5% | -3.0% |

說明：

一、本表數據引自《台灣現住人口統計》。

二、明治 38 年的增減數爲當年 10 月 1 日至 12 月 31 日共三個月的增減數，增減比例暫略。

表2：埔里社堡各街庄人口增減表-2（1912～1919）

| 堡、街庄別 | 項目 | 大正元年 | 大正2年 | 大正3年 | 大正4年 | 大正5年 | 大正6年 | 大正7年 | 大正8年 |
|---|---|---|---|---|---|---|---|---|---|
| 埔里社堡 | 人口數 | 16,939 | 17,708 | 18,118 | 18,727 | 19,240 | 19,451 | 19,961 | 21,194 |
|  | 增減數 | 427 | 769 | 410 | 609 | 513 | 211 | 510 | 1,233 |
|  | 增減比例% | 2.6% | 4.5% | 2.3% | 3.4% | 2.7% | 1.1% | 2.6% | 6.2% |
| 埔里社街 | 人口數 | 4,711 | 4,938 | 5,015 | 4,785 | 4,757 | 4,770 | 4,934 | 5,417 |
|  | 增減數 | 403 | 227 | 77 | -230 | -28 | 13 | 164 | 483 |
|  | 增減比例% | 9.4% | 4.8% | 1.6% | -4.6% | -0.6% | 0.3% | 3.4% | 9.8% |
| 大肚城庄 | 人口數 | 1,520 | 1,615 | 1,634 | 1,728 | 1,783 | 1,740 | 1,786 | 1,848 |
|  | 增減數 | 130 | 95 | 19 | 94 | 55 | -43 | 46 | 62 |
|  | 增減比例% | 9.4% | 6.3% | 1.2% | 5.8% | 3.2% | -2.4% | 2.6% | 3.5% |
| 枇杷城庄 | 人口數 | 1,271 | 1,410 | 1,449 | 1,403 | 1,463 | 1,297 | 1,314 | 1,339 |
|  | 增減數 | 82 | 139 | 39 | -46 | 60 | -166 | 17 | 25 |
|  | 增減比例% | 6.9% | 10.9% | 2.8% | -3.2% | 4.3% | -11.3% | 1.3% | 1.9% |
| 水頭庄 | 人口數 | 697 | 776 | 785 | 806 | 813 | 915 | 938 | 995 |
|  | 增減數 | 17 | 79 | 9 | 21 | 7 | 102 | 23 | 57 |
|  | 增減比例% | 2.5% | 11.3% | 1.2% | 2.7% | 0.9% | 12.5% | 2.5% | 6.1% |
| 珠仔山庄 | 人口數 | 331 | 357 | 385 | 417 | 453 | 468 | 482 | 564 |
|  | 增減數 | 11 | 26 | 28 | 32 | 36 | 15 | 14 | 82 |
|  | 增減比例% | 3.4% | 7.9% | 7.8% | 8.3% | 8.6% | 3.3% | 3.0% | 17.0% |

| | | | | | | | | | |
|---|---|---|---|---|---|---|---|---|---|
| 挑米坑庄 | 人口數 | 532 | 569 | 593 | 681 | 699 | 692 | 724 | 765 |
| | 增減數 | 0 | 37 | 24 | 88 | 18 | -7 | 32 | 41 |
| | 增減比例% | 0.0% | 7.0% | 4.2% | 14.8% | 2.6% | -1.0% | 4.6% | 5.7% |
| 生蕃空庄 | 人口數 | 399 | 411 | 420 | 463 | 464 | 478 | 504 | 520 |
| | 增減數 | 6 | 12 | 9 | 43 | 1 | 14 | 26 | 16 |
| | 增減比例% | 1.5% | 3.0% | 2.2% | 10.2% | 0.2% | 3.0% | 5.4% | 3.2% |
| 烏牛欄庄 | 人口數 | 1,184 | 1,192 | 1,186 | 1,204 | 1,171 | 1,217 | 1,218 | 1,241 |
| | 增減數 | 28 | 8 | -6 | 18 | -33 | 46 | 1 | 23 |
| | 增減比例% | 2.4% | 0.7% | -0.5% | 1.5% | -2.7% | 3.9% | 0.1% | 1.9% |
| 房里庄 | 人口數 | 684 | 711 | 715 | 762 | 774 | 723 | 770 | 767 |
| | 增減數 | 30 | 27 | 4 | 47 | 12 | -51 | 47 | -3 |
| | 增減比例% | 4.6% | 3.9% | 0.6% | 6.6% | 1.6% | -6.6% | 6.5% | -0.4% |
| 水尾庄 | 人口數 | 1,173 | 1,200 | 1,253 | 1,273 | 1,325 | 1,333 | 1,395 | 1,440 |
| | 增減數 | -75 | 27 | 53 | 20 | 52 | 8 | 62 | 45 |
| | 增減比例% | -6.0% | 2.3% | 4.4% | 1.6% | 4.1% | 0.6% | 4.7% | 3.2% |
| 牛相觸庄 | 人口數 | 224 | 235 | 271 | 291 | 365 | 437 | 451 | 494 |
| | 增減數 | 24 | 11 | 36 | 20 | 74 | 72 | 14 | 43 |
| | 增減比例% | 12.0% | 4.9% | 15.3% | 7.4% | 25.4% | 19.7% | 3.2% | 9.5% |
| 牛眠山庄 | 人口數 | 1,096 | 1,108 | 1,064 | 1,076 | 1,141 | 1,142 | 1,139 | 1,160 |
| | 增減數 | 18 | 12 | -44 | 12 | 65 | 1 | -3 | 21 |
| | 增減比例% | 1.7% | 1.1% | -4.0% | 1.1% | 6.0% | 0.1% | -0.3% | 1.8% |
| 福興庄 | 人口數 | 325 | 314 | 340 | 448 | 437 | 479 | 488 | 463 |
| | 增減數 | -12 | -11 | 26 | 108 | -11 | 42 | 9 | -25 |
| | 增減比例% | -3.6% | -3.4% | 8.3% | 31.8% | -2.5% | 9.6% | 1.9% | -5.1% |

| | | | | | | | | |
|---|---|---|---|---|---|---|---|---|
| 史港坑庄 | 人口數 | 502 | 522 | 507 | 520 | 525 | 518 | 527 | 561 |
| | 增減數 | 21 | 20 | -15 | 13 | 5 | -7 | 9 | 34 |
| | 增減比例% | 4.4% | 4.0% | -2.9% | 2.6% | 1.0% | -1.3% | 1.7% | 6.5% |
| 小埔社庄 | 人口數 | 648 | 646 | 699 | 814 | 904 | 923 | 951 | 995 |
| | 增減數 | -164 | -2 | 53 | 115 | 90 | 19 | 28 | 44 |
| | 增減比例% | -25.3% | -0.3% | 8.2% | 16.5% | 11.1% | 2.1% | 3.0% | 4.6% |
| 大湳庄 | 人口數 | 861 | 868 | 921 | 978 | 1,011 | 1,032 | 1,048 | 1,132 |
| | 增減數 | -67 | 7 | 53 | 57 | 33 | 21 | 16 | 84 |
| | 增減比例% | -7.2% | 0.8% | 6.1% | 6.2% | 3.4% | 2.1% | 1.6% | 8.0% |
| 北山坑庄 | 人口數 | 784 | 841 | 886 | 1,079 | 1,155 | 1,282 | 1,292 | 1,495 |
| | 增減數 | -24 | 57 | 45 | 193 | 76 | 127 | 10 | 203 |
| | 增減比例% | -3.0% | 7.3% | 5.4% | 21.8% | 7.0% | 11.0% | 0.8% | 15.7% |

說明：本表數據引自《台灣現住人口統計》。

表 3：南投廳、埔里社堡、烏牛欄庄人口增減表（1905～1919）

| 行政區別 / 項目 年代 | 南投廳 | | | 埔里社堡 | | | 烏牛欄庄 | | |
|---|---|---|---|---|---|---|---|---|---|
| | 人口數 | 增減數 | 增減比例% | 人口數 | 增減數 | 增減比例% | 人口數 | 增減數 | 增減比例% |
| 明治 38 年（1905） | 72,514 | 695 | | 11,584 | 198 | | 1,005 | 2 | |
| 明治 39 年（1906） | 74,840 | 2,326 | 3.2% | 12,713 | 1,129 | 9.7% | 1,039 | 34 | 3.4% |
| 明治 40 年（1907） | 78,078 | 3,238 | 4.3% | 13,657 | 944 | 7.4% | 1,115 | 76 | 7.3% |
| 明治 41 年（1908） | 80,551 | 2,473 | 3.2% | 14,557 | 900 | 6.6% | 1,134 | 19 | 1.7% |
| 明治 42 年（1909） | 110,817 | 2,984 | 3.7% | 15,546 | 989 | 6.8% | 1,168 | 34 | 3.0% |
| 明治 43 年（1910） | 113,244 | 2,427 | 2.2% | 15,933 | 378 | 2.4% | 1,145 | -23 | -2.0% |
| 明治 44 年（1911） | 116,085 | 2,841 | 2.5% | 16,512 | 579 | 3.6% | 1,156 | 11 | 1.0% |
| 大正元年（1912） | 119,225 | 3,140 | 2.7% | 16,939 | 427 | 2.6% | 1,184 | 28 | 2.4% |
| 大正 2 年（1913） | 122,275 | 3,050 | 2.6% | 17,708 | 769 | 4.5% | 1,192 | 8 | 0.7% |
| 大正 3 年（1914） | 124,278 | 2,003 | 1.6% | 18,118 | 410 | 2.3% | 1,186 | -6 | -0.5% |
| 大正 4 年（1915） | 126,778 | 2,500 | 2.0% | 18,727 | 609 | 3.4% | 1,204 | 18 | 1.5% |
| 大正 5 年（1916） | 128,601 | 1,823 | 1.4% | 19,240 | 513 | 2.7% | 1,171 | -33 | -2.7% |
| 大正 6 年（1917） | 130,839 | 2,238 | 1.7% | 19,451 | 211 | 1.1% | 1,217 | 46 | 3.9% |
| 大正 7 年（1918） | 131,776 | 937 | 0.7% | 19,961 | 510 | 2.6% | 1,218 | 1 | 0.1% |
| 大正 8 年（1919） | 134,997 | 3,221 | 2.4% | 21,194 | 1,233 | 6.2% | 1,241 | 23 | 1.9% |

說明：本表數據引自《台灣現住人口統計》。

表 4：能高郡、埔里街人口增減表（1920～1931）

| 年代 | 能 高 郡 | | | 埔 里 街 | | |
|---|---|---|---|---|---|---|
| 行政區別<br>項目 | 人口數 | 增減數 | 增減比例% | 人口數 | 增減數 | 增減比例% |
| 大正 9 年（1920） | 27,911 | 148 | | 20,966 | 1,267 | 6.4% |
| 大正 10 年（1921） | 28,698 | 787 | 2.8% | 22,118 | 1,152 | 5.5% |
| 大正 11 年（1922） | 29,672 | 974 | 3.4% | 23,079 | 961 | 4.3% |
| 大正 12 年（1923） | 30,555 | 883 | 3.0% | 23,564 | 485 | 2.1% |
| 大正 13 年（1924） | 31,297 | 742 | 2.4% | 23,683 | 119 | 0.5% |
| 大正 14 年（1925） | 31,590 | 293 | 0.9% | 23,884 | 201 | 0.8% |
| 昭和元年（1926） | 32,484 | 894 | 2.8% | 24,359 | 475 | 2.0% |
| 昭和 2 年（1927） | 33,540 | 1,056 | 3.3% | 25,136 | 777 | 3.2% |
| 昭和 3 年（1928） | 34,671 | 1,131 | 3.4% | 25,711 | 575 | 2.3% |
| 昭和 4 年（1929） | 35,844 | 1,173 | 3.4% | 26,469 | 758 | 2.9% |
| 昭和 5 年（1930） | 37,113 | 1,269 | 3.5% | 27,056 | 587 | 2.2% |
| 昭和 6 年（1931） | 38,678 | 1,565 | 4.2% | 27,682 | 626 | 2.3% |

說明：

一、本表數據引自《台灣現住人口統計》。

二、能高郡大正 9 年的「增減數」為該年 10 月 1 日至 12 月 31 日共三個月的增減數。

三、埔里街大正 9 年的「增減數」是以大正 8 年人口數 21,194 先減去「北山坑庄人口數」1,495，所得之 19,699 與該年（大正 9 年）人口數之差額。

表5：埔里街及各庄人口增減表（1932～1941）

| 大字別 | 項目 | 昭和7年 | 昭和8年 | 昭和9年 | 昭和10年 | 昭和11年 | 昭和12年 | 昭和13年 | 昭和14年 | 昭和15年 | 昭和16年 |
|---|---|---|---|---|---|---|---|---|---|---|---|
| 埔里街 | 人口數 | 29,207 | 29,904 | 30,147 | 30,170 | 30,602 | 31,391 | 31,673 | 32,417 | 33,812 | 33,869 |
| | 增減數 | 1,525 | 697 | 243 | 23 | 432 | 789 | 282 | 744 | 1,395 | 57 |
| | 增減比例% | 5.5% | 2.4% | 0.8% | 0.1% | 1.4% | 2.6% | 0.9% | 2.3% | 4.3% | 0.2% |
| 埔里 | 人口數 | 9,188 | 9,547 | 9,630 | 9,477 | 9,580 | 9,982 | 10,250 | 10,565 | | |
| | 增減數 | | 359 | 83 | -153 | 103 | 402 | 268 | 315 | | |
| | 增減比例% | | 3.9% | 0.9% | -1.6% | 1.1% | 4.2% | 2.7% | 3.1% | | |
| 大肚城 | 人口數 | 2,375 | 2,308 | 2,242 | 2,243 | 2,343 | 2,351 | 2,331 | 2,332 | | |
| | 增減數 | | -67 | -66 | 1 | 100 | 8 | -20 | 1 | | |
| | 增減比例% | | -2.8% | -2.9% | 0.0% | 4.5% | 0.3% | -0.9% | 0.0% | | |
| 枇杷城 | 人口數 | 1,909 | 1,889 | 2,058 | 2,006 | 1,954 | 2,091 | 2,030 | 2,123 | | |
| | 增減數 | | -20 | 169 | -52 | -52 | 137 | -61 | 93 | | |
| | 增減比例% | | -1.0% | 8.9% | -2.5% | -2.6% | 7.0% | -2.9% | 4.6% | | |
| 珠仔山 | 人口數 | 554 | 537 | 550 | 550 | 554 | 568 | 602 | 575 | | |
| | 增減數 | | -17 | 13 | 0 | 4 | 14 | 34 | -27 | | |
| | 增減比例% | | -3.1% | 2.4% | 0.0% | 0.7% | 2.5% | 6.0% | -4.5% | | |
| 挑米坑 | 人口數 | 1,188 | 1,271 | 1,317 | 1,342 | 1,402 | 1,453 | 1,471 | 1,523 | | |
| | 增減數 | | 83 | 46 | 25 | 60 | 51 | 18 | 52 | | |
| | 增減比例% | | 7.0% | 3.6% | 1.9% | 4.5% | 3.6% | 1.2% | 3.5% | | |

| | | 619 | 660 | 676 | 710 | 691 | 702 | 701 | 747 |
|---|---|---|---|---|---|---|---|---|---|
| 生蓄空 | 人口數 | 619 | 660 | 676 | 710 | 691 | 702 | 701 | 747 |
| | 增減數 | | 41 | 16 | 34 | -19 | 11 | -1 | 46 |
| | 增減比例% | | 6.6% | 2.4% | 5.0% | -2.7% | 1.6% | -0.1% | 6.6% |
| 烏牛欄 | 人口數 | 1,516 | 1,515 | 1,569 | 1,553 | 1,613 | 1,567 | 1,549 | 1,563 |
| | 增減數 | | -1 | 54 | -16 | 60 | -46 | -18 | 14 |
| | 增減比例% | | -0.1% | 3.4% | -1.0% | 3.7% | -2.9% | -1.2% | 0.9% |
| 房里 | 人口數 | 962 | 1,014 | 1,023 | 1,035 | 1,066 | 1,092 | 1,008 | 1,010 |
| | 增減數 | | 52 | 9 | 12 | 31 | 26 | -84 | 2 |
| | 增減比例% | | 5.4% | 0.9% | 1.2% | 3.0% | 2.4% | -7.7% | 0.2% |
| 水尾 | 人口數 | 2,027 | 2,059 | 2,101 | 2,168 | 2,160 | 2,223 | 2,193 | 2,222 |
| | 增減數 | | 32 | 42 | 67 | -8 | 63 | -30 | 29 |
| | 增減比例% | | 1.6% | 2.0% | 3.2% | -0.4% | 2.9% | -1.3% | 1.3% |
| 牛相觸 | 人口數 | 661 | 677 | 658 | 643 | 624 | 633 | 624 | 656 |
| | 增減數 | | 16 | -19 | -15 | -19 | 9 | -9 | 32 |
| | 增減比例% | | 2.4% | -2.8% | -2.3% | -3.0% | 1.4% | -1.4% | 5.1% |
| 牛眠山 | 人口數 | 1,507 | 1,598 | 1,578 | 1,661 | 1,694 | 1,750 | 1,774 | 1,861 |
| | 增減數 | | 91 | -20 | 83 | 33 | 56 | 24 | 87 |
| | 增減比例% | | 6.0% | -1.3% | 5.3% | 2.0% | 3.3% | 1.4% | 4.9% |
| 福興 | 人口數 | 713 | 712 | 711 | 723 | 748 | 743 | 732 | 722 |
| | 增減數 | | -1 | -1 | 12 | 25 | -5 | -11 | -10 |
| | 增減比例% | | -0.1% | -0.1% | 1.7% | 3.5% | -0.7% | -1.5% | -1.4% |
| 史港坑 | 人口數 | 804 | 817 | 847 | 821 | 826 | 849 | 872 | 887 |
| | 增減數 | | 13 | 30 | -26 | 5 | 23 | 23 | 15 |
| | 增減比例% | | 1.6% | 3.7% | -3.1% | 0.6% | 2.8% | 2.7% | 1.7% |

| | | | | | | | | |
|---|---|---|---|---|---|---|---|---|
| 小埔社 | 人口數 | 1,501 | 1,532 | 1,559 | 1,619 | 1,710 | 1,706 | 1,788 | 1,909 |
| | 增減數 | | 31 | 27 | 60 | 91 | -4 | 82 | 121 |
| | 增減比例% | | 2.1% | 1.8% | 3.8% | 5.6% | -0.2% | 4.8% | 6.8% |
| 大湳 | 人口數 | 1,484 | 1,475 | 1,459 | 1,501 | 1,532 | 1,544 | 1,597 | 1,616 |
| | 增減數 | | -9 | -16 | 42 | 31 | 12 | 53 | 19 |
| | 增減比例% | | -0.6% | -1.1% | 2.9% | 2.1% | 0.8% | 3.4% | 1.2% |
| 水頭 | 人口數 | 2,199 | 2,293 | 2,169 | 2,118 | 2,105 | 2,137 | 2,151 | 2,206 |
| | 增減數 | | 94 | -124 | -51 | -13 | 32 | 14 | 55 |
| | 增減比例% | | 4.3% | -5.4% | -2.4% | -0.6% | 1.5% | 0.7% | 2.6% |

說明：

一、本表數據引自《台灣現住人口統計》、《台灣常住戶口統計》。

二、昭和 7 年埔里街的「增減數」為該年人口數 29,207 減前一年（昭和 6 年）人口數 27,682 所得之數據。各街庄由於缺少前一年數據，無法統計。

三、昭和 15 年、16 年各街庄因缺少數據，無法統計。

表6：能高郡、埔里街、烏牛欄人口增減表（1932～1941）

| 行政區別／項目 年代 | 能高郡 | | | 埔里街 | | | 烏牛欄 | | |
|---|---|---|---|---|---|---|---|---|---|
| | 人口數 | 增減數 | 增減比例% | 人口數 | 增減數 | 增減比例% | 人口數 | 增減數 | 增減比例% |
| 昭和7年（1932） | 47,478 | 8,800 | 22.8% | 29,207 | 1,525 | 5.5% | 1,516 | | |
| 昭和8年（1933） | 48,841 | 1,363 | 2.9% | 29,904 | 697 | 2.4% | 1,515 | -1 | -0.1% |
| 昭和9年（1934） | 50,055 | 1,214 | 2.5% | 30,147 | 243 | 0.8% | 1,569 | 54 | 3.6% |
| 昭和10年（1935） | 50,769 | 714 | 1.4% | 30,170 | 23 | 0.1% | 1,553 | -16 | -1.0% |
| 昭和11年（1936） | 51,435 | 666 | 1.3% | 30,602 | 432 | 1.4% | 1,613 | 60 | 3.9% |
| 昭和12年（1937） | 52,304 | 869 | 1.7% | 31,391 | 789 | 2.6% | 1,567 | -46 | -2.9% |
| 昭和13年（1938） | 53,111 | 807 | 1.5% | 31,673 | 282 | 0.9% | 1,549 | -18 | -1.1% |
| 昭和14年（1939） | 54,173 | 1,062 | 2.0% | 32,417 | 744 | 2.3% | 1,563 | 14 | 0.9% |
| 昭和15年（1940） | 55,455 | 1,282 | 2.4% | 33,812 | 1,395 | 4.3% | | | |
| 昭和16年（1941） | 56,354 | 899 | 1.6% | 33,869 | 57 | 0.2% | | | |

說明：

一、本表數據引自《台灣現住人口統計》、《台灣常住戶口統計》。

二、昭和7年、埔里街的「增減數」為該年人口數29,207減前一年（昭和6年）人口數27,682所得之數據。烏牛欄由於缺少前一年數據，無法統計。

三、昭和15年、16年烏牛欄因缺少數據，無法統計。

表 7：埔里社堡各街庄人口變遷表-1（1905～1912）

| 堡、街、庄別 | 項目 | 明治38年 人口數 | 明治38年 比例% | 明治39年 人口數 | 明治39年 比例% | 明治40年 人口數 | 明治40年 比例% | 明治41年 人口數 | 明治41年 比例% | 明治42年 人口數 | 明治42年 比例% | 明治43年 人口數 | 明治43年 比例% | 明治44年 人口數 | 明治44年 比例% | 大正元年 人口數 | 大正元年 比例% |
|---|---|---|---|---|---|---|---|---|---|---|---|---|---|---|---|---|---|
| 埔里社堡 | 人口數 | 11,584 | 100 | 12,713 | 100 | 13,657 | 100 | 14,557 | 100 | 15,546 | 100 | 15,933 | 100 | 16,512 | 100 | 16,939 | 100 |
| | 出生 | 153 | 1% | 577 | 5% | 573 | 4% | 598 | 4% | 630 | 4% | 623 | 4% | 676 | 4% | 735 | 4% |
| | 轉入 | 218 | 2% | 1,249 | 10% | 1,347 | 10% | 1,368 | 9% | 1,574 | 10% | 1,020 | 6% | 1,190 | 7% | 1,158 | 7% |
| | 死亡 | 89 | 1% | 338 | 3% | 329 | 2% | 448 | 3% | 549 | 4% | 392 | 2% | 376 | 2% | 360 | 2% |
| | 轉出 | 75 | 1% | 359 | 3% | 647 | 5% | 618 | 4% | 666 | 4% | 864 | 5% | 911 | 6% | 1,106 | 7% |
| 埔里社街 | 人口數 | 2,869 | 100 | 3,285 | 100 | 3,327 | 100 | 3,511 | 100 | 3,750 | 100 | 3,941 | 100 | 4,308 | 100 | 4,711 | 100 |
| | 出生 | 39 | 1% | 130 | 4% | 144 | 4% | 133 | 4% | 154 | 4% | 158 | 4% | 169 | 4% | 183 | 4% |
| | 轉入 | 48 | 2% | 671 | 20% | 504 | 15% | 526 | 15% | 538 | 14% | 581 | 15% | 860 | 20% | 848 | 18% |
| | 死亡 | 18 | 1% | 77 | 2% | 66 | 2% | 95 | 3% | 119 | 3% | 100 | 3% | 108 | 3% | 88 | 2% |
| | 轉出 | 71 | 2% | 308 | 9% | 540 | 16% | 380 | 11% | 334 | 9% | 448 | 11% | 554 | 13% | 540 | 11% |
| 大肚城庄 | 人口數 | 1,212 | 100 | 1,239 | 100 | 1,235 | 100 | 1,262 | 100 | 1,271 | 100 | 1,289 | 100 | 1,390 | 100 | 1,520 | 100 |
| | 出生 | 15 | 1% | 67 | 5% | 47 | 4% | 55 | 4% | 49 | 4% | 45 | 3% | 61 | 4% | 75 | 5% |
| | 轉入 | 17 | 1% | 60 | 5% | 67 | 5% | 71 | 6% | 55 | 4% | 95 | 7% | 153 | 11% | 241 | 16% |
| | 死亡 | 9 | 1% | 27 | 2% | 31 | 3% | 40 | 3% | 37 | 3% | 33 | 3% | 38 | 3% | 42 | 3% |
| | 轉出 | 9 | 1% | 73 | 6% | 87 | 7% | 59 | 5% | 58 | 5% | 89 | 7% | 75 | 5% | 144 | 9% |
| 枇杷城庄 | 人口數 | 797 | 100 | 866 | 100 | 898 | 100 | 934 | 100 | 993 | 100 | 1,174 | 100 | 1,189 | 100 | 1,271 | 100 |
| | 出生 | 15 | 2% | 41 | 5% | 45 | 5% | 40 | 4% | 49 | 5% | 48 | 4% | 58 | 5% | 62 | 5% |
| | 轉入 | 9 | 1% | 80 | 9% | 83 | 9% | 73 | 8% | 98 | 10% | 236 | 20% | 161 | 14% | 154 | 12% |
| | 死亡 | 4 | 1% | 18 | 2% | 20 | 2% | 24 | 3% | 40 | 4% | 30 | 3% | 18 | 2% | 21 | 2% |
| | 轉出 | 8 | 1% | 34 | 4% | 76 | 8% | 53 | 6% | 48 | 5% | 73 | 6% | 186 | 16% | 113 | 9% |

| 庄 | 項目 | | % | | % | | % | | % | | % | | % | | % | | % |
|---|---|---|---|---|---|---|---|---|---|---|---|---|---|---|---|---|---|
| 水頭庄 | 人口數 | 450 | 100 | 464 | 100 | 565 | 100 | 621 | 100 | 701 | 100 | 712 | 100 | 680 | 100 | 697 | 100 |
| | 出生 | 4 | 1% | 18 | 4% | 28 | 5% | 36 | 6% | 23 | 3% | 32 | 4% | 21 | 3% | 37 | 5% |
| | 轉入 | 19 | 4% | 36 | 8% | 131 | 23% | 109 | 18% | 178 | 25% | 90 | 13% | 70 | 10% | 76 | 11% |
| | 死亡 | 2 | 0% | 19 | 4% | 11 | 2% | 27 | 4% | 31 | 4% | 20 | 3% | 11 | 2% | 16 | 2% |
| | 轉出 | 4 | 1% | 21 | 5% | 47 | 8% | 62 | 10% | 90 | 13% | 91 | 13% | 112 | 16% | 80 | 11% |
| 珠仔山庄 | 人口數 | 191 | 100 | 205 | 100 | 235 | 100 | 285 | 100 | 323 | 100 | 288 | 100 | 320 | 100 | 330 | 100 |
| | 出生 | 5 | 3% | 16 | 8% | 11 | 5% | 20 | 7% | 16 | 5% | 12 | 4% | 18 | 6% | 20 | 6% |
| | 轉入 | 4 | 2% | 14 | 7% | 41 | 17% | 71 | 25% | 79 | 24% | 18 | 6% | 33 | 10% | 28 | 8% |
| | 死亡 | 1 | 1% | 7 | 3% | 11 | 5% | 6 | 2% | 9 | 3% | 6 | 2% | 5 | 2% | 10 | 3% |
| | 轉出 | 3 | 2% | 9 | 4% | 11 | 5% | 35 | 12% | 48 | 15% | 59 | 20% | 14 | 4% | 27 | 8% |
| 挑米坑庄 | 人口數 | 402 | 100 | 447 | 100 | 527 | 100 | 579 | 100 | 585 | 100 | 561 | 100 | 532 | 100 | 532 | 100 |
| | 出生 | 4 | 1% | 17 | 4% | 18 | 3% | 21 | 4% | 30 | 5% | 27 | 5% | 27 | 5% | 21 | 4% |
| | 轉入 | 10 | 2% | 63 | 14% | 100 | 19% | 109 | 19% | 39 | 7% | 71 | 13% | 56 | 11% | 46 | 9% |
| | 死亡 | 7 | 2% | 14 | 3% | 14 | 3% | 21 | 4% | 22 | 4% | 14 | 2% | 19 | 4% | 11 | 2% |
| | 轉出 | 10 | 2% | 21 | 5% | 24 | 5% | 57 | 10% | 41 | 7% | 102 | 18% | 93 | 17% | 56 | 11% |
| 生蕃空庄 | 人口數 | 355 | 100 | 359 | 100 | 389 | 100 | 384 | 100 | 375 | 100 | 370 | 100 | 393 | 100 | 399 | 100 |
| | 出生 | 4 | 1% | 20 | 6% | 15 | 4% | 22 | 6% | 13 | 3% | 21 | 6% | 17 | 4% | 23 | 6% |
| | 轉入 | 28 | 8% | 17 | 5% | 62 | 16% | 22 | 6% | 46 | 12% | 27 | 7% | 54 | 14% | 34 | 9% |
| | 死亡 | 2 | 1% | 13 | 4% | 4 | 1% | 7 | 2% | 24 | 6% | 7 | 2% | 9 | 2% | 13 | 3% |
| | 轉出 | 9 | 3% | 20 | 6% | 43 | 11% | 42 | 11% | 44 | 12% | 46 | 12% | 39 | 10% | 38 | 10% |
| 烏牛欄庄 | 人口數 | 1,005 | 100 | 1,039 | 100 | 1,115 | 100 | 1,134 | 100 | 1,168 | 100 | 1,145 | 100 | 1,156 | 100 | 1,184 | 100 |
| | 出生 | 17 | 2% | 47 | 5% | 45 | 4% | 43 | 4% | 43 | 4% | 35 | 3% | 37 | 3% | 58 | 5% |
| | 轉入 | 17 | 2% | 70 | 7% | 172 | 15% | 123 | 11% | 120 | 10% | 68 | 6% | 85 | 7% | 97 | 8% |
| | 死亡 | 8 | 1% | 29 | 3% | 37 | 3% | 37 | 3% | 37 | 3% | 27 | 2% | 27 | 2% | 31 | 3% |
| | 轉出 | 24 | 2% | 54 | 5% | 104 | 9% | 110 | 10% | 92 | 8% | 99 | 9% | 84 | 7% | 96 | 8% |

| 庄 | 項目 | % | 人數 | % | 人數 | % | 人數 | % | 人數 | % | 人數 | % | 人數 | % | 人數 | % | 人數 |
|---|---|---|---|---|---|---|---|---|---|---|---|---|---|---|---|---|---|
| 房里庄 | 人口數 | 100 | 684 | 100 | 654 | 100 | 662 | 100 | 656 | 100 | 689 | 100 | 676 | 100 | 637 | 100 | 616 |
| | 出生 | 5% | 32 | 5% | 30 | 5% | 30 | 4% | 29 | 4% | 26 | 4% | 26 | 6% | 37 | 1% | 4 |
| | 轉入 | 13% | 90 | 7% | 47 | 6% | 37 | 11% | 72 | 9% | 65 | 8% | 54 | 5% | 32 | 1% | 5 |
| | 死亡 | 3% | 23 | 2% | 16 | 3% | 18 | 6% | 40 | 3% | 23 | 2% | 13 | 2% | 14 | 1% | 4 |
| | 轉出 | 10% | 69 | 11% | 69 | 6% | 43 | 14% | 94 | 8% | 55 | 4% | 28 | 5% | 34 | 3% | 16 |
| 水尾庄 | 人口數 | 100 | 1,173 | 100 | 1,248 | 100 | 1,276 | 100 | 1,279 | 100 | 1,130 | 100 | 1,071 | 100 | 935 | 100 | 901 |
| | 出生 | 4% | 44 | 4% | 45 | 4% | 49 | 3% | 42 | 4% | 40 | 3% | 36 | 4% | 35 | 1% | 12 |
| | 轉入 | 6% | 75 | 6% | 75 | 15% | 193 | 20% | 257 | 13% | 142 | 17% | 183 | 13% | 126 | 6% | 55 |
| | 死亡 | 2% | 22 | 2% | 24 | 2% | 20 | 3% | 36 | 2% | 28 | 2% | 24 | 3% | 27 | 1% | 11 |
| | 轉出 | 15% | 172 | 10% | 124 | 18% | 225 | 9% | 114 | 8% | 95 | 6% | 59 | 11% | 100 | 1% | 10 |
| 牛相觸庄 | 人口數 | 100 | 224 | 100 | 200 | 100 | 159 | 100 | 113 | 100 | 94 | 100 | 64 | 100 | 56 | 100 | 35 |
| | 出生 | 6% | 14 | 3% | 6 | 4% | 6 | 6% | 7 | 2% | 2 | 3% | 2 | 2% | 1 | 0% | 0 |
| | 轉入 | 26% | 58 | 32% | 63 | 42% | 66 | 26% | 29 | 49% | 46 | 23% | 15 | 48% | 27 | 3% | 1 |
| | 死亡 | 2% | 4 | 1% | 2 | 3% | 5 | 1% | 1 | 1% | 1 | 2% | 1 | 4% | 2 | 0% | 0 |
| | 轉出 | 20% | 44 | 13% | 26 | 13% | 21 | 14% | 16 | 18% | 17 | 13% | 8 | 9% | 5 | 0% | 0 |
| 牛眠山庄 | 人口數 | 100 | 1,096 | 100 | 1,078 | 100 | 996 | 100 | 1,032 | 100 | 1,038 | 100 | 1,033 | 100 | 988 | 100 | 824 |
| | 出生 | 4% | 43 | 4% | 43 | 4% | 39 | 5% | 52 | 4% | 46 | 5% | 51 | 4% | 40 | 2% | 14 |
| | 轉入 | 5% | 50 | 11% | 114 | 7% | 70 | 8% | 83 | 9% | 91 | 10% | 101 | 19% | 188 | 1% | 9 |
| | 死亡 | 2% | 18 | 2% | 25 | 3% | 25 | 4% | 39 | 5% | 47 | 2% | 23 | 3% | 29 | 1% | 6 |
| | 轉出 | 5% | 57 | 5% | 50 | 12% | 120 | 10% | 102 | 8% | 85 | 8% | 84 | 4% | 35 | 0% | 2 |
| 福興庄 | 人口數 | 100 | 325 | 100 | 337 | 100 | 347 | 100 | 339 | 100 | 305 | 100 | 294 | 100 | 272 | 100 | 232 |
| | 出生 | 4% | 13 | 7% | 24 | 5% | 16 | 6% | 19 | 6% | 19 | 5% | 15 | 7% | 18 | 0% | 1 |
| | 轉入 | 6% | 21 | 11% | 36 | 3% | 11 | 13% | 45 | 5% | 16 | 11% | 33 | 15% | 40 | 0% | 0 |
| | 死亡 | 3% | 11 | 3% | 9 | 1% | 4 | 2% | 6 | 4% | 13 | 1% | 3 | 0% | 1 | 1% | 2 |
| | 轉出 | 11% | 35 | 18% | 61 | 7% | 15 | 7% | 24 | 4% | 24 | 8% | 23 | 6% | 17 | 0% | 1 |

| 村庄 | 項目 | 數 | % | 數 | % | 數 | % | 數 | % | 數 | % | 數 | % | 數 | % | 數 | % |
|---|---|---|---|---|---|---|---|---|---|---|---|---|---|---|---|---|---|
| 史港坑庄 | 人口數 | 408 | 100 | 415 | 100 | 465 | 100 | 493 | 100 | 486 | 100 | 492 | 100 | 481 | 100 | 502 | 100 |
| | 出生 | 5 | 1% | 28 | 7% | 22 | 5% | 26 | 5% | 19 | 4% | 26 | 5% | 17 | 4% | 28 | 6% |
| | 轉入 | 1 | 0% | 18 | 4% | 63 | 14% | 45 | 9% | 25 | 5% | 47 | 10% | 30 | 6% | 35 | 7% |
| | 死亡 | 2 | 0% | 10 | 2% | 7 | 2% | 12 | 2% | 11 | 2% | 12 | 2% | 8 | 2% | 6 | 1% |
| | 轉出 | 2 | 0% | 29 | 7% | 28 | 6% | 31 | 6% | 40 | 8% | 55 | 11% | 50 | 10% | 36 | 7% |
| 小埔社庄 | 人口數 | 381 | 100 | 393 | 100 | 424 | 100 | 546 | 100 | 706 | 100 | 779 | 100 | 812 | 100 | 648 | 100 |
| | 出生 | 3 | 1% | 14 | 4% | 17 | 4% | 16 | 3% | 27 | 4% | 27 | 3% | 36 | 4% | 28 | 4% |
| | 轉入 | 51 | 13% | 32 | 8% | 108 | 25% | 178 | 33% | 235 | 33% | 182 | 23% | 117 | 14% | 42 | 6% |
| | 死亡 | 2 | 1% | 17 | 4% | 16 | 4% | 14 | 3% | 34 | 5% | 16 | 2% | 17 | 2% | 15 | 2% |
| | 轉出 | 5 | 1% | 17 | 4% | 78 | 18% | 58 | 11% | 68 | 10% | 120 | 15% | 103 | 13% | 219 | 34% |
| 大湳庄 | 人口數 | 656 | 100 | 702 | 100 | 755 | 100 | 860 | 100 | 980 | 100 | 956 | 100 | 928 | 100 | 861 | 100 |
| | 出生 | 7 | 1% | 33 | 5% | 36 | 5% | 28 | 3% | 43 | 4% | 33 | 3% | 43 | 5% | 33 | 4% |
| | 轉入 | 11 | 2% | 68 | 10% | 94 | 12% | 147 | 17% | 178 | 18% | 75 | 8% | 72 | 8% | 59 | 7% |
| | 死亡 | 7 | 1% | 21 | 3% | 23 | 3% | 22 | 3% | 34 | 3% | 36 | 4% | 19 | 2% | 16 | 2% |
| | 轉出 | 5 | 1% | 34 | 5% | 54 | 7% | 48 | 6% | 67 | 7% | 96 | 10% | 124 | 13% | 143 | 17% |
| 北山坑庄 | 人口數 | 250 | 100 | 409 | 100 | 580 | 100 | 692 | 100 | 789 | 100 | 788 | 100 | 808 | 100 | 784 | 100 |
| | 出生 | 3 | 1% | 15 | 4% | 15 | 3% | 25 | 4% | 15 | 2% | 25 | 3% | 24 | 3% | 21 | 3% |
| | 轉入 | 52 | 21% | 187 | 46% | 251 | 43% | 231 | 33% | 241 | 31% | 177 | 22% | 104 | 13% | 92 | 12% |
| | 死亡 | 4 | 2% | 13 | 3% | 25 | 4% | 31 | 4% | 29 | 4% | 19 | 2% | 21 | 3% | 13 | 2% |
| | 轉出 | 14 | 6% | 30 | 7% | 70 | 12% | 113 | 16% | 130 | 16% | 184 | 23% | 87 | 11% | 124 | 16% |

說明：

一、本表數據引自《台灣現住人口統計》。

二、明治38年的「出生」、「轉入」、「死亡」、「轉出」欄的數字為該年10月1日至12月31日共三個月的增減數。

表 8：埔里社堡各街庄人口變遷表-2（1912～1919）

| 堡街庄別 | 項目 | 大正元年 人口數 | 比例% | 大正2年 人口數 | 比例% | 大正3年 人口數 | 比例% | 大正4年 人口數 | 比例% | 大正5年 人口數 | 比例% | 大正6年 人口數 | 比例% | 大正7年 人口數 | 比例% | 大正8年 人口數 | 比例% |
|---|---|---|---|---|---|---|---|---|---|---|---|---|---|---|---|---|---|
| 埔里社堡 | 人口數 | 16,939 | 100 | 17,708 | 100 | 18,118 | 100 | 18,727 | 100 | 19,240 | 100 | 19,451 | 100 | 19,961 | 100 | 21,194 | 100 |
| | 出生 | 735 | 4% | 714 | 4% | 765 | 4% | 219 | 1% | 756 | 4% | 777 | 4% | 824 | 4% | 807 | 4% |
| | 轉入 | 1,158 | 7% | 1,349 | 8% | 1,360 | 8% | 229 | 1% | 1,301 | 7% | 1,275 | 7% | 1,540 | 8% | 1,870 | 9% |
| | 死亡 | 360 | 2% | 360 | 2% | 684 | 4% | 116 | 1% | 397 | 2% | 476 | 2% | 644 | 3% | 476 | 2% |
| | 轉出 | 1,106 | 7% | 934 | 5% | 1,031 | 6% | 189 | 1% | 1,147 | 6% | 1,365 | 7% | 1,210 | 6% | 968 | 5% |
| 埔里社街 | 人口數 | 4,711 | 100 | 4,938 | 100 | 5,015 | 100 | 4,785 | 100 | 4,757 | 100 | 4,770 | 100 | 4,934 | 100 | 5,417 | 100 |
| | 出生 | 183 | 4% | 194 | 4% | 210 | 4% | 54 | 1% | 208 | 4% | 183 | 4% | 232 | 5% | 203 | 4% |
| | 轉入 | 848 | 18% | 838 | 17% | 881 | 18% | 124 | 3% | 661 | 14% | 684 | 14% | 819 | 17% | 1,010 | 19% |
| | 死亡 | 88 | 2% | 121 | 2% | 212 | 4% | 30 | 1% | 84 | 2% | 114 | 2% | 153 | 3% | 126 | 2% |
| | 轉出 | 540 | 11% | 684 | 14% | 802 | 16% | 149 | 3% | 813 | 17% | 740 | 16% | 734 | 15% | 604 | 11% |
| 大肚城庄 | 人口數 | 1,520 | 100 | 1,615 | 100 | 1,634 | 100 | 1,728 | 100 | 1,783 | 100 | 1,740 | 100 | 1,786 | 100 | 1,848 | 100 |
| | 出生 | 75 | 5% | 80 | 5% | 61 | 4% | 19 | 1% | 86 | 5% | 67 | 4% | 79 | 4% | 71 | 4% |
| | 轉入 | 241 | 16% | 255 | 16% | 180 | 11% | 41 | 2% | 199 | 11% | 184 | 11% | 245 | 14% | 241 | 13% |
| | 死亡 | 42 | 3% | 42 | 3% | 60 | 4% | 10 | 1% | 36 | 2% | 41 | 2% | 42 | 2% | 36 | 2% |
| | 轉出 | 144 | 9% | 198 | 12% | 162 | 10% | 30 | 2% | 194 | 11% | 253 | 15% | 236 | 13% | 214 | 12% |
| 枇杷城庄 | 人口數 | 1,271 | 100 | 1,410 | 100 | 1,449 | 100 | 1,403 | 100 | 1,463 | 100 | 1,297 | 100 | 1,314 | 100 | 1,339 | 100 |
| | 出生 | 62 | 5% | 58 | 4% | 61 | 4% | 17 | 1% | 63 | 4% | 62 | 5% | 61 | 5% | 62 | 5% |
| | 轉入 | 154 | 12% | 227 | 16% | 145 | 10% | 78 | 6% | 140 | 10% | 115 | 9% | 149 | 11% | 128 | 10% |
| | 死亡 | 21 | 2% | 27 | 2% | 37 | 3% | 4 | 0% | 24 | 2% | 24 | 2% | 50 | 4% | 24 | 2% |
| | 轉出 | 113 | 9% | 119 | 8% | 130 | 9% | 11 | 1% | 119 | 8% | 319 | 25% | 143 | 11% | 141 | 11% |

| | | | | | | | | | | | | | | | | | |
|---|---|---|---|---|---|---|---|---|---|---|---|---|---|---|---|---|---|
| | | 697 | 100 | 776 | 100 | 785 | 100 | 806 | 100 | 813 | 100 | 915 | 100 | 938 | 100 | 995 | 100 |
| 水頭庄 | 人口數 | 697 | 100 | 776 | 100 | 785 | 100 | 806 | 100 | 813 | 100 | 915 | 100 | 938 | 100 | 995 | 100 |
| | 出生 | 37 | 5% | 30 | 4% | 39 | 5% | 10 | 1% | 32 | 4% | 39 | 4% | 29 | 3% | 40 | 4% |
| | 轉入 | 76 | 11% | 130 | 17% | 66 | 8% | 16 | 2% | 110 | 14% | 155 | 17% | 129 | 14% | 142 | 14% |
| | 死亡 | 16 | 2% | 17 | 2% | 17 | 2% | 2 | 0% | 14 | 2% | 17 | 2% | 31 | 3% | 12 | 1% |
| | 轉出 | 80 | 11% | 64 | 8% | 79 | 10% | 87 | 11% | 121 | 15% | 75 | 8% | 104 | 11% | 113 | 11% |
| 珠仔山庄 | 人口數 | 330 | 100 | 357 | 100 | 385 | 100 | 417 | 100 | 453 | 100 | 468 | 100 | 482 | 100 | 564 | 100 |
| | 出生 | 20 | 6% | 13 | 4% | 14 | 4% | 2 | 0% | 18 | 4% | 21 | 4% | 17 | 4% | 26 | 5% |
| | 轉入 | 28 | 8% | 50 | 14% | 35 | 9% | 7 | 2% | 64 | 14% | 60 | 13% | 46 | 10% | 111 | 20% |
| | 死亡 | 10 | 3% | 3 | 1% | 7 | 2% | 3 | 1% | 8 | 2% | 11 | 2% | 11 | 2% | 12 | 2% |
| | 轉出 | 27 | 8% | 34 | 10% | 14 | 4% | 4 | 1% | 38 | 8% | 55 | 12% | 38 | 8% | 43 | 8% |
| 挑米坑庄 | 人口數 | 532 | 100 | 569 | 100 | 593 | 100 | 681 | 100 | 699 | 100 | 692 | 100 | 724 | 100 | 765 | 100 |
| | 出生 | 21 | 4% | 24 | 4% | 28 | 5% | 9 | 1% | 26 | 4% | 30 | 4% | 28 | 4% | 32 | 4% |
| | 轉入 | 46 | 9% | 47 | 8% | 52 | 9% | 14 | 2% | 86 | 12% | 106 | 15% | 85 | 12% | 71 | 9% |
| | 死亡 | 11 | 2% | 6 | 1% | 17 | 3% | 8 | 1% | 11 | 2% | 38 | 5% | 19 | 3% | 14 | 2% |
| | 轉出 | 56 | 11% | 28 | 5% | 39 | 7% | 16 | 2% | 83 | 12% | 105 | 15% | 62 | 9% | 48 | 6% |
| 生蕃空庄 | 人口數 | 399 | 100 | 411 | 100 | 420 | 100 | 463 | 100 | 464 | 100 | 478 | 100 | 504 | 100 | 520 | 100 |
| | 出生 | 23 | 6% | 23 | 6% | 21 | 5% | 4 | 1% | 19 | 4% | 17 | 4% | 17 | 3% | 21 | 4% |
| | 轉入 | 34 | 9% | 38 | 9% | 33 | 8% | 16 | 3% | 30 | 6% | 52 | 11% | 46 | 9% | 69 | 13% |
| | 死亡 | 13 | 3% | 8 | 2% | 13 | 3% | 2 | 0% | 8 | 2% | 5 | 1% | 6 | 1% | 12 | 2% |
| | 轉出 | 38 | 10% | 41 | 10% | 32 | 8% | 7 | 2% | 40 | 9% | 50 | 10% | 31 | 6% | 62 | 12% |
| 烏牛欄庄 | 人口數 | 1,184 | 100 | 1,192 | 100 | 1,186 | 100 | 1,204 | 100 | 1,171 | 100 | 1,217 | 100 | 1,218 | 100 | 1,241 | 100 |
| | 出生 | 58 | 5% | 41 | 3% | 43 | 4% | 13 | 1% | 44 | 4% | 38 | 4% | 43 | 4% | 46 | 4% |
| | 轉入 | 97 | 8% | 76 | 6% | 86 | 7% | 29 | 2% | 81 | 7% | 132 | 11% | 91 | 7% | 134 | 11% |
| | 死亡 | 31 | 3% | 22 | 2% | 49 | 4% | 10 | 1% | 25 | 2% | 18 | 1% | 35 | 3% | 30 | 2% |
| | 轉出 | 96 | 8% | 87 | 7% | 86 | 7% | 23 | 2% | 133 | 11% | 106 | 9% | 98 | 8% | 127 | 10% |

| | | | | | | | | | | | | | | | | | |
|---|---|---|---|---|---|---|---|---|---|---|---|---|---|---|---|---|---|
| | | 684 | 100 | 711 | 100 | 715 | 100 | 762 | 100 | 774 | 100 | 723 | 100 | 770 | 100 | 767 | 100 |
| 房里庄 | 人口數 | 684 | 100 | 711 | 100 | 715 | 100 | 762 | 100 | 774 | 100 | 723 | 100 | 770 | 100 | 767 | 100 |
| | 出生 | 32 | 5% | 31 | 4% | 28 | 4% | 11 | 1% | 25 | 3% | 37 | 5% | 25 | 3% | 29 | 4% |
| | 轉入 | 90 | 13% | 41 | 6% | 41 | 6% | 9 | 1% | 50 | 6% | 44 | 6% | 81 | 11% | 46 | 6% |
| | 死亡 | 23 | 3% | 9 | 1% | 24 | 3% | 2 | 0% | 16 | 2% | 15 | 2% | 12 | 2% | 19 | 2% |
| | 轉出 | 69 | 10% | 36 | 5% | 41 | 6% | 6 | 1% | 47 | 6% | 117 | 16% | 47 | 6% | 59 | 8% |
| 水尾庄 | 人口數 | 1,173 | 100 | 1,200 | 100 | 1,253 | 100 | 1,273 | 100 | 1,325 | 100 | 1,333 | 100 | 1,395 | 100 | 1,440 | 100 |
| | 出生 | 44 | 4% | 43 | 4% | 43 | 3% | 11 | 1% | 44 | 3% | 55 | 4% | 64 | 5% | 47 | 3% |
| | 轉入 | 75 | 6% | 91 | 8% | 163 | 13% | 21 | 2% | 135 | 10% | 121 | 9% | 149 | 11% | 198 | 14% |
| | 死亡 | 22 | 2% | 21 | 2% | 42 | 3% | 8 | 1% | 34 | 3% | 38 | 3% | 41 | 3% | 30 | 2% |
| | 轉出 | 172 | 15% | 86 | 7% | 111 | 9% | 25 | 2% | 93 | 7% | 130 | 10% | 110 | 8% | 170 | 12% |
| 牛相觸庄 | 人口數 | 224 | 100 | 235 | 100 | 271 | 100 | 291 | 100 | 365 | 100 | 437 | 100 | 451 | 100 | 494 | 100 |
| | 出生 | 14 | 6% | 7 | 3% | 16 | 6% | 4 | 1% | 15 | 4% | 16 | 4% | 20 | 4% | 18 | 4% |
| | 轉入 | 58 | 26% | 53 | 23% | 48 | 18% | 5 | 2% | 100 | 27% | 88 | 20% | 42 | 9% | 102 | 21% |
| | 死亡 | 4 | 2% | 6 | 3% | 4 | 1% | 1 | 0% | 6 | 2% | 10 | 2% | 14 | 3% | 20 | 4% |
| | 轉出 | 44 | 20% | 43 | 18% | 24 | 9% | 2 | 1% | 35 | 10% | 22 | 5% | 34 | 8% | 57 | 12% |
| 牛眠山庄 | 人口數 | 1,096 | 100 | 1,108 | 100 | 1,064 | 100 | 1,076 | 100 | 1,141 | 100 | 1,142 | 100 | 1,139 | 100 | 1,160 | 100 |
| | 出生 | 43 | 4% | 39 | 4% | 50 | 5% | 16 | 1% | 48 | 4% | 54 | 5% | 38 | 3% | 45 | 4% |
| | 轉入 | 50 | 5% | 35 | 3% | 71 | 7% | 6 | 1% | 100 | 9% | 52 | 5% | 86 | 8% | 67 | 6% |
| | 死亡 | 18 | 2% | 18 | 2% | 76 | 7% | 4 | 0% | 27 | 2% | 21 | 2% | 37 | 3% | 21 | 2% |
| | 轉出 | 57 | 5% | 44 | 4% | 89 | 8% | 17 | 2% | 56 | 5% | 84 | 7% | 90 | 8% | 57 | 6% |
| 福興庄 | 人口數 | 325 | 100 | 314 | 100 | 340 | 100 | 448 | 100 | 437 | 100 | 479 | 100 | 488 | 100 | 463 | 100 |
| | 出生 | 13 | 4% | 15 | 5% | 23 | 7% | 9 | 2% | 16 | 4% | 18 | 4% | 24 | 5% | 16 | 3% |
| | 轉入 | 21 | 6% | 11 | 4% | 41 | 12% | 14 | 3% | 26 | 6% | 60 | 6% | 66 | 14% | 33 | 7% |
| | 死亡 | 11 | 3% | 3 | 1% | 15 | 4% | 2 | 0% | 9 | 2% | 18 | 4% | 16 | 3% | 12 | 3% |
| | 轉出 | 35 | 11% | 34 | 11% | 23 | 7% | 1 | 0% | 44 | 10% | 18 | 4% | 65 | 13% | 62 | 13% |

| | 502 | % | 522 | % | 507 | % | 520 | % | 525 | % | 518 | % | 527 | % | 561 | % |
|---|---|---|---|---|---|---|---|---|---|---|---|---|---|---|---|---|
| 史港坑庄 人口數 | 502 | 100 | 522 | 100 | 507 | 100 | 520 | 100 | 525 | 100 | 518 | 100 | 527 | 100 | 561 | 100 |
| 出生 | 28 | 6% | 20 | 4% | 25 | 5% | 9 | 2% | 24 | 5% | 20 | 4% | 20 | 4% | 30 | 5% |
| 轉入 | 35 | 7% | 39 | 7% | 21 | 4% | 0 | 0% | 29 | 6% | 30 | 6% | 42 | 8% | 42 | 7% |
| 死亡 | 6 | 1% | 6 | 1% | 19 | 4% | 4 | 1% | 19 | 4% | 10 | 2% | 21 | 4% | 10 | 2% |
| 轉出 | 36 | 7% | 33 | 6% | 42 | 8% | 2 | 0% | 29 | 6% | 47 | 9% | 32 | 6% | 28 | 5% |
| 小埔社庄 人口數 | 648 | 100 | 646 | 100 | 699 | 100 | 814 | 100 | 904 | 100 | 923 | 100 | 951 | 100 | 995 | 100 |
| 出生 | 28 | 4% | 27 | 4% | 37 | 5% | 11 | 1% | 31 | 3% | 45 | 5% | 38 | 4% | 33 | 3% |
| 轉入 | 42 | 6% | 61 | 9% | 108 | 15% | 17 | 2% | 209 | 23% | 156 | 17% | 179 | 19% | 192 | 19% |
| 死亡 | 15 | 2% | 17 | 3% | 25 | 4% | 10 | 1% | 15 | 2% | 38 | 4% | 37 | 4% | 17 | 2% |
| 轉出 | 219 | 34% | 73 | 11% | 67 | 10% | 12 | 1% | 135 | 15% | 144 | 16% | 152 | 16% | 164 | 16% |
| 大湳庄 人口數 | 861 | 100 | 868 | 100 | 921 | 100 | 978 | 100 | 1,011 | 100 | 1,032 | 100 | 1,048 | 100 | 1,132 | 100 |
| 出生 | 33 | 4% | 44 | 5% | 35 | 4% | 10 | 1% | 37 | 4% | 41 | 4% | 43 | 4% | 45 | 4% |
| 轉入 | 59 | 7% | 43 | 5% | 105 | 11% | 35 | 4% | 90 | 9% | 86 | 8% | 79 | 8% | 133 | 12% |
| 死亡 | 16 | 2% | 15 | 2% | 26 | 3% | 3 | 0% | 26 | 3% | 20 | 2% | 37 | 4% | 29 | 3% |
| 轉出 | 143 | 17% | 65 | 7% | 61 | 7% | 18 | 2% | 68 | 7% | 86 | 8% | 69 | 7% | 65 | 6% |
| 北山坑庄 人口數 | 784 | 100 | 841 | 100 | 886 | 100 | 1,079 | 100 | 1,155 | 100 | 1,282 | 100 | 1,292 | 100 | 1,495 | 100 |
| 出生 | 21 | 3% | 25 | 3% | 31 | 3% | 10 | 1% | 20 | 2% | 34 | 3% | 46 | 4% | 43 | 3% |
| 轉入 | 92 | 12% | 164 | 20% | 149 | 17% | 38 | 4% | 227 | 20% | 293 | 23% | 316 | 24% | 373 | 25% |
| 死亡 | 13 | 2% | 19 | 2% | 41 | 5% | 13 | 1% | 35 | 3% | 38 | 3% | 82 | 6% | 52 | 3% |
| 轉出 | 124 | 16% | 113 | 13% | 94 | 11% | 19 | 2% | 136 | 12% | 162 | 13% | 270 | 21% | 161 | 11% |

說明：

一、本表數據引自《台灣現住人口統計》。

二、大正4年的「出生」、「轉入」、「死亡」、「轉出」欄數據是該年10月1日至12月31日的增減數。

表 9：埔里街人口變遷表（1920～1931）

| 街庄別 | 年代 | 大正 9 年 人口數 | 大正 9 年 比例% | 大正 10 年 人口數 | 大正 10 年 比例% | 大正 11 年 人口數 | 大正 11 年 比例% | 大正 12 年 人口數 | 大正 12 年 比例% | 大正 13 年 人口數 | 大正 13 年 比例% | 大正 14 年 人口數 | 大正 14 年 比例% |
|---|---|---|---|---|---|---|---|---|---|---|---|---|---|
| 埔里街 | 人口數 | 20,966 | 100 | 22,118 | 100 | 23,079 | 100 | 23,564 | 100 | 23,683 | 100 | 23,884 | 100 |
| | 出生 | 218 | 1.0% | 858 | 3.9% | 1,035 | 4.5% | 1,030 | 4.4% | 1,002 | 4.2% | 292 | 1.2% |
| | 轉入 | 306 | 1.5% | 1,840 | 8.3% | 1,654 | 7.2% | 1,343 | 5.7% | 1,147 | 4.8% | 152 | 0.6% |
| | 死亡 | 118 | 0.6% | 625 | 2.8% | 543 | 2.4% | 409 | 1.7% | 482 | 2.0% | 109 | 0.5% |
| | 轉出 | 310 | 1.5% | 921 | 4.2% | 1,185 | 5.1% | 1,479 | 6.3% | 1,548 | 6.5% | 163 | 0.7% |

| 街庄別 | 年代 | 昭和元年 人口數 | 昭和元年 比例% | 昭和 2 年 人口數 | 昭和 2 年 比例% | 昭和 3 年 人口數 | 昭和 3 年 比例% | 昭和 4 年 人口數 | 昭和 4 年 比例% | 昭和 5 年 人口數 | 昭和 5 年 比例% | 昭和 6 年 人口數 | 昭和 6 年 比例% |
|---|---|---|---|---|---|---|---|---|---|---|---|---|---|
| 埔里街 | 人口數 | 24,359 | 100 | 25,136 | 100 | 25,711 | 100 | 26,469 | 100 | 27,056 | 100 | 27,682 | 100 |
| | 出生 | 1,073 | 4.4% | 1,121 | 4.5% | 1,193 | 4.6% | 1,202 | 4.5% | 1,216 | 4.5% | 1,257 | 4.5% |
| | 轉入 | 1,061 | 4.4% | 1,131 | 4.5% | 1,183 | 4.6% | 1,314 | 5.0% | 1,588 | 5.9% | 1,641 | 5.9% |
| | 死亡 | 565 | 2.3% | 441 | 1.8% | 581 | 2.3% | 580 | 2.2% | 482 | 1.8% | 509 | 1.8% |
| | 轉出 | 1,094 | 4.5% | 1,034 | 4.1% | 1,220 | 4.7% | 1,178 | 4.5% | 1,735 | 6.4% | 1,763 | 6.4% |

說明：

一、本表數據引自《台灣現住人口統計》。

二、大正 9 年、14 年的「出生」、「轉入」、「死亡」、「轉出」欄的數據是該年 10 月 1 日至 12 月 31 日共三個月的增減數。

表 10：埔里社堡（埔里街）人口變遷表（1906～1931）

| 年代／項目 | | 明治 39 年 | | 明治 44 | | 大正 5 年 | | 大正 10 年 | | 昭和元年 | | 昭和 6 年 | |
|---|---|---|---|---|---|---|---|---|---|---|---|---|---|
| 埔里社堡（埔里街） | 人口數 | 12,713 | 100 | 16,512 | 100 | 19,240 | 100 | 22,118 | 100 | 24,359 | 100 | 27,682 | 100 |
| | 出生 | 577 | 5% | 675 | 4% | 756 | 4% | 858 | 4% | 1,073 | 4% | 1,257 | 5% |
| | 轉入 | 1,249 | 10% | 1,190 | 7% | 1,301 | 7% | 1,840 | 8% | 1,061 | 4% | 1,641 | 6% |
| | 死亡 | 338 | 3% | 376 | 2% | 397 | 2% | 625 | 3% | 565 | 2% | 509 | 2% |
| | 轉出 | 359 | 3% | 911 | 6% | 1,147 | 6% | 921 | 4% | 1,094 | 4% | 1,763 | 6% |

說明：

一、本表數據引自《台灣現住人口統計》。

二、為避開因臨時戶口調查緣故導致數字偏低（因為只統計 10 月 1 日至 12 月 31 三個月），因此選擇臨時戶口調查次年的數據。

表 11：日治時期台灣人口增減及族群比例表-1

| 年代／人口別／項目 | | 明治 36 年（1903） | 大正 4 年（1915） | 大正 9 年（1920） | 大正 14 年（1925） | 昭和 5 年（1930） | 昭和 10 年（1935） | 昭和 15 年（1940） |
|---|---|---|---|---|---|---|---|---|
| 全台人口數 | 總數 | 3,000,111 | 3,479,922 | 3,655,308 | 3,993,408 | 4,592,537 | 5,212,426 | 5,872,084 |
| | 比例 | 100% | 100% | 100% | 100% | 100% | 100% | 100% |
| | 男 | 1,613,242 | 1,813,053 | 1,893,541 | 2,052,669 | 2,353,288 | 2,659,819 | 2,970,655 |
| | 女 | 1,386,869 | 1,666,869 | 1,761,767 | 1,940,739 | 2,239,249 | 2,552,607 | 2,901,429 |
| | 增減數 | | 479,811 | 175,386 | 338,100 | 599,129 | 619,889 | 659,658 |
| | 增減比例 | | 16.0% | 5.0% | 9.2% | 15.0% | 13.5% | 12.7% |

| | | | | | | | | |
|---|---|---|---|---|---|---|---|---|
| 日本人 | 總數 | 312,386 | 270,584 | 228,281 | 183,722 | 164,266 | 135,401 | 40,077 |
| | 比例 | 5.3% | 5.2% | 5.0% | 4.6% | 4.5% | 3.9% | 1.3% |
| | 男 | 161,834 | 145,382 | 124,744 | 99,893 | 92,576 | 75,737 | 28,769 |
| | 女 | 150,552 | 125,202 | 103,537 | 83,829 | 71,690 | 59,664 | 18,308 |
| | 增減數 | 41,802 | 42,303 | 44,559 | 19,456 | 28,865 | 95,324 | |
| | 增減比例 | 15.4% | 18.5% | 24.3% | 11.8% | 21.3% | 237.9% | |
| 臺灣人 | 總數 | 5,510,259 | 4,882,945 | 4,313,681 | 3,775,288 | 3,466,507 | 3,325,755 | 2,953,034 |
| | 比例 | 93.8% | 93.7% | 93.9% | 94.5% | 94.8% | 95.6% | 1 |
| | 男 | 2,776,808 | 2,474,797 | 2,192,384 | 1,927,535 | 1,781,636 | 1,721,560 | 1,584,473 |
| | 女 | 2,733,451 | 2,408,148 | 2,121,297 | 1,847,753 | 1,684,871 | 1,604,195 | 1,368,561 |
| | 增減數 | 627,314 | 569,264 | 538,393 | 308,781 | 140,752 | 372,721 | |
| | 增減比例 | 12.8% | 13.2% | 14.3% | 8.9% | 4.2% | 12.6% | |
| 華僑外國人合計 朝鮮人 | 總數 | 49,439 | 58,897 | 50,575 | 34,398 | 24,535 | 18,766 | |
| | 比例 | 0.8% | 1.1% | 1.1% | 0.9% | 0.7% | 0.5% | |
| | 男 | 32,013 | 39,640 | 36,160 | 25,241 | 19,329 | 15,756 | |
| | 女 | 17,426 | 19,257 | 14,415 | 9,157 | 5,206 | 3,010 | |
| | 增減數 | -9,458 | 8,322 | 16,177 | 9,863 | 5,769 | | |
| | 增減比例 | -16.1% | 16.5% | 47.0% | 40.2% | 30.7% | | |

說明：

一、本表數據主要引自各次臨時戶口調查統計，惟第一次臨時戶口調查缺少相關數據，故引用明治 36 年《臺灣現住人口統計》，該年沒有「華僑、外國人」的數據。

二、「日本人」、「臺灣人」、「華僑、外國人」的「比例」是指該族群總數占「全台人口數」的比例。「增減比例欄」是指該年「增減數」占前一年「總數」的比例。

表 12：埔里社堡（埔里街）人口增減及族群比例表（1903～1940）

| 人口別 | 項目 | 明治 36 年（1903） | 大正 4 年（1915） | 大正 9 年（1920） | 大正 14 年（1925） | 昭和 5 年（1930） | 昭和 10 年（1935） | 昭和 15 年（1940） |
|---|---|---|---|---|---|---|---|---|
| 堡／街人口數 | 總數 | 9,796 | 18,584 | 20,816 | 23,506 | 26,526 | 29,515 | 31,793 |
| | 比例 | 100.0% | 100.0% | 100.0% | 100.0% | 100.0% | 100.0% | 100.0% |
| | 男 | 5,268 | 9,871 | 11,003 | 12,104 | 13,651 | 15,040 | 16,113 |
| | 女 | 4,528 | 8,713 | 9,813 | 11,402 | 12,875 | 14,475 | 15,680 |
| | 增減數 | | 8,788 | 2,232 | 2,690 | 3,020 | 2,989 | 2,278 |
| | 增減比例 | | 89.7% | 12.0% | 12.9% | 12.8% | 11.3% | 7.7% |
| 日本人 | 總數 | 72 | 733 | 1,022 | 856 | 913 | 923 | 1,000 |
| | 比例 | 0.7% | 3.9% | 4.9% | 3.6% | 3.4% | 3.1% | 3.1% |
| | 男 | 42 | 410 | 586 | 437 | 482 | 483 | 536 |
| | 女 | 30 | 323 | 436 | 419 | 431 | 440 | 464 |
| | 增減數 | | 661 | 289 | -166 | 57 | 10 | 77 |
| | 增減比例 | | 918.1% | 39.4% | -16.2% | 6.7% | 1.1% | 8.3% |
| 臺灣人 | 總數 | 9,724 | 17,821 | 19,602 | 22,475 | 25,355 | 28,381 | 30,637 |
| | 比例 | 99.3% | 95.9% | 94.2% | 95.6% | 95.6% | 96.2% | 96.4% |
| | 男 | 5,226 | 9,439 | 10,252 | 11,544 | 12,995 | 14,423 | 15,484 |
| | 女 | 4,498 | 8,382 | 9,350 | 10,931 | 12,360 | 13,958 | 15,153 |
| | 增減數 | | 8,097 | 1,781 | 2,873 | 2,880 | 3,026 | 2,256 |
| | 增減比例 | | 83.3% | 10.0% | 14.7% | 12.8% | 11.9% | 7.9% |

| 項目 | | | | | | |
|---|---|---|---|---|---|---|
| 總數 | 0 | 30 | 192 | 175 | 258 | 211 | 156 |
| 比例 |  | 0.2% | 0.9% | 0.7% | 1.0% | 0.7% | 0.5% |
| 男 | 0 | 22 | 165 | 123 | 174 | 134 | 93 |
| 女 | 0 | 8 | 27 | 52 | 84 | 77 | 63 |
| 增減數 |  |  | 162 | -17 | 83 | -47 | -55 |
| 增減比例 |  |  | 540.0% | -8.9% | 47.4% | -18.2% | -26.1% |

（華僑外國人）

說明：
一、本表數據主要引自各次臨時戶口調查統計，惟第一次臨時戶口調查缺少相關數據，故引用明治 36 年《臺灣現住人口統計》，該年沒有「華僑、外國人」的數據。
二、「日本人」、「臺灣人」、「華僑、外國人」的「比例」欄是指該類總數佔「全台人口數」的比例。「增減比例」欄是指該年「增減數」佔前一年「總數」的比例。

表 13：烏牛欄人口增減及族群比例表-1（1903～1935）

| 人口別 | 年代 項目 | 明治 36 年（1903） | 大正 4 年（1915） | 大正 9 年（1920） | 大正 14 年（1925） | 昭和 5 年（1930） | 昭和 10 年（1935） |
|---|---|---|---|---|---|---|---|
| 庄人口數 | 總數 | 738 | 1,195 | 1,210 | 1,243 | 1,406 | 1,496 |
| | 比例 | 100% | 100% | 100% | 100% | 100% | 100% |
| | 男 | 399 | 613 | 602 | 606 | 713 | 740 |
| | 女 | 339 | 582 | 608 | 637 | 693 | 756 |
| | 增減數 | | 457 | 15 | 33 | 163 | 90 |
| | 增減比例 | | 61.9% | 1.3% | 2.7% | 13.1% | 6.4% |

| | | 年A | 年B | 年C | 年D | 年E | 年F |
|---|---|---|---|---|---|---|---|
| 日本人 | 總數 | 1 | 17 | 9 | 12 | 12 | 17 |
| | 比例 | 0.1% | 1.4% | 0.7% | 1.0% | 0.9% | 1.1% |
| | 男 | 1 | 9 | 5 | 8 | 8 | 12 |
| | 女 | 0 | 8 | 4 | 4 | 4 | 5 |
| | 增減數 | | 16 | -8 | 3 | 0 | 5 |
| | 增減比例 | | 1600.0% | -47.1% | 33.3% | 0.0% | 41.7% |
| 臺灣人 | 總數 | 737 | 1,178 | 1,201 | 1,231 | 1,394 | 1,479 |
| | 比例 | 100% | 98.6% | 99.3% | 99.0% | 99.1% | 98.9% |
| | 男 | 398 | 604 | 597 | 598 | 705 | 728 |
| | 女 | 339 | 574 | 604 | 633 | 689 | 751 |
| | 增減數 | | 441 | 23 | 30 | 163 | 85 |
| | 增減比例 | | 59.8% | 2.0% | 2.5% | 13.2% | 6.1% |
| 外國人華僑 | 總數 | 0 | 0 | 0 | 0 | 0 | 2 |
| | 比例 | 0% | 0% | 0% | 0% | 0% | 0.1% |
| | 男 | 0 | 0 | 0 | 0 | 0 | 2 |
| | 女 | 0 | 0 | 0 | 0 | 0 | 0 |
| | 增減數 | | 0 | 0 | 0 | 0 | 2 |
| | 增減比例 | | | | | | |

說明:

一、本表數據除了明治36年引自《台灣現住人口統計》之外,皆引自各次臨時戶口調查統計。

二、「日本人」、「臺灣人」、「華僑、外國人」的「比例」欄」是指該類類總數佔「全台人口數」的比例。「增減比例」欄」是指該年「增減數」佔前一年「總數」的比例。

表 14：日治時期台灣人口及族群比例表-2（1906～1943）

| 項目／人口 年代 | 全省 人口數 | 全省 增加數 | 全省 增加率 | 本省人 人口數 | 本省人 比例% | 外省人 人口數 | 外省人 比例% | 韓國人 人口數 | 韓國人 比例% | 日本人 人口數 | 日本人 比例% |
|---|---|---|---|---|---|---|---|---|---|---|---|
| 民國前 6 年（1906） | 3,156,706 | | | 3,075,375 | 97% | 10,291 | 0.3% | | | 71,040 | 2.3% |
| 民國前 5 年（1907） | 3,186,373 | 29,667 | 0.9% | 3,097,052 | 97% | 11,396 | 0.4% | | | 77,925 | 2.4% |
| 民國前 4 年（1908） | 3,213,996 | 27,623 | 0.9% | 3,118,516 | 97% | 12,151 | 0.4% | | | 83,329 | 2.6% |
| 民國前 3 年（1909） | 3,249,793 | 35,797 | 1.1% | 3,146,505 | 97% | 13,592 | 0.4% | | | 89,696 | 2.8% |
| 民國前 2 年（1910） | 3,299,493 | 49,700 | 1.5% | 3,186,605 | 97% | 14,840 | 0.4% | 2 | 0.00% | 98,046 | 3.0% |
| 民國前 1 年（1911） | 3,369,270 | 69,777 | 2.1% | 3,248,178 | 96% | 16,306 | 0.5% | 1 | 0.00% | 109,785 | 3.3% |
| 民國元年（1912） | 3,435,170 | 65,900 | 2.0% | 3,294,448 | 96% | 17,929 | 0.5% | 7 | 0.00% | 122,786 | 3.6% |
| 民國 2 年（1913） | 3,502,173 | 67,003 | 2.0% | 3,349,072 | 96% | 19,164 | 0.5% | 8 | 0.00% | 133,929 | 3.8% |
| 民國 3 年（1914） | 3,554,353 | 52,180 | 1.5% | 3,392,936 | 95% | 19,582 | 0.6% | 6 | 0.00% | 141,829 | 4.0% |
| 民國 4 年（1915） | 3,569,812 | 15,459 | 0.4% | 3,414,388 | 96% | 18,225 | 0.5% | 6 | 0.00% | 137,223 | 3.8% |
| 民國 5 年（1916） | 3,596,109 | 26,297 | 0.7% | 3,435,034 | 96% | 18,623 | 0.5% | 2 | 0.00% | 142,450 | 4.0% |
| 民國 6 年（1917） | 3,646,529 | 50,420 | 1.4% | 3,482,084 | 95% | 19,213 | 0.5% | 10 | 0.00% | 145,222 | 4.0% |
| 民國 7 年（1918） | 3,669,687 | 23,158 | 0.6% | 3,499,706 | 95% | 21,150 | 0.6% | 20 | 0.00% | 148,811 | 4.1% |
| 民國 8 年（1919） | 3,714,899 | 45,212 | 1.2% | 3,538,681 | 95% | 22,888 | 0.6% | 26 | 0.00% | 153,304 | 4.1% |
| 民國 9 年（1920） | 3,757,838 | 42,939 | 1.2% | 3,566,381 | 95% | 24,836 | 0.7% | 69 | 0.00% | 166,552 | 4.4% |
| 民國 10 年（1921） | 3,835,811 | 77,973 | 2.1% | 3,632,647 | 95% | 28,482 | 0.7% | 145 | 0.00% | 174,537 | 4.6% |
| 民國 11 年（1922） | 3,904,692 | 68,881 | 1.8% | 3,697,371 | 95% | 29,368 | 0.8% | 145 | 0.00% | 177,808 | 4.6% |
| 民國 12 年（1923） | 3,976,098 | 71,406 | 1.8% | 3,763,548 | 95% | 30,703 | 0.8% | 203 | 0.01% | 181,644 | 4.6% |
| 民國 13 年（1924） | 4,041,702 | 65,604 | 1.6% | 3,827,112 | 95% | 31,273 | 0.8% | 213 | 0.01% | 183,104 | 4.5% |
| 民國 14 年（1925） | 4,147,462 | 105,760 | 2.6% | 3,924,574 | 95% | 33,258 | 0.8% | 297 | 0.01% | 189,333 | 4.6% |

| 年別 | | | | | | | | | | |
|---|---|---|---|---|---|---|---|---|---|---|
| 民國 15 年（1926） | 94,297 | 2.3% | 4,241,759 | 95% | 35,505 | 0.8% | 353 | 0.01% | 195,416 | 4.6% |
| 民國 16 年（1927） | 95,241 | 2.2% | 4,337,000 | 94% | 37,953 | 0.9% | 424 | 0.01% | 202,566 | 4.7% |
| 民國 17 年（1928） | 101,084 | 2.3% | 4,438,084 | 94% | 40,364 | 0.9% | 515 | 0.01% | 210,687 | 4.7% |
| 民國 18 年（1929） | 110,666 | 2.5% | 4,548,750 | 94% | 43,118 | 0.9% | 624 | 0.01% | 220,106 | 4.8% |
| 民國 19 年（1930） | 130,316 | 2.9% | 4,679,066 | 94% | 46,691 | 1.0% | 898 | 0.02% | 231,401 | 4.9% |
| 民國 20 年（1931） | 124,910 | 2.7% | 4,803,976 | 94% | 45,281 | 0.9% | 999 | 0.02% | 242,873 | 5.1% |
| 民國 21 年（1932） | 125,986 | 2.6% | 4,929,962 | 94% | 42,208 | 0.9% | 959 | 0.02% | 247,569 | 5.0% |
| 民國 22 年（1933） | 130,545 | 2.6% | 5,060,507 | 94% | 43,792 | 0.9% | 1,191 | 0.02% | 256,327 | 5.1% |
| 民國 23 年（1934） | 134,473 | 2.7% | 5,194,980 | 94% | 78,412 | 1.5% | 1,316 | 0.03% | 262,964 | 5.1% |
| 民國 24 年（1935） | 120,662 | 2.3% | 5,315,642 | 94% | 54,109 | 1.0% | 1,604 | 0.03% | 269,798 | 5.1% |
| 民國 25 年（1936） | 136,221 | 2.6% | 5,451,863 | 94% | 59,243 | 1.1% | 1,694 | 0.03% | 282,012 | 5.2% |
| 民國 26 年（1937） | 157,179 | 2.9% | 5,609,042 | 94% | 46,373 | 0.8% | 1,985 | 0.04% | 299,280 | 5.3% |
| 民國 27 年（1938） | 137,917 | 2.5% | 5,746,959 | 94% | 43,405 | 0.8% | 1,903 | 0.03% | 308,845 | 5.4% |
| 民國 28 年（1939） | 148,905 | 2.6% | 5,895,864 | 94% | 45,466 | 0.8% | 2,260 | 0.04% | 323,148 | 5.5% |
| 民國 29 年（1940） | 181,614 | 3.1% | 6,077,478 | 93% | 46,283 | 0.8% | 2,299 | 0.04% | 346,663 | 5.7% |
| 民國 30 年（1941） | 171,990 | 2.8% | 6,249,468 | 93% | 48,565 | 0.8% | 2,339 | 0.04% | 365,682 | 5.9% |
| 民國 31 年（1942） | 178,464 | 2.9% | 6,427,932 | 93% | 50,505 | 0.8% | 2,692 | 0.04% | 384,847 | 6.0% |
| 民國 32 年（1943） | 157,909 | 2.5% | 6,585,841 | 93% | 52,109 | 0.8% | 2,775 | 0.04% | 397,090 | 6.0% |

說明：

一、本表數據引自《臺灣省五十一年來統計提要》之〈表 96、歷年人口自然增加〉。

二、「外省人」欄中數據指的是「外國人」，其中大部份是「清國人」或「中華民國人」，也就是華僑，只有少數是其他「外國人」。

表 15：烏牛欄人口增減及族群比例表-2（1932～1939）

| 人口別 | 項目 | 昭和7年（1932） | 昭和8年（1933） | 昭和9年（1934） | 昭和10年（1935） | 昭和11年（1936） | 昭和12年（1937） | 昭和13年（1938） | 昭和14年（1939） |
|---|---|---|---|---|---|---|---|---|---|
| 庄人口數 | 總數 | 1,516 | 1,515 | 1,569 | 1,553 | 1,613 | 1,567 | 1,549 | 1,563 |
| | 比例 | 100% | 100% | 100% | 100% | 100% | 100% | 100% | 100% |
| | 男 | 772 | 761 | 786 | 774 | 810 | 783 | 782 | 773 |
| | 女 | 744 | 754 | 783 | 779 | 803 | 784 | 767 | 790 |
| | 增減數 | | -1 | 54 | -16 | 60 | -46 | -18 | 14 |
| | 增減比例 | | -0.1% | 3.6% | -1.0% | 3.9% | -2.9% | -1.1% | 0.9% |
| 日本人 | 總數 | 7 | 11 | 17 | 13 | 15 | 21 | 29 | 19 |
| | 比例 | 0.5% | 0.7% | 1.1% | 0.8% | 0.9% | 1.3% | 1.9% | 1.2% |
| | 男 | 5 | 8 | 11 | 9 | 10 | 15 | 18 | 11 |
| | 女 | 2 | 3 | 6 | 4 | 5 | 6 | 11 | 8 |
| | 增減數 | | 4 | 6 | -4 | 2 | 6 | 8 | -10 |
| | 增減比例 | | 57.1% | 54.5% | -23.5% | 15.4% | 40.0% | 38.1% | -34.5% |
| 臺灣人 | 總數 | 1,509 | 1,503 | 1,551 | 1,538 | 1,596 | 1,543 | 1,518 | 1,540 |
| | 比例 | 99.5% | 99.2% | 98.9% | 99.0% | 98.9% | 98.5% | 98.0% | 98.5% |
| | 男 | 767 | 752 | 774 | 763 | 798 | 766 | 763 | 761 |
| | 女 | 742 | 751 | 777 | 775 | 798 | 777 | 755 | 779 |
| | 增減數 | | -6 | 48 | -13 | 58 | -53 | -25 | 22 |
| | 增減比例 | | -0.4% | 3.2% | -0.8% | 3.8% | -3.3% | -1.6% | 1.4% |

| 華僑 | | | | | | | |
|---|---|---|---|---|---|---|---|
| 總數 | 0 | 1 | 2 | 1 | 2 | 3 | 2 | 4 |
| 比例 | 0.0% | 0.1% | 0.1% | 0.1% | 0.1% | 0.2% | 0.1% | 0.3% |
| 男 | 0 | 1 | 2 | 1 | 2 | 2 | 1 | 1 |
| 女 | 0 | 0 | 0 | 0 | 0 | 1 | 1 | 3 |
| 增減數 | 1 | 0 | 1 | 0 | 1 | 1 | -1 | 2 |
| 增減比例 | 0.0% | 0.0% | 100.0% | 0.0% | 100.0% | 50.0% | -33.3% | 100.0% |

說明：

一、本表數據引自《台灣現住人口統計》、《台灣常住戶口統計》。

二、「日本人」、「臺灣人」、「華僑」的「比例」欄」是指該類總數佔「全台人口數」的比例。「增減比例」欄」是指該年「增減數」佔前一年「總數」的比例。

## 表16：埔里社堡及各街庄臺灣人族群結構表（1915）

| 堡街庄 | 人口數 總數 | 男 | 女 | 福 總數 | 廣 總數 | 熟 總數 | 生 總數 |
|---|---|---|---|---|---|---|---|
| 埔里社堡 | 17,815 100% | 9,435 53.0% | 8,380 47.0% | 7,899 44.3% | 5,101 28.6% | 4,777 26.8% | 38 0.2% |
| 埔里社街 | 4,269 100% | 2,321 54.4% | 1,948 45.6% | 3,025 70.9% | 853 20.0% | 387 9.1% | 4 0.1% |
| 大肚城庄 | 1,546 100% | 788 51.0% | 758 49.0% | 736 47.6% | 124 8.0% | 685 44.3% | 1 0.1% |
| 枇杷城庄 | 1,301 100% | 687 52.8% | 614 47.2% | 808 62.1% | 166 12.8% | 326 25.1% | 1 0.1% |

族群／祖籍 比例

| 堡街庄 | 福 總數 | 男 | 女 | 廣 總數 | 男 | 女 | 熟 總數 | 男 | 女 | 生 總數 | 男 | 女 |
|---|---|---|---|---|---|---|---|---|---|---|---|---|
| 埔里社堡 | 7,899 100% | 4,346 55.0% | 3,553 45.0% | 5,101 100% | 2,798 54.9% | 2,303 45.1% | 4,777 100% | 2,289 47.9% | 2,488 52.1% | 38 100% | 2 5% | 36 95% |
| 埔里社街 | 3,025 100% | 1,699 56.2% | 1,326 43.8% | 853 100% | 448 52.5% | 405 47.5% | 387 100% | 174 45.0% | 213 55.0% | 4 100% | 0 0% | 4 100% |
| 大肚城庄 | 736 100% | 400 54.3% | 336 45.7% | 124 100% | 69 55.6% | 55 44.4% | 685 100% | 319 46.6% | 366 53.4% | 1 100% | 0 0% | 1 100% |
| 枇杷城庄 | 808 100% | 442 54.7% | 366 45.3% | 166 100% | 86 51.8% | 80 48.2% | 326 100% | 159 48.8% | 167 51.2% | 1 100% | 0 0% | 1 100% |

|  | | | | | | | | | | | | | | | | | | | | | | | | | | | | | | | | | | | | | | |
|---|---|---|---|---|---|---|---|---|---|---|---|---|---|---|---|---|---|---|---|---|---|---|---|---|---|---|---|---|---|---|---|---|---|---|---|---|---|---|
| 水頭庄 | 867 | 100% | 467 | 53.9% | 400 | 46.1% | 315 | 36.3% | 313 | 36.1% | 235 | 27.1% | 4 | 0.5% | 315 | 100% | 174 | 55.2% | 141 | 44.8% | 313 | 100% | 178 | 56.9% | 135 | 43.1% | 235 | 100% | 115 | 48.9% | 120 | 51.1% | 4 | 100% | 0 | 0% | 4 | 100% |
| 珠仔庄 | 415 | 100% | 223 | 53.7% | 192 | 46.3% | 189 | 45.5% | 140 | 33.7% | 85 | 20.5% | 1 | 0.2% | 189 | 100% | 101 | 53.4% | 88 | 46.6% | 140 | 100% | 78 | 55.7% | 62 | 44.3% | 85 | 100% | 44 | 51.8% | 41 | 48.2% | 1 | 100% | 0 | 0% | 1 | 100% |
| 挑米坑庄 | 674 | 100% | 359 | 53.3% | 315 | 46.7% | 325 | 48.2% | 294 | 43.6% | 50 | 7.4% | 5 | 0.7% | 325 | 100% | 171 | 52.6% | 154 | 47.4% | 294 | 100% | 165 | 56.1% | 129 | 43.9% | 50 | 100% | 23 | 46.0% | 27 | 54.0% | 5 | 100% | 0 | 0% | 5 | 100% |
| 生蕃空庄 | 451 | 100% | 227 | 50.3% | 224 | 49.7% | 232 | 51.4% | 73 | 16.2% | 146 | 32.4% | 0 | 0.0% | 232 | 100% | 112 | 48.3% | 120 | 51.7% | 73 | 100% | 42 | 57.5% | 31 | 42.5% | 146 | 100% | 73 | 50.0% | 73 | 50.0% | 0 |  | 0 | 0% | 0 | 100% |
| 烏牛欄庄 | 1,178 | 100% | 604 | 51.3% | 574 | 48.7% | 297 | 25.2% | 132 | 11.2% | 748 | 63.5% | 1 | 0.1% | 297 | 100% | 161 | 54.2% | 136 | 45.8% | 132 | 100% | 81 | 61.4% | 51 | 38.6% | 748 | 100% | 362 | 48.4% | 386 | 51.6% | 1 | 100% | 0 | 0% | 1 | 100% |
| 房里庄 | 750 | 100% | 369 | 49.2% | 381 | 50.8% | 114 | 15.2% | 51 | 6.8% | 582 | 77.6% | 3 | 0.4% | 114 | 100% | 49 | 43.0% | 65 | 57.0% | 51 | 100% | 27 | 52.9% | 24 | 47.1% | 582 | 100% | 293 | 50.3% | 289 | 49.7% | 3 | 100% | 0 | 0% | 3 | 100% |
| 水尾庄 | 1,269 | 100% | 655 | 51.6% | 614 | 48.4% | 144 | 11.3% | 969 | 76.4% | 155 | 12.2% | 1 | 0.1% | 144 | 100% | 95 | 66.0% | 49 | 34.0% | 969 | 100% | 492 | 50.8% | 477 | 49.2% | 155 | 100% | 68 | 43.9% | 87 | 56.1% | 1 | 100% | 0 | 0% | 1 | 100% |
| 牛相觸庄 | 285 | 100% | 157 | 55.1% | 128 | 44.9% | 67 | 23.5% | 107 | 37.5% | 111 | 38.9% | 0 | 0.0% | 67 | 100% | 33 | 49.3% | 34 | 50.7% | 107 | 100% | 68 | 63.6% | 39 | 36.4% | 111 | 100% | 56 | 50.5% | 55 | 49.5% | 0 |  | 0 | 0% | 0 | 100% |
| 牛眠山庄 | 1,075 | 100% | 539 | 50.1% | 536 | 49.9% | 361 | 33.6% | 163 | 15.2% | 547 | 50.9% | 4 | 0.4% | 361 | 100% | 190 | 52.6% | 171 | 47.4% | 163 | 100% | 92 | 56.4% | 71 | 43.6% | 547 | 100% | 257 | 47.0% | 290 | 53.0% | 4 | 100% | 0 | 0% | 4 | 100% |
| 福興庄 | 426 | 100% | 225 | 52.8% | 201 | 47.2% | 227 | 53.3% | 109 | 25.6% | 90 | 21.1% | 0 | 0.0% | 227 | 100% | 105 | 46.3% | 122 | 53.7% | 109 | 100% | 67 | 61.5% | 42 | 38.5% | 90 | 100% | 53 | 58.9% | 37 | 41.1% | 0 |  | 0 | 0% | 0 | 100% |
| 史港坑庄 | 511 | 100% | 260 | 50.9% | 251 | 49.1% | 181 | 35.4% | 187 | 36.6% | 142 | 27.8% | 1 | 0.2% | 181 | 100% | 101 | 55.8% | 80 | 44.2% | 187 | 100% | 89 | 47.6% | 98 | 52.4% | 142 | 100% | 70 | 49.3% | 72 | 50.7% | 1 | 100% | 0 | 0% | 1 | 100% |
| 小埔社庄 | 797 | 100% | 467 | 58.6% | 330 | 41.4% | 361 | 45.3% | 406 | 50.9% | 27 | 3.4% | 3 | 0.4% | 361 | 100% | 223 | 61.8% | 138 | 38.2% | 406 | 100% | 235 | 57.9% | 171 | 42.1% | 27 | 100% | 9 | 33.3% | 18 | 66.7% | 3 | 100% | 0 | 0% | 3 | 100% |
| 大湳庄 | 941 | 100% | 482 | 51.2% | 459 | 48.8% | 382 | 40.6% | 144 | 15.3% | 407 | 43.3% | 8 | 0.9% | 382 | 100% | 207 | 54.2% | 175 | 45.8% | 144 | 100% | 61 | 42.4% | 83 | 57.6% | 407 | 100% | 190 | 46.7% | 217 | 53.3% | 8 | 100% | 2 | 25% | 6 | 75% |
| 北山坑庄 | 1,060 | 100% | 605 | 57.1% | 455 | 42.9% | 135 | 12.7% | 870 | 82.1% | 54 | 5.1% | 1 | 0.1% | 135 | 100% | 83 | 61.5% | 52 | 38.5% | 870 | 100% | 498 | 57.2% | 372 | 42.8% | 54 | 100% | 24 | 44.4% | 30 | 55.6% | 1 | 100% | 0 | 0% | 1 | 100% |

說明：本表數據引自第二次臨時戶口調查統計。

表 17：埔里社堡烏牛欄庄臺灣人族群結構表（1915）

| 堡、街庄 | 人口數 總數 | 人口數 男 | 人口數 女 | 福 總數 | 福 男 | 福 女 | 廣 總數 | 廣 男 | 廣 女 | 熟 總數 | 熟 男 | 熟 女 | 生 總數 | 生 男 | 生 女 |
|---|---|---|---|---|---|---|---|---|---|---|---|---|---|---|---|
| 埔里社堡（人數） | 17,815 | 9,435 | 8,380 | 7,899 | 4,346 | 3,553 | 5,101 | 2,798 | 2,303 | 4,777 | 2,289 | 2,488 | 38 | 2 | 36 |
| 埔里社堡（比例） | 100% | 53.0% | 47.0% | 44.3% | 55.0% | 45.0% | 28.6% | 54.9% | 45.1% | 26.8% | 47.9% | 52.1% | 0.2% | 5% | 95% |
| 烏牛欄庄（人數） | 1,178 | 604 | 574 | 297 | 161 | 136 | 132 | 81 | 51 | 748 | 362 | 386 | 1 | 0 | 1 |
| 烏牛欄庄（比例） | 100% | 51.3% | 48.7% | 25.2% | 54.2% | 45.8% | 11.2% | 61.4% | 38.6% | 63.5% | 48.4% | 51.6% | 0.1% | 0% | 100% |

說明：本表數據引自第二次臨時戶口調查統計。

表 18：能高郡、埔里街及各大字臺灣人族群結構表-1（1920）

| 部、街庄別 | 人口數 總數 | 人口數 男 | 人口數 女 | 福 總數 | 福 男 | 福 女 | 廣 總數 | 廣 男 | 廣 女 | 熟 總數 | 熟 男 | 熟 女 | 生 總數 | 生 男 | 生 女 |
|---|---|---|---|---|---|---|---|---|---|---|---|---|---|---|---|
| 能高郡（人數） | 25,882 | 14,061 | 11,821 | 10,802 | 6,101 | 4,701 | 9,844 | 5,416 | 4,428 | 5,199 | 2,543 | 2,656 | 37 | 1 | 36 |
| 能高郡（比例） | 100% | 54.3% | 45.7% | 41.7% | 56.5% | 43.5% | 38.0% | 55.0% | 45.0% | 20.1% | 48.9% | 51.1% | 0.1% | 2.7% | 97.3% |
| 埔里街（人數） | 19,570 | 10,234 | 9,336 | 9,212 | 4,996 | 4,216 | 5,388 | 2,837 | 2,551 | 4,933 | 2,400 | 2,533 | 37 | 1 | 36 |
| 埔里街（比例） | 100% | 52.3% | 47.7% | 47.1% | 54.2% | 45.8% | 27.5% | 52.7% | 47.3% | 25.2% | 48.7% | 51.3% | 0.2% | 2.7% | 97.3% |
| 埔里（人數） | 5,101 | 2,790 | 2,311 | 3,467 | 1,937 | 1,530 | 1,185 | 662 | 523 | 442 | 191 | 251 | 7 | 0 | 7 |
| 埔里（比例） | 100% | 54.7% | 45.3% | 68.0% | 55.9% | 44.1% | 23.2% | 55.9% | 44.1% | 8.7% | 43.2% | 56.8% | 0.1% | 0.0% | 100% |
| 大肚城（人數） | 1,652 | 841 | 811 | 845 | 447 | 398 | 132 | 66 | 66 | 672 | 328 | 344 | 3 | 0 | 3 |
| 大肚城（比例） | 100% | 50.9% | 49.1% | 51.2% | 52.9% | 47.1% | 8.0% | 50.0% | 50.0% | 40.7% | 48.8% | 51.2% | 0.2% | 0.0% | 100% |
| 枇杷城（人數） | 1,469 | 749 | 720 | 911 | 470 | 441 | 208 | 101 | 107 | 349 | 178 | 171 | 1 | 0 | 1 |
| 枇杷城（比例） | 100% | 51.0% | 49.0% | 62.0% | 51.6% | 48.4% | 14.2% | 48.6% | 51.4% | 23.8% | 51.0% | 49.0% | 0.1% | 0.0% | 100% |

| 地名 | | | | | | | | | | | | | | | | | | | |
|---|---|---|---|---|---|---|---|---|---|---|---|---|---|---|---|---|---|---|---|
| 珠子山 | 559 | 322 | 237 | 319 | 156 | 82 | 2 | 319 | 190 | 129 | 156 | 83 | 73 | 82 | 49 | 33 | 2 | 0 | 2 |
| | 100% | 57.6% | 42.4% | 57.1% | 27.9% | 14.7% | 0.4% | 100% | 59.6% | 40.4% | 100% | 53.2% | 46.8% | 100% | 59.8% | 40.2% | 100% | 0.0% | 100% |
| 挑米坑 | 772 | 407 | 365 | 310 | 407 | 54 | 1 | 310 | 160 | 150 | 407 | 225 | 182 | 54 | 22 | 32 | 1 | 0 | 1 |
| | 100% | 52.7% | 47.3% | 40.2% | 52.7% | 7.0% | 0.1% | 100% | 51.6% | 48.4% | 100% | 55.3% | 44.7% | 100% | 40.7% | 59.3% | 100% | 0.0% | 100% |
| 生蕃空 | 580 | 299 | 281 | 268 | 151 | 161 | 0 | 268 | 127 | 141 | 151 | 89 | 62 | 161 | 83 | 78 | 0 | 0 | 0 |
| | 100% | 51.6% | 48.4% | 46.2% | 26.0% | 27.8% | 0.0% | 100% | 47.4% | 52.6% | 100% | 58.9% | 41.1% | 100% | 51.6% | 48.4% | 100% | | |
| 烏牛欄 | 1,176 | 583 | 593 | 283 | 129 | 763 | 1 | 283 | 148 | 135 | 129 | 63 | 66 | 763 | 372 | 391 | 1 | 0 | 1 |
| | 100% | 49.6% | 50.4% | 24.1% | 11.0% | 64.9% | 0.1% | 100% | 52.3% | 47.7% | 100% | 48.8% | 51.2% | 100% | 48.8% | 51.2% | 100% | 0.0% | 100% |
| 房里 | 767 | 367 | 400 | 173 | 59 | 534 | 1 | 173 | 76 | 97 | 59 | 22 | 37 | 534 | 269 | 265 | 1 | 0 | 1 |
| | 100% | 47.8% | 52.2% | 22.6% | 7.7% | 69.6% | 0.1% | 100% | 43.9% | 56.1% | 100% | 37.3% | 62.7% | 100% | 50.4% | 49.6% | 100% | 0.0% | 100% |
| 水尾 | 1,492 | 763 | 729 | 188 | 1,121 | 181 | 2 | 188 | 106 | 82 | 1,121 | 569 | 552 | 181 | 88 | 93 | 2 | 0 | 2 |
| | 100% | 51.1% | 48.9% | 12.6% | 75.1% | 12.1% | 0.1% | 100% | 56.4% | 43.6% | 100% | 50.8% | 49.2% | 100% | 48.6% | 51.4% | 100% | 0.0% | 100% |
| 牛相觸 | 510 | 275 | 235 | 115 | 176 | 219 | 0 | 115 | 54 | 61 | 176 | 100 | 76 | 219 | 121 | 98 | 0 | 0 | 0 |
| | 100% | 53.9% | 46.1% | 22.5% | 34.5% | 42.9% | 0.0% | 100% | 47.0% | 53.0% | 100% | 56.8% | 43.2% | 100% | 55.3% | 44.7% | 100% | | |
| 牛眠山 | 1,156 | 554 | 602 | 424 | 215 | 513 | 4 | 424 | 222 | 202 | 215 | 98 | 117 | 513 | 234 | 279 | 4 | 0 | 4 |
| | 100% | 47.9% | 52.1% | 36.7% | 18.6% | 44.4% | 0.3% | 100% | 52.4% | 47.6% | 100% | 45.6% | 54.4% | 100% | 45.6% | 54.4% | 100% | 0.0% | 100% |
| 福興 | 494 | 264 | 230 | 255 | 162 | 75 | 2 | 255 | 137 | 118 | 162 | 84 | 78 | 75 | 43 | 32 | 2 | 0 | 2 |
| | 100% | 53.4% | 46.6% | 51.6% | 32.8% | 15.2% | 0.4% | 100% | 53.7% | 46.3% | 100% | 51.9% | 48.1% | 100% | 57.3% | 42.7% | 100% | 0.0% | 100% |
| 史港坑 | 531 | 260 | 271 | 185 | 206 | 139 | 1 | 185 | 98 | 87 | 206 | 94 | 112 | 139 | 68 | 71 | 1 | 0 | 1 |
| | 100% | 49.0% | 51.0% | 34.8% | 38.8% | 26.2% | 0.2% | 100% | 53.0% | 47.0% | 100% | 45.6% | 54.4% | 100% | 48.9% | 51.1% | 100% | 0.0% | 100% |
| 小埔社 | 1,002 | 532 | 470 | 441 | 520 | 41 | 0 | 441 | 254 | 187 | 520 | 263 | 257 | 41 | 15 | 26 | 0 | 0 | 0 |
| | 100% | 53.1% | 46.9% | 44.0% | 51.9% | 4.1% | 0.0% | 100% | 57.6% | 42.4% | 100% | 50.6% | 49.4% | 100% | 36.6% | 63.4% | 100% | | |
| 大滿 | 1,178 | 586 | 592 | 506 | 206 | 459 | 7 | 506 | 265 | 241 | 206 | 114 | 92 | 459 | 206 | 253 | 7 | 1 | 6 |
| | 100% | 49.7% | 50.3% | 43.0% | 17.5% | 39.0% | 0.6% | 100% | 52.4% | 47.6% | 100% | 55.3% | 44.7% | 100% | 44.9% | 55.1% | 100% | 14.3% | 85.7% |
| 水頭 | 1,131 | 642 | 489 | 522 | 355 | 249 | 5 | 522 | 305 | 217 | 355 | 204 | 151 | 249 | 133 | 116 | 5 | 0 | 5 |
| | 100% | 56.8% | 43.2% | 46.2% | 31.4% | 22.0% | 0.4% | 100% | 58.4% | 41.6% | 100% | 57.5% | 42.5% | 100% | 53.4% | 46.6% | 100% | 0.0% | 100% |

說明：本表數據引自第三次臨時戶口調查統計。

表 19：能高部、埔里街、烏牛欄臺灣人族群結構表-1（1920）

| 部、街庄別 | 人口數 總數 | 男 | 女 | 族群／祖籍 福 總數 | 男 | 女 | 廣 總數 | 男 | 女 | 熟 總數 | 男 | 女 | 生 總數 | 男 | 女 |
|---|---|---|---|---|---|---|---|---|---|---|---|---|---|---|---|
| 能高部（人數） | 25,882 | 14,061 | 11,821 | 10,802 | 6,101 | 4,701 | 9,844 | 5,416 | 4,428 | 5,199 | 2,543 | 2,656 | 37 | 1 | 36 |
| 能高部（比例） | 100% | 54.3% | 45.7% | 41.7% | 56.5% | 43.5% | 38.0% | 55.0% | 45.0% | 20.1% | 48.9% | 51.1% | 0.1% | 2.7% | 97.3% |
| 埔里街（人數） | 19,570 | 10,234 | 9,336 | 9,212 | 4,996 | 4,216 | 5,388 | 2,837 | 2,551 | 4,933 | 2,400 | 2,533 | 37 | 1 | 36 |
| 埔里街（比例） | 100% | 52.3% | 47.7% | 47.1% | 54.2% | 45.8% | 27.5% | 52.7% | 47.3% | 25.2% | 48.7% | 51.3% | 0.2% | 2.7% | 97.3% |
| 烏牛欄（人數） | 1,176 | 583 | 593 | 283 | 148 | 135 | 129 | 63 | 66 | 763 | 372 | 391 | 1 | 0 | 1 |
| 烏牛欄（比例） | 100% | 49.6% | 50.4% | 24.1% | 52.3% | 47.7% | 11.0% | 48.8% | 51.2% | 64.9% | 48.8% | 51.2% | 0.1% | 0.0% | 100% |

說明：本表數據引自第三次臨時戶口調查統計。

表 20：能高郡、埔里街及各大字臺灣人族群結構表-2（1925）

| 部、街庄別 | 人口數 總數 | 男 | 女 | 族群／祖籍 福 總數 | 男 | 女 | 廣 總數 | 男 | 女 | 熟 總數 | 男 | 女 | 生 總數 | 男 | 女 |
|---|---|---|---|---|---|---|---|---|---|---|---|---|---|---|---|
| 能高郡（人數） | 29,697 | 15,725 | 13,972 | 12,592 | 6,802 | 5,790 | 11,634 | 6,257 | 5,377 | 5,422 | 2,660 | 2,762 | 49 | 6 | 43 |
| 能高郡（比例） | 100% | 53.0% | 47.0% | 42.4% | 54.0% | 46.0% | 39.2% | 53.8% | 46.2% | 18.3% | 49.1% | 50.9% | 0.2% | 12% | 88% |
| 埔里街（人數） | 22,415 | 11,518 | 10,897 | 10,683 | 5,586 | 5,097 | 6,583 | 3,433 | 3,150 | 5,120 | 2,493 | 2,627 | 29 | 6 | 23 |
| 埔里街（比例） | 100% | 51.4% | 48.6% | 47.7% | 52.3% | 47.7% | 29.4% | 52.1% | 47.9% | 22.8% | 48.7% | 51.3% | 0.1% | 21% | 79% |
| 埔里（人數） | 6,164 | 3,200 | 2,964 | 4,175 | 2,206 | 1,969 | 1,508 | 797 | 711 | 464 | 192 | 272 | 17 | 5 | 12 |
| 埔里（比例） | 100% | 51.9% | 48.1% | 67.7% | 52.8% | 47.2% | 24.5% | 52.9% | 47.1% | 7.5% | 41.4% | 58.6% | 0.3% | 29% | 71% |
| 大肚城（人數） | 1,804 | 898 | 906 | 1,020 | 521 | 499 | 161 | 79 | 82 | 620 | 298 | 322 | 3 | 0 | 3 |
| 大肚城（比例） | 100% | 49.8% | 50.2% | 56.5% | 51.1% | 48.9% | 8.9% | 49.1% | 50.9% | 34.4% | 48.1% | 51.9% | 0.2% | 0% | 100% |

| 地名 | | | | | | | | | | | | | | | | | | | |
|---|---|---|---|---|---|---|---|---|---|---|---|---|---|---|---|---|---|---|---|
| 枇杷城 | 1,509 | 779 | 730 | 944 | 225 | 338 | 2 | 944 | 485 | 459 | 225 | 115 | 110 | 338 | 179 | 159 | 2 | 0 | 2 |
| | 100% | 51.6% | 48.4% | 62.6% | 14.9% | 22.4% | 0.1% | 100% | 51.4% | 48.6% | 100% | 51.1% | 48.9% | 100% | 53.0% | 47.0% | 100% | 0% | 100% |
| 珠子山 | 505 | 262 | 243 | 251 | 172 | 80 | 2 | 251 | 131 | 120 | 172 | 86 | 86 | 80 | 45 | 35 | 2 | 0 | 2 |
| | 100% | 51.9% | 48.1% | 49.7% | 34.1% | 15.8% | 0.4% | 100% | 52.2% | 47.8% | 100% | 50.0% | 50.0% | 100% | 56.3% | 43.8% | 100% | 0% | 100% |
| 挑米坑 | 973 | 511 | 462 | 405 | 471 | 96 | 1 | 405 | 198 | 207 | 471 | 266 | 205 | 96 | 47 | 49 | 1 | 0 | 1 |
| | 100% | 52.5% | 47.5% | 41.6% | 48.4% | 9.9% | 0.1% | 100% | 48.9% | 51.1% | 100% | 56.5% | 43.5% | 100% | 49.0% | 51.0% | 100% | 0% | 100% |
| 生蕃空 | 606 | 302 | 304 | 298 | 141 | 167 | 0 | 298 | 145 | 153 | 141 | 75 | 66 | 167 | 82 | 85 | 0 | 0 | 0 |
| | 100% | 49.8% | 50.2% | 49.2% | 23.3% | 27.6% | 0.0% | 100% | 48.7% | 51.3% | 100% | 53.2% | 46.8% | 100% | 49.1% | 50.9% | | | |
| 烏牛欄 | 1,195 | 580 | 615 | 347 | 136 | 712 | 0 | 347 | 176 | 171 | 136 | 58 | 78 | 712 | 346 | 366 | 0 | 0 | 0 |
| | 100% | 48.5% | 51.5% | 29.0% | 11.4% | 59.6% | 0.0% | 100% | 50.7% | 49.3% | 100% | 42.6% | 57.4% | 100% | 48.6% | 51.4% | 100% | | |
| 房里 | 883 | 429 | 454 | 208 | 69 | 606 | 0 | 208 | 94 | 114 | 69 | 23 | 46 | 606 | 312 | 294 | 0 | 0 | 0 |
| | 100% | 48.6% | 51.4% | 23.6% | 7.8% | 68.6% | 0.0% | 100% | 45.2% | 54.8% | 100% | 33.3% | 66.7% | 100% | 51.5% | 48.5% | 100% | | |
| 水尾 | 1,745 | 921 | 824 | 303 | 1,225 | 216 | 1 | 303 | 183 | 120 | 1,225 | 631 | 594 | 216 | 107 | 109 | 1 | 0 | 1 |
| | 100% | 52.8% | 47.2% | 17.4% | 70.2% | 12.4% | 0.1% | 100% | 60.4% | 39.6% | 100% | 51.5% | 48.5% | 100% | 49.5% | 50.5% | 100% | 0% | 100% |
| 牛相觸 | 540 | 288 | 252 | 111 | 192 | 237 | 0 | 111 | 51 | 60 | 192 | 107 | 85 | 237 | 130 | 107 | 0 | 0 | 0 |
| | 100% | 53.3% | 46.7% | 20.6% | 35.6% | 43.9% | 0.0% | 100% | 45.9% | 54.1% | 100% | 55.7% | 44.3% | 100% | 54.9% | 45.1% | 100% | | |
| 牛眠山 | 1,263 | 617 | 646 | 463 | 280 | 516 | 4 | 463 | 249 | 214 | 280 | 133 | 147 | 516 | 235 | 281 | 4 | 0 | 4 |
| | 100% | 48.9% | 51.1% | 36.7% | 22.2% | 40.9% | 0.3% | 100% | 53.8% | 46.2% | 100% | 47.5% | 52.5% | 100% | 45.5% | 54.5% | 100% | 0% | 100% |
| 福興 | 598 | 315 | 283 | 333 | 192 | 73 | 0 | 333 | 174 | 159 | 192 | 101 | 91 | 73 | 40 | 33 | 0 | 0 | 0 |
| | 100% | 52.7% | 47.3% | 55.7% | 32.1% | 12.2% | 0.0% | 100% | 52.3% | 47.7% | 100% | 52.6% | 47.4% | 100% | 54.8% | 45.2% | 100% | | |
| 史港坑 | 633 | 323 | 310 | 230 | 226 | 177 | 0 | 230 | 129 | 101 | 226 | 104 | 122 | 177 | 90 | 87 | 0 | 0 | 0 |
| | 100% | 51.0% | 49.0% | 36.3% | 35.7% | 28.0% | 0.0% | 100% | 56.1% | 43.9% | 100% | 46.0% | 54.0% | 100% | 50.8% | 49.2% | 100% | | |
| 小埔社 | 1,262 | 673 | 589 | 430 | 789 | 42 | 1 | 430 | 231 | 199 | 789 | 419 | 370 | 42 | 23 | 19 | 1 | 0 | 1 |
| | 100% | 53.3% | 46.7% | 34.1% | 62.5% | 3.3% | 0.1% | 100% | 53.7% | 46.3% | 100% | 53.1% | 46.9% | 100% | 54.8% | 45.2% | 100% | 0% | 100% |
| 大湳 | 1,385 | 680 | 705 | 549 | 305 | 527 | 4 | 549 | 275 | 274 | 305 | 166 | 139 | 527 | 238 | 289 | 4 | 1 | 3 |
| | 100% | 49.1% | 50.9% | 39.6% | 22.0% | 38.1% | 0.3% | 100% | 50.1% | 49.9% | 100% | 54.4% | 45.6% | 100% | 45.2% | 54.8% | 100% | 25% | 75% |
| 水頭 | 1,360 | 740 | 620 | 616 | 491 | 249 | 4 | 616 | 338 | 278 | 491 | 273 | 218 | 249 | 129 | 120 | 4 | 0 | 4 |
| | 100% | 54.4% | 45.6% | 45.3% | 36.1% | 18.3% | 0.3% | 100% | 54.9% | 45.1% | 100% | 55.6% | 44.4% | 100% | 51.8% | 48.2% | 100% | 0% | 100% |

說明：本表數據引自第四次臨時戶口調查統計。

表21：能高郡、埔里街、烏牛欄臺灣人族群結構表-2（1925）

| 項目／人數性別及比例／郡、街庄別 | 人口數 | | | 福 | | | 廣 | | | 熟 | | | 生 | | |
|---|---|---|---|---|---|---|---|---|---|---|---|---|---|---|---|
| | 總數 | 男 | 女 | 總數 | 男 | 女 | 總數 | 男 | 女 | 總數 | 男 | 女 | 總數 | 男 | 女 |
| 能高郡 | 29,697 | 15,725 | 13,972 | 12,592 | 6,802 | 5,790 | 11,634 | 6,257 | 5,377 | 5,422 | 2,660 | 2,762 | 49 | 6 | 43 |
| 比例 | 100% | 53.0% | 47.0% | 42.4% | 54.0% | 46.0% | 39.2% | 53.8% | 46.2% | 18.3% | 49.1% | 50.9% | 0.2% | 12% | 88% |
| 埔里街 | 22,415 | 11,518 | 10,897 | 10,683 | 5,586 | 5,097 | 6,583 | 3,433 | 3,150 | 5,120 | 2,493 | 2,627 | 29 | 6 | 23 |
| 比例 | 100% | 51.4% | 48.6% | 47.7% | 52.3% | 47.7% | 29.4% | 52.1% | 47.9% | 22.8% | 48.7% | 51.3% | 0.1% | 21% | 79% |
| 烏牛欄 | 1,195 | 580 | 615 | 347 | 176 | 171 | 136 | 58 | 78 | 712 | 346 | 366 | 0 | 0 | 0 |
| 比例 | 100% | 48.5% | 51.5% | 29.0% | 50.7% | 49.3% | 11.4% | 42.6% | 57.4% | 59.6% | 48.6% | 51.4% | 0.0% | 100% | |

說明：本表數據引自第四次臨時戶口調查統計。

表22：能高郡、埔里街及各大字臺灣人族群結構表-3（1930）

| 項目／人數性別及比例／郡、街庄別 | 人口數 | | | 福 | | | 廣 | | | 熟 | | | 生 | | |
|---|---|---|---|---|---|---|---|---|---|---|---|---|---|---|---|
| | 總數 | 男 | 女 | 總數 | 男 | 女 | 總數 | 男 | 女 | 總數 | 男 | 女 | 總數 | 男 | 女 |
| 能高郡 | 43,058 | 22,380 | 20,678 | 13,981 | 7,326 | 6,655 | 15,045 | 8,025 | 7,020 | 5,719 | 2,816 | 2,903 | 8,313 | 4,213 | 4,100 |
| 比例 | 100% | 52.0% | 48.0% | 32.5% | 52.4% | 47.6% | 34.9% | 53.3% | 46.7% | 13.3% | 49.2% | 50.8% | 19.3% | 51% | 49% |
| 埔里街 | 25,317 | 12,968 | 12,349 | 12,045 | 6,225 | 5,820 | 7,853 | 4,079 | 3,774 | 5,379 | 2,653 | 2,726 | 40 | 11 | 29 |
| 比例 | 100% | 51.2% | 48.8% | 47.6% | 51.7% | 48.3% | 31.0% | 51.9% | 48.1% | 21.2% | 49.3% | 50.7% | 0.2% | 28% | 73% |
| 埔里 | 7,186 | 3,681 | 3,505 | 4,708 | 2,451 | 2,257 | 1,916 | 996 | 920 | 542 | 226 | 316 | 20 | 8 | 12 |
| 比例 | 100% | 51.2% | 48.8% | 65.5% | 52.1% | 47.9% | 26.7% | 52.0% | 48.0% | 7.5% | 41.7% | 58.3% | 0.3% | 40% | 60% |

| | Total | Male | Female | A | B | C | D | A小計 | A男 | A女 | B小計 | B男 | B女 | C小計 | C男 | C女 | D小計 | D男 | D女 |
|---|---|---|---|---|---|---|---|---|---|---|---|---|---|---|---|---|---|---|---|
| 大肚城 | 2,090 (100%) | 1,029 (49.2%) | 1,061 (50.8%) | 1,203 (57.6%) | 214 (10.2%) | 669 (32.0%) | 4 (0.2%) | 1,203 (100%) | 592 (49.2%) | 611 (50.8%) | 214 (100%) | 105 (49.1%) | 109 (50.9%) | 669 (100%) | 332 (49.6%) | 337 (50.4%) | 4 (100%) | 0 (0%) | 4 (100%) |
| 枇杷城 | 1,691 (100%) | 866 (51.2%) | 825 (48.8%) | 1,074 (63.5%) | 274 (16.2%) | 342 (20.2%) | 1 (0.1%) | 1,074 (100%) | 545 (50.7%) | 529 (49.3%) | 274 (100%) | 143 (52.2%) | 131 (47.8%) | 342 (100%) | 178 (52.0%) | 164 (48.0%) | 1 (100%) | 0 (0%) | 1 (100%) |
| 珠子山 | 535 (100%) | 279 (52.1%) | 256 (47.9%) | 288 (53.8%) | 189 (35.3%) | 56 (10.5%) | 2 (0.4%) | 288 (100%) | 143 (49.7%) | 145 (50.3%) | 189 (100%) | 105 (55.6%) | 84 (44.4%) | 56 (100%) | 31 (55.4%) | 25 (44.6%) | 2 (100%) | 0 (0%) | 2 (100%) |
| 挑米坑 | 1,163 (100%) | 612 (52.6%) | 551 (47.4%) | 503 (43.3%) | 569 (48.9%) | 90 (7.7%) | 1 (0.1%) | 503 (100%) | 258 (51.3%) | 245 (48.7%) | 569 (100%) | 319 (56.1%) | 250 (43.9%) | 90 (100%) | 35 (38.9%) | 55 (61.1%) | 1 (100%) | 0 (0%) | 1 (100%) |
| 生蕃空 | 606 (100%) | 314 (51.8%) | 292 (48.2%) | 290 (47.9%) | 154 (25.4%) | 162 (26.7%) | 0 (0.0%) | 290 (100%) | 144 (49.7%) | 146 (50.3%) | 154 (100%) | 85 (55.2%) | 69 (44.8%) | 162 (100%) | 85 (52.5%) | 77 (47.5%) | 0 (100%) | 0 | 0 |
| 烏牛欄 | 1,352 (100%) | 683 (50.5%) | 669 (49.5%) | 400 (29.6%) | 153 (11.3%) | 799 (59.1%) | 0 (0.0%) | 400 (100%) | 215 (53.8%) | 185 (46.3%) | 153 (100%) | 77 (50.3%) | 76 (49.7%) | 799 (100%) | 391 (48.9%) | 408 (51.1%) | 0 (100%) | 0 | 0 |
| 房里 | 891 (100%) | 442 (49.6%) | 449 (50.4%) | 173 (19.4%) | 98 (11.0%) | 620 (69.6%) | 0 (0.0%) | 173 (100%) | 78 (45.1%) | 95 (54.9%) | 98 (100%) | 37 (37.8%) | 61 (62.2%) | 620 (100%) | 327 (52.7%) | 293 (47.3%) | 0 (100%) | 0 | 0 |
| 水尾 | 2,001 (100%) | 1,018 (50.9%) | 983 (49.1%) | 309 (15.4%) | 1,463 (73.1%) | 227 (11.3%) | 2 (0.1%) | 309 (100%) | 168 (54.4%) | 141 (45.6%) | 1,463 (100%) | 735 (50.2%) | 728 (49.8%) | 227 (100%) | 115 (50.7%) | 112 (49.3%) | 2 (100%) | 0 (0%) | 2 (100%) |
| 牛相觸 | 597 (100%) | 316 (52.9%) | 281 (47.1%) | 151 (25.3%) | 197 (33.0%) | 249 (41.7%) | 0 (0.0%) | 151 (100%) | 72 (47.7%) | 79 (52.3%) | 197 (100%) | 109 (55.3%) | 88 (44.7%) | 249 (100%) | 135 (54.2%) | 114 (45.8%) | 0 (100%) | 0 | 0 |
| 牛眠山 | 1,402 (100%) | 708 (50.5%) | 694 (49.5%) | 547 (39.0%) | 345 (24.6%) | 507 (36.2%) | 3 (0.2%) | 547 (100%) | 299 (54.7%) | 248 (45.3%) | 345 (100%) | 167 (48.4%) | 178 (51.6%) | 507 (100%) | 242 (47.7%) | 265 (52.3%) | 3 (100%) | 0 (0%) | 3 (100%) |
| 福興 | 614 (100%) | 314 (51.1%) | 300 (48.9%) | 308 (50.2%) | 202 (32.9%) | 104 (16.9%) | 0 (0.0%) | 308 (100%) | 154 (50.0%) | 154 (50.0%) | 202 (100%) | 105 (52.0%) | 97 (48.0%) | 104 (100%) | 55 (52.9%) | 49 (47.1%) | 0 (100%) | 0 | 0 |
| 史港坑 | 724 (100%) | 366 (50.6%) | 358 (49.4%) | 269 (37.2%) | 261 (36.0%) | 194 (26.8%) | 0 (0.0%) | 269 (100%) | 153 (56.9%) | 116 (43.1%) | 261 (100%) | 117 (44.8%) | 144 (55.2%) | 194 (100%) | 96 (49.5%) | 98 (50.5%) | 0 (100%) | 0 | 0 |
| 小埔社 | 1,329 (100%) | 710 (53.4%) | 619 (46.6%) | 476 (35.8%) | 815 (61.3%) | 37 (2.8%) | 1 (0.1%) | 476 (100%) | 257 (54.0%) | 219 (46.0%) | 815 (100%) | 437 (53.6%) | 378 (46.4%) | 37 (100%) | 16 (43.2%) | 21 (56.8%) | 1 (100%) | 0 (0%) | 1 (100%) |
| 大湳 | 1,517 (100%) | 780 (51.4%) | 737 (48.6%) | 582 (38.4%) | 409 (27.0%) | 522 (34.4%) | 4 (0.3%) | 582 (100%) | 307 (52.7%) | 275 (47.3%) | 409 (100%) | 222 (54.3%) | 187 (45.7%) | 522 (100%) | 248 (47.5%) | 274 (52.5%) | 4 (100%) | 3 (75%) | 1 (25%) |
| 水頭 | 1,619 (100%) | 850 (52.5%) | 769 (47.5%) | 764 (47.2%) | 594 (36.7%) | 259 (16.0%) | 2 (0.1%) | 764 (100%) | 389 (50.9%) | 375 (49.1%) | 594 (100%) | 320 (53.9%) | 274 (46.1%) | 259 (100%) | 141 (54.4%) | 118 (45.6%) | 2 (100%) | 0 (0%) | 2 (100%) |

說明：本表數據引自第五次臨時戶口調查統計。

表 23：能高郡、埔里街、烏牛欄臺灣人族群結構表-3 （1930）

| 部、街庄別 | | 人口數 總數 | 男 | 女 | 福 總數 | 男 | 女 | 廣 總數 | 男 | 女 | 熟 總數 | 男 | 女 | 生 總數 | 男 | 女 |
|---|---|---|---|---|---|---|---|---|---|---|---|---|---|---|---|---|
| 能高郡 | 數 | 43,058 | 22,380 | 20,678 | 13,981 | 7,326 | 6,655 | 15,045 | 8,025 | 7,020 | 5,719 | 2,816 | 2,903 | 8,313 | 4,213 | 4,100 |
| | 比例 | 100% | 52.0% | 48.0% | 32.5% | 52.4% | 47.6% | 34.9% | 53.3% | 46.7% | 13.3% | 49.2% | 50.8% | 19.3% | 51% | 49% |
| 埔里街 | 數 | 25,317 | 12,968 | 12,349 | 12,045 | 6,225 | 5,820 | 7,853 | 4,079 | 3,774 | 5,379 | 2,653 | 2,726 | 40 | 11 | 29 |
| | 比例 | 100% | 51.2% | 48.8% | 47.6% | 51.7% | 48.3% | 31.0% | 51.9% | 48.1% | 21.2% | 49.3% | 50.7% | 0.2% | 28% | 73% |
| 烏牛欄 | 數 | 1,352 | 683 | 669 | 400 | 215 | 185 | 153 | 77 | 76 | 799 | 391 | 408 | 0 | 0 | 0 |
| | 比例 | 100% | 50.5% | 49.5% | 29.6% | 53.8% | 46.3% | 11.3% | 50.3% | 49.7% | 59.1% | 48.9% | 51.1% | 0.0% | 100% | 100% |

說明：本表數據引自臺灣第五次臨時戶口調查統計。

表 24：能高郡、埔里街及各大字臺灣人族群結構表-4 （1935）

| 部、街庄別 | | 人口數 總數 | 男 | 女 | 福 總數 | 男 | 女 | 廣 總數 | 男 | 女 | 熟 總數 | 男 | 女 | 生 總數 | 男 | 女 |
|---|---|---|---|---|---|---|---|---|---|---|---|---|---|---|---|---|
| 能高郡 | 數 | 47,904 | 24,751 | 23,153 | 16,477 | 8,554 | 7,923 | 18,418 | 9,700 | 8,718 | 5,928 | 2,922 | 3,006 | 7,081 | 3,575 | 3,506 |
| | 比例 | 100% | 51.7% | 48.3% | 34.4% | 51.9% | 48.1% | 38.4% | 52.7% | 47.3% | 12.4% | 49.3% | 50.7% | 14.8% | 50.5% | 49.5% |
| 埔里街 | 數 | 28,306 | 14,365 | 13,941 | 13,951 | 7,125 | 6,826 | 8,747 | 4,478 | 4,269 | 5,584 | 2,755 | 2,829 | 24 | 7 | 17 |
| | 比例 | 100% | 50.7% | 49.3% | 49.3% | 51.1% | 48.9% | 30.9% | 51.2% | 48.8% | 19.7% | 49.3% | 50.7% | 0.1% | 29.2% | 70.8% |
| 埔里 | 數 | 8,282 | 4,169 | 4,113 | 5,444 | 2,781 | 2,663 | 2,204 | 1,098 | 1,106 | 626 | 288 | 338 | 8 | 2 | 6 |
| | 比例 | 100% | 50.3% | 49.7% | 65.7% | 51.1% | 48.9% | 26.6% | 49.8% | 50.2% | 7.6% | 46.0% | 54.0% | 0.1% | 25.0% | 75.0% |
| 大肚城 | 數 | 2,084 | 1,029 | 1,055 | 1,207 | 597 | 610 | 233 | 110 | 123 | 644 | 322 | 322 | 0 | 0 | 0 |
| | 比例 | 100% | 49.4% | 50.6% | 57.9% | 49.5% | 50.5% | 11.2% | 47.2% | 52.8% | 30.9% | 50.0% | 50.0% | 0.0% | 100% | 100% |

| 地名 | | | | | | | | | | | | | | | | | | | |
|---|---|---|---|---|---|---|---|---|---|---|---|---|---|---|---|---|---|---|---|
| 枇杷城 | 2,029 (100%) | 1,025 (50.5%) | 1,004 (49.5%) | 1,249 (61.6%) | 420 (20.7%) | 358 (17.6%) | 2 (0.1%) | 1,249 (100%) | 622 (49.8%) | 627 (50.2%) | 420 (100%) | 211 (50.2%) | 209 (49.8%) | 358 (100%) | 192 (53.6%) | 166 (46.4%) | 2 (100%) | 0 (0.0%) | 2 (100%) |
| 珠子山 | 553 (100%) | 285 (51.5%) | 268 (48.5%) | 307 (55.5%) | 199 (36.0%) | 46 (8.3%) | 1 (0.2%) | 307 (100%) | 158 (51.5%) | 149 (48.5%) | 199 (100%) | 101 (50.8%) | 98 (49.2%) | 46 (100%) | 26 (56.5%) | 20 (43.5%) | 1 (100%) | 0 (0.0%) | 1 (100%) |
| 挑米坑 | 1,335 (100%) | 692 (51.8%) | 643 (48.2%) | 575 (43.1%) | 671 (50.3%) | 89 (6.7%) | 0 (0.0%) | 575 (100%) | 278 (48.3%) | 297 (51.7%) | 671 (100%) | 383 (57.1%) | 288 (42.9%) | 89 (100%) | 31 (34.8%) | 58 (65.2%) | 0 | 0 | 0 |
| 牛蕃空 | 689 (100%) | 351 (50.9%) | 338 (49.1%) | 351 (50.9%) | 169 (24.5%) | 169 (24.5%) | 0 (0.0%) | 351 (100%) | 175 (49.9%) | 176 (50.1%) | 169 (100%) | 90 (53.3%) | 79 (46.7%) | 169 (100%) | 86 (50.9%) | 83 (49.1%) | 0 (100%) | 0 | 0 (100%) |
| 烏牛欄 | 1,428 (100%) | 698 (48.9%) | 730 (51.1%) | 438 (30.7%) | 206 (14.4%) | 784 (54.9%) | 0 (0.0%) | 438 (100%) | 219 (50.0%) | 219 (50.0%) | 206 (100%) | 102 (49.5%) | 104 (50.5%) | 784 (100%) | 377 (48.1%) | 407 (51.9%) | 0 (100%) | 0 | 0 (100%) |
| 房里 | 984 (100%) | 500 (50.8%) | 484 (49.2%) | 225 (22.9%) | 118 (12.0%) | 640 (65.0%) | 1 (0.1%) | 225 (100%) | 112 (49.8%) | 113 (50.2%) | 118 (100%) | 45 (38.1%) | 73 (61.9%) | 640 (100%) | 343 (53.6%) | 297 (46.4%) | 1 (100%) | 0 (0.0%) | 1 (100%) |
| 水尾 | 2,089 (100%) | 1,045 (50.0%) | 1,044 (50.0%) | 330 (15.8%) | 1,503 (71.9%) | 255 (12.2%) | 1 (0.0%) | 330 (100%) | 163 (49.4%) | 167 (50.6%) | 1,503 (100%) | 757 (50.4%) | 746 (49.6%) | 255 (100%) | 125 (49.0%) | 130 (51.0%) | 1 (100%) | 0 (0.0%) | 1 (100%) |
| 牛相觸 | 628 (100%) | 332 (52.9%) | 296 (47.1%) | 191 (30.4%) | 219 (34.9%) | 218 (34.7%) | 0 (0.0%) | 191 (100%) | 92 (48.2%) | 99 (51.8%) | 219 (100%) | 120 (54.8%) | 99 (45.2%) | 218 (100%) | 120 (55.0%) | 98 (45.0%) | 0 | 0 | 0 |
| 牛眠山 | 1,624 (100%) | 832 (51.2%) | 792 (48.8%) | 672 (41.4%) | 384 (23.6%) | 564 (34.7%) | 4 (0.2%) | 672 (100%) | 363 (54.0%) | 309 (46.0%) | 384 (100%) | 195 (50.8%) | 189 (49.2%) | 564 (100%) | 274 (48.6%) | 290 (51.4%) | 4 (100%) | 0 (0.0%) | 4 (100%) |
| 福興 | 705 (100%) | 354 (50.2%) | 351 (49.8%) | 362 (51.3%) | 208 (29.5%) | 135 (19.1%) | 0 (0.0%) | 362 (100%) | 185 (51.1%) | 177 (48.9%) | 208 (100%) | 108 (51.9%) | 100 (48.1%) | 135 (100%) | 61 (45.2%) | 74 (54.8%) | 0 (100%) | 0 | 0 (100%) |
| 史港坑 | 819 (100%) | 403 (49.2%) | 416 (50.8%) | 349 (42.6%) | 267 (32.6%) | 203 (24.8%) | 0 (0.0%) | 349 (100%) | 190 (54.4%) | 159 (45.6%) | 267 (100%) | 117 (43.8%) | 150 (56.2%) | 203 (100%) | 96 (47.3%) | 107 (52.7%) | 0 (100%) | 0 (%) | 0 (100%) |
| 小埔社 | 1,588 (100%) | 860 (54.2%) | 728 (45.8%) | 560 (35.3%) | 968 (61.0%) | 59 (3.7%) | 1 (0.1%) | 560 (100%) | 312 (55.7%) | 248 (44.3%) | 968 (100%) | 521 (53.8%) | 447 (46.2%) | 59 (100%) | 27 (45.8%) | 32 (54.2%) | 1 (100%) | 0 (0.0%) | 1 (100%) |
| 大湳 | 1,441 (100%) | 734 (50.9%) | 707 (49.1%) | 580 (40.2%) | 375 (26.0%) | 480 (33.3%) | 6 (0.4%) | 580 (100%) | 308 (53.1%) | 272 (46.9%) | 375 (100%) | 200 (53.3%) | 175 (46.7%) | 480 (100%) | 221 (46.0%) | 259 (54.0%) | 6 (100%) | 5 (83.3%) | 1 (16.7%) |
| 水頭 | 2,028 (100%) | 1,056 (52.1%) | 972 (47.9%) | 1,111 (54.8%) | 603 (29.7%) | 314 (15.5%) | 0 (0.0%) | 1,111 (100%) | 570 (51.3%) | 541 (48.7%) | 603 (100%) | 320 (53.1%) | 283 (46.9%) | 314 (100%) | 166 (52.9%) | 148 (47.1%) | 0 (100%) | 0 | 0 (100%) |

說明：本表數據引自第六次臨時戶口調查統計。

## 表 25：能高郡、埔里街、烏牛欄臺灣人族群結構表-4（1935）

| 部、街庄別 | 人口數 總數 | 男 | 女 | 福 | 廣 | 熟 | 生 | 福 總數 | 男 | 女 | 廣 總數 | 男 | 女 | 熟 總數 | 男 | 女 | 生 總數 | 男 | 女 |
|---|---|---|---|---|---|---|---|---|---|---|---|---|---|---|---|---|---|---|---|
| 能高郡 | 47,904 | 24,751 | 23,153 | 16,477 | 18,418 | 5,928 | 7,081 | 16,477 | 8,554 | 7,923 | 18,418 | 9,700 | 8,718 | 5,928 | 2,922 | 3,006 | 7,081 | 3,575 | 3,506 |
| 比例 | 100% | 51.7% | 48.3% | 34.4% | 38.4% | 12.4% | 14.8% | 100% | 51.9% | 48.1% | 100% | 52.7% | 47.3% | 100% | 49.3% | 50.7% | 100% | 50.5% | 49.5% |
| 埔里街 | 28,306 | 14,365 | 13,941 | 13,951 | 8,747 | 5,584 | 24 | 13,951 | 7,125 | 6,826 | 8,747 | 4,478 | 4,269 | 5,584 | 2,755 | 2,829 | 24 | 7 | 17 |
| 比例 | 100% | 50.7% | 49.3% | 49.3% | 30.9% | 19.7% | 0.1% | 100% | 51.1% | 48.9% | 100% | 51.2% | 48.8% | 100% | 49.3% | 50.7% | 100% | 29.2% | 70.8% |
| 烏牛欄 | 1,428 | 698 | 730 | 438 | 206 | 784 | 0 | 438 | 219 | 219 | 206 | 102 | 104 | 784 | 377 | 407 | 0 | 0 | 0 |
| 比例 | 100% | 48.9% | 51.1% | 30.7% | 14.4% | 54.9% | 0.0% | 100% | 50.0% | 50.0% | 100% | 49.5% | 50.5% | 100% | 48.1% | 51.9% | 100% | | |

說明：本表數據引自第六次臨時戶口調查統計。

## 表 26：日治時期臺灣人族群結構表（1905～1940）

| 年代 | 人口數 總數 | 男 | 女 | 福 | 廣 | 熟 | 生 | 福 總數 | 男 | 女 | 廣 總數 | 男 | 女 | 熟 總數 | 男 | 女 | 生 總數 | 男 | 女 |
|---|---|---|---|---|---|---|---|---|---|---|---|---|---|---|---|---|---|---|---|
| 明治38年（1905） | 2,972,774 | 1,567,201 | 1,405,573 | 2,492,784 | 397,195 | 46,432 | 36,363 | 2,492,784 | 1,319,966 | 1,172,818 | 397,195 | 206,699 | 190,496 | 46,432 | 22,708 | 23,724 | 36,363 | 17,828 | 18,535 |
| 比例 | 100% | 52.7% | 47.3% | 83.9% | 13.4% | 1.6% | 1.2% | 100% | 53.0% | 47.0% | 100% | 52.0% | 48.0% | 100% | 48.9% | 51.1% | 100% | 49.0% | 51.0% |
| 大正4年（1915） | 3,325,597 | 1,721,462 | 1,604,135 | 2,753,212 | 478,557 | 47,676 | 46,152 | 2,753,212 | 1,430,196 | 1,323,016 | 478,557 | 245,260 | 233,297 | 47,676 | 23,429 | 24,247 | 46,152 | 22,577 | 23,575 |
| 比例 | 100% | 51.8% | 48.2% | 82.8% | 14.4% | 1.4% | 1.4% | 100% | 51.9% | 48.1% | 100% | 51.2% | 48.8% | 100% | 49.1% | 50.9% | 100% | 48.9% | 51.1% |
| 大正9年（1920） | 3,466,272 | 1,781,491 | 1,684,781 | 2,851,353 | 519,770 | 48,894 | 46,255 | 2,851,353 | 1,469,542 | 1,381,811 | 519,770 | 265,259 | 254,511 | 48,894 | 24,189 | 24,705 | 46,255 | 22,501 | 23,754 |
| 比例 | 100% | 51.4% | 48.6% | 82.3% | 15.0% | 1.4% | 1.3% | 100% | 51.5% | 48.5% | 100% | 51.0% | 49.0% | 100% | 49.5% | 50.5% | 100% | 48.6% | 51.4% |

| 年代 | | | | | | | | | | | | | | | | | | |
|---|---|---|---|---|---|---|---|---|---|---|---|---|---|---|---|---|---|---|
| 大正14年(1925) | 3,774,268 / 100% | 1,927,066 / 48.9% | 1,847,202 / 82.2% | 51,009 / 1.4% | 49,585 / 1.3% | 572,853 / 15.2% | 3,100,821 / 100% | 1,585,889 / 51.1% | 1,514,932 / 48.9% | 572,853 / 100% | 291,377 / 50.9% | 281,476 / 49.1% | 51,009 / 100% | 25,421 / 49.8% | 25,588 / 50.2% | 49,585 / 100% | 24,379 / 49.2% | 25,206 / 50.8% |
| 昭和5年(1930) | 4,314,195 / 100% | 2,192,454 / 49.2% | 2,121,741 / 80.4% | 53,947 / 1.3% | 141,711 / 3.3% | 648,700 / 15.0% | 3,469,837 / 100% | 1,764,587 / 50.9% | 1,705,250 / 49.1% | 648,700 / 100% | 329,884 / 50.9% | 318,816 / 49.1% | 53,947 / 100% | 27,057 / 50.2% | 26,890 / 49.8% | 141,711 / 100% | 70,926 / 50.0% | 70,785 / 50.0% |
| 昭和10年(1935) | 4,883,200 / 100% | 2,474,902 / 49.3% | 2,408,298 / 80.7% | 57,812 / 1.2% | 150,088 / 3.1% | 735,334 / 15.1% | 3,939,966 / 100% | 1,997,056 / 50.7% | 1,942,910 / 49.3% | 735,334 / 100% | 373,596 / 50.8% | 361,738 / 49.2% | 57,812 / 100% | 29,022 / 50.2% | 28,790 / 49.8% | 150,088 / 100% | 75,228 / 50.1% | 74,860 / 49.9% |
| 昭和15年(1940) | 5,510,315 / 100% | 2,776,677 / 49.6% | 2,733,638 / 81.0% | 58,160 / 1.1% | 156,410 / 2.8% | 830,361 / 15.1% | 4,465,384 / 100% | 2,248,714 / 50.4% | 2,216,670 / 49.6% | 830,361 / 100% | 420,335 / 50.6% | 410,026 / 49.4% | 58,160 / 100% | 29,142 / 50.1% | 29,018 / 49.9% | 156,410 / 100% | 78,486 / 50.2% | 77,924 / 49.8% |

說明：本表數據引自第六次臨時戶口調查統計。

## 表27：日治時期臺灣人「其他漢人」人口表 (1905-1940)

| 項目　　年代 | 全島 | | | 埔里社堡（埔里街） | | | 烏牛欄庄 | | |
|---|---|---|---|---|---|---|---|---|---|
| | 人口數 | 男 | 女 | 人口數 | 男 | 女 | 人口數 | 男 | 女 |
| 明治38年(1905) | 506 | 347 | 159 | 6 | 4 | 2 | | | |
| 大正4年(1915) | 158 | 98 | 60 | 32 | 18 | 14 | 0 | 0 | 0 |
| 大正9年(1920) | 225 | 145 | 90 | 39 | 18 | 21 | 25 | 14 | 11 |
| 大正14年(1925) | 210 | 105 | 105 | 54 | 28 | 26 | 36 | 18 | 18 |
| 昭和5年(1930) | 235 | 147 | 88 | 63 | 35 | 28 | 42 | 22 | 20 |
| 昭和10年(1935) | 265 | 138 | 127 | | | | 51 | 30 | 21 |
| 昭和15年(1940) | 276 | 152 | 124 | | | | | | |

說明：本表數據引自第一至第七次臨時戶口調查統計。

表28：日治時期埔里社堡（埔里街）臺灣人族群結構表（1915～1935）

| 年代 | 項目及比例 | 人口數 總數 | 男 | 女 | 福 | 廣 | 熟 | 生 | 福 總數 | 福 男 | 福 女 | 廣 總數 | 廣 男 | 廣 女 | 熟 總數 | 熟 男 | 熟 女 | 生 總數 | 生 男 | 生 女 |
|---|---|---|---|---|---|---|---|---|---|---|---|---|---|---|---|---|---|---|---|---|
| 大正4年(1915) | 人數/族群 | 17,815 | 9,435 | 8,380 | 7,899 | 5,101 | 4,777 | 38 | 7,899 | 4,346 | 3,553 | 5,101 | 2,798 | 2,303 | 4,777 | 2,289 | 2,488 | 38 | 2 | 36 |
|  | 比例 | 100% | 53.0% | 47.0% | 44.3% | 28.6% | 26.8% | 0.2% | 100% | 55.0% | 45.0% | 100% | 54.9% | 45.1% | 100% | 47.9% | 52.1% | 100% | 5.3% | 94.7% |
| 大正9年(1920) | 人數/族群 | 19,570 | 10,234 | 9,336 | 9,212 | 5,388 | 4,933 | 37 | 9,212 | 4,996 | 4,216 | 5,388 | 2,837 | 2,551 | 4,933 | 2,400 | 2,533 | 37 | 1 | 36 |
|  | 比例 | 100% | 52.3% | 47.7% | 47.1% | 27.5% | 25.2% | 0.2% | 100% | 54.2% | 45.8% | 100% | 52.7% | 47.3% | 100% | 48.7% | 51.3% | 100% | 2.7% | 97.3% |
| 大正14年(1925) | 人數/族群 | 22,415 | 11,518 | 10,897 | 10,683 | 6,583 | 5,120 | 29 | 10,683 | 5,586 | 5,097 | 6,583 | 3,433 | 3,150 | 5,120 | 2,493 | 2,627 | 29 | 6 | 23 |
|  | 比例 | 100% | 51.4% | 48.6% | 47.7% | 29.4% | 22.8% | 0.1% | 100% | 52.3% | 47.7% | 100% | 52.1% | 47.9% | 100% | 48.7% | 51.3% | 100% | 20.7% | 79.3% |
| 昭和5年(1930) | 人數/族群 | 25,317 | 12,968 | 12,349 | 12,045 | 7,853 | 5,379 | 40 | 12,045 | 6,225 | 5,820 | 7,853 | 4,079 | 3,774 | 5,379 | 2,653 | 2,726 | 40 | 11 | 29 |
|  | 比例 | 100% | 51.2% | 48.8% | 47.6% | 31.0% | 21.2% | 0.2% | 100% | 51.7% | 48.3% | 100% | 51.9% | 48.1% | 100% | 49.3% | 50.7% | 100% | 27.5% | 72.5% |
| 昭和10年(1935) | 人數/族群 | 28,306 | 14,365 | 13,941 | 13,951 | 8,747 | 5,584 | 24 | 13,951 | 7,125 | 6,826 | 8,747 | 4,478 | 4,269 | 5,584 | 2,755 | 2,829 | 24 | 7 | 17 |
|  | 比例 | 100% | 50.7% | 49.3% | 49.3% | 30.9% | 19.7% | 0.1% | 100% | 51.1% | 48.9% | 100% | 51.2% | 48.8% | 100% | 49.3% | 50.7% | 100% | 29.2% | 70.8% |

說明：本表數據引自第二至第六次臨時戶口調查統計。

表29：日治時期烏牛欄庄臺灣人族群結構表（1915～1935）

| 年代 | 人口數 總數 | 男 | 女 | 福 總數 | 廣 總數 | 熟 總數 | 生 總數 | 福 總數 | 福 男 | 福 女 | 廣 總數 | 廣 男 | 廣 女 | 熟 總數 | 熟 男 | 熟 女 | 生 總數 | 生 男 | 生 女 |
|---|---|---|---|---|---|---|---|---|---|---|---|---|---|---|---|---|---|---|---|
| 大正4年(1915) | 1,178 | 604 | 574 | 297 | 132 | 748 | 1 | 297 | 161 | 136 | 132 | 81 | 51 | 748 | 362 | 386 | 1 | 0 | 1 |
| 比例 | 100% | 51.3% | 48.7% | 25.2% | 11.2% | 63.5% | 0.1% | 100% | 54.2% | 45.8% | 100% | 61.4% | 38.6% | 100% | 48.4% | 51.6% | 100% | 0.0% | 100% |
| 大正9年(1920) | 1,176 | 583 | 593 | 283 | 129 | 763 | 1 | 283 | 148 | 135 | 129 | 63 | 66 | 763 | 372 | 391 | 1 | 0 | 1 |
| 比例 | 100% | 49.6% | 50.4% | 24.1% | 11.0% | 64.9% | 0.1% | 100% | 52.3% | 47.7% | 100% | 48.8% | 51.2% | 100% | 48.8% | 51.2% | 100% | 0.0% | 100% |
| 大正14年(1925) | 1,195 | 580 | 615 | 347 | 136 | 712 | 0 | 347 | 176 | 171 | 136 | 58 | 78 | 712 | 346 | 366 | 0 | 0 | 0 |
| 比例 | 100% | 48.5% | 51.5% | 29.0% | 11.4% | 59.6% | 0.0% | 100% | 50.7% | 49.3% | 100% | 42.6% | 57.4% | 100% | 48.6% | 51.4% | 100% | | |
| 昭和5年(1930) | 1,352 | 683 | 669 | 400 | 153 | 799 | 0 | 400 | 215 | 185 | 153 | 77 | 76 | 799 | 391 | 408 | 0 | 0 | 0 |
| 比例 | 100% | 50.5% | 49.5% | 29.6% | 11.3% | 59.1% | 0.0% | 100% | 53.8% | 46.3% | 100% | 50.3% | 49.7% | 100% | 48.9% | 51.1% | 100% | | |
| 昭和10年(1935) | 1,428 | 698 | 730 | 438 | 206 | 784 | 0 | 438 | 219 | 219 | 206 | 102 | 104 | 784 | 377 | 407 | 0 | 0 | 0 |
| 比例 | 100% | 48.9% | 51.1% | 30.7% | 14.4% | 54.9% | 0.0% | 100% | 50.0% | 50.0% | 100% | 49.5% | 50.5% | 100% | 48.1% | 51.9% | 100% | | |

說明：本表數據引自第二至第六次臨時戶口調查統計。

表 30：台灣全島人口及性別比例表（1905～1940）

| 年　代 \ 項　目 | 總數 | | 男 | | 女 | |
|---|---|---|---|---|---|---|
| | | | 比例 | | | |
| 明治 38 年（1905） | 3,039,751 | 100% | 1,610,816 | 53% | 1,428,935 | 47% |
| 大正 4 年（1915） | 3,479,922 | 100% | 1,813,053 | 52% | 1,666,869 | 48% |
| 大正 9 年（1920） | 3,655,308 | 100% | 1,893,541 | 52% | 1,761,767 | 48% |
| 大正 14 年（1925） | 3,775,288 | 100% | 1,927,535 | 51% | 1,847,753 | 49% |
| 昭和 5 年（1930） | 4,592,537 | 100% | 2,353,288 | 51% | 2,239,249 | 49% |
| 昭和 10 年（1935） | 5,212,426 | 100% | 2,659,819 | 51% | 2,552,607 | 49% |
| 昭和 15 年（1940） | 5,872,084 | 100% | 2,970,655 | 51% | 2,901,429 | 49% |

說明：本表數據引自第一至第七次臨時戶口調查統計。

表 31：埔里社堡（埔里街）人口及性別比例表（1905～1941）

| 項　目<br>年　代 | 總數 | | 男<br>比例 | | 女 | |
|---|---|---|---|---|---|---|
| 明治 38 年（1905） | 11,584 | 100% | 6,026 | 52% | 5,558 | 48% |
| 明治 39 年（1906） | 12,713 | 100% | 6,788 | 53% | 5,925 | 47% |
| 明治 40 年（1907） | 13,657 | 100% | 7,240 | 53% | 6,417 | 47% |
| 明治 41 年（1908） | 14,557 | 100% | 7,718 | 53% | 6,839 | 47% |
| 明治 42 年（1909） | 15,546 | 100% | 8,256 | 53% | 7,290 | 47% |
| 明治 43 年（1910） | 15,933 | 100% | 8,426 | 53% | 7,507 | 47% |
| 明治 44 年（1911） | 16,512 | 100% | 8,687 | 53% | 7,825 | 47% |
| 大正元年（1912） | 16,939 | 100% | 8,890 | 52% | 8,049 | 48% |
| 大正 2 年（1913） | 17,708 | 100% | 9,320 | 53% | 8,388 | 47% |
| 大正 3 年（1914） | 18,118 | 100% | 9,494 | 52% | 8,624 | 48% |

| 年 | 合計 | | | |
|---|---|---|---|---|
| 大正 4 年（1915） | 18,727 100% | 9,952 53% | 8,775 47% |
| 大正 5 年（1916） | 19,240 100% | 10,115 53% | 9,125 47% |
| 大正 6 年（1917） | 19,451 100% | 10,143 52% | 9,308 48% |
| 大正 7 年（1918） | 19,961 100% | 10,375 52% | 9,586 48% |
| 大正 8 年（1919） | 21,194 100% | 11,036 52% | 10,158 48% |
| 大正 9 年（1920） | 20,966 100% | 11,068 53% | 9,898 47% |
| 大正 10 年（1921） | 22,118 100% | 11,663 53% | 10,455 47% |
| 大正 11 年（1922） | 23,079 100% | 12,075 52% | 11,004 48% |
| 大正 12 年（1923） | 23,564 100% | 12,300 52% | 11,264 48% |
| 大正 13 年（1924） | 23,683 100% | 12,298 52% | 11,385 48% |
| 大正 14 年（1925） | 23,884 100% | 12,262 51% | 11,622 49% |
| 昭和元年（1926） | 24,359 100% | 12,467 51% | 11,892 49% |
| 昭和 2 年（1927） | 25,136 100% | 12,830 51% | 12,306 49% |

| 年 | 計 | | |
|---|---|---|---|
| 昭和 3 年（1928） | 25,711 100% | 13,154 51% | 12,557 49% |
| 昭和 4 年（1929） | 26,469 100% | 13,511 51% | 12,958 49% |
| 昭和 5 年（1930） | 27,056 100% | 13,894 51% | 13,162 49% |
| 昭和 6 年（1931） | 27,682 100% | 14,222 51% | 13,460 49% |
| 昭和 7 年（1932） | 29,207 100% | 15,060 52% | 14,147 48% |
| 昭和 8 年（1933） | 29,904 100% | 15,392 51% | 14,512 49% |
| 昭和 9 年（1934） | 30,147 100% | 15,504 51% | 14,643 49% |
| 昭和 10 年（1935） | 30,170 100% | 15,513 51% | 14,657 49% |
| 昭和 11 年（1936） | 30,602 100% | 15,842 52% | 14,760 48% |
| 昭和 12 年（1937） | 31,391 100% | 16,184 52% | 15,207 48% |
| 昭和 13 年（1938） | 31,673 100% | 16,238 51% | 15,435 49% |
| 昭和 14 年（1939） | 32,417 100% | 16,691 51% | 15,726 49% |
| 昭和 15 年（1940） | 33,812 100% | 17,345 51% | 16,467 49% |

| 昭和 16 年（1941） | 33,869 | 17,365 | 16,504 |
|---|---|---|---|
|  | 100% | 51% | 49% |

說明：本表數據引自《臺灣現住人口統計》、《臺灣常住戶口統計》。

## 表 32：埔里社堡（埔里街）人口及性別比例表（1905～1940）

| 項目<br>年代 | 總數 | 男 | 比例 | 女 |
|---|---|---|---|---|
| 明治 38 年（1905） | 11,584 | 6,026 |  | 5,558 |
|  | 100% | 52% |  | 48% |
| 明治 43 年（1910） | 15,933 | 8,426 |  | 7,507 |
|  | 100% | 53% |  | 47% |
| 大正 4 年（1915） | 18,727 | 9,952 |  | 8,775 |
|  | 100% | 53% |  | 47% |
| 大正 9 年（1920） | 20,966 | 11,068 |  | 9,898 |
|  | 100% | 53% |  | 47% |
| 大正 14 年（1925） | 23,884 | 12,262 |  | 11,622 |
|  | 100% | 51% |  | 49% |
| 昭和 5 年（1930） | 27,056 | 13,894 |  | 13,162 |
|  | 100% | 51% |  | 49% |
| 昭和 10 年（1935） | 30,170 | 15,513 |  | 14,657 |
|  | 100% | 51% |  | 49% |
| 昭和 15 年（1940） | 33,812 | 17,345 |  | 16,467 |
|  | 100% | 51% |  | 49% |

說明：本表數據引自《臺灣現住人口統計》、《臺灣常住戶口統計》。

表33：烏牛欄庄人口及性別比例表（1905～1939）

| 年 代 ＼ 項 目 | 總數 | | 男 | | 女 |
|---|---|---|---|---|---|
| | | | 比例 | | |
| 明治38年（1905） | 1,005 | | 500 | | 505 |
| | 100% | | 50% | | 50% |
| 明治39年（1906） | 1,039 | | 521 | | 518 |
| | 100% | | 50% | | 50% |
| 明治40年（1907） | 1,115 | | 556 | | 559 |
| | 100% | | 50% | | 50% |
| 明治41年（1908） | 1,134 | | 568 | | 566 |
| | 100% | | 50% | | 50% |
| 明治42年（1909） | 1,168 | | 587 | | 581 |
| | 100% | | 50% | | 50% |
| 明治43年（1910） | 1,145 | | 570 | | 575 |
| | 100% | | 50% | | 50% |
| 明治44年（1911） | 1,156 | | 562 | | 594 |
| | 100% | | 49% | | 51% |
| 大正元年（1912） | 1,184 | | 586 | | 598 |
| | 100% | | 49% | | 51% |
| 大正2年（1913） | 1,192 | | 582 | | 610 |
| | 100% | | 49% | | 51% |
| 大正3年（1914） | 1,186 | | 583 | | 603 |
| | 100% | | 49% | | 51% |

| 年 | | | |
|---|---|---|---|
| 大正 4 年（1915） | 1,204 / 100% | 624 / 52% | 580 / 48% |
| 大正 5 年（1916） | 1,171 / 100% | 608 / 52% | 563 / 48% |
| 大正 6 年（1917） | 1,217 / 100% | 629 / 52% | 588 / 48% |
| 大正 7 年（1918） | 1,218 / 100% | 626 / 51% | 592 / 49% |
| 大正 8 年（1919） | 1,241 / 100% | 633 / 51% | 608 / 49% |
| 大正 9 年（1920） | 1,210 / 100% | 602 / 50% | 608 / 50% |
| 大正 14 年（1925） | 1,243 / 100% | 606 / 49% | 637 / 51% |
| 昭和 5 年（1930） | 1,406 / 100% | 713 / 51% | 693 / 49% |
| 昭和 7 年（1932） | 1,516 / 100% | 772 / 51% | 744 / 49% |
| 昭和 8 年（1933） | 1,515 / 100% | 761 / 50% | 754 / 50% |
| 昭和 9 年（1934） | 1,569 / 100% | 786 / 50% | 783 / 50% |
| 昭和 10 年（1935） | 1,553 / 100% | 774 / 50% | 779 / 50% |

| | 總數 | 男 | 女 |
|---|---|---|---|
| 昭和 11 年（1936） | 1,613 | 810 | 803 |
| | 100% | 50% | 50% |
| 昭和 12 年（1937） | 1,567 | 783 | 784 |
| | 100% | 50% | 50% |
| 昭和 13 年（1938） | 1,549 | 782 | 767 |
| | 100% | 50% | 50% |
| 昭和 14 年（1939） | 1,563 | 773 | 790 |
| | 100% | 49% | 51% |

說明：

一、本表數據引自《臺灣現住人口統計》及《臺灣常住戶口統計》。

二、表中所缺少的年份包括 1921-1924、1926-1929 年、1931 年等 9 個年份，由於缺少統計數據，因此從略。

三、1925 年的數據引自《第二次國勢調查結果表》。

表 34：埔里社堡（埔里街）、烏牛欄庄人口及性別比例表（1905～1941）

| 行政區 項目 年代 | 埔里社堡（埔里街） | | | 烏牛欄庄 | | |
|---|---|---|---|---|---|---|
| | 總數 | 男 比例 | 女 | 總數 | 男 比例 | 女 |
| 明治 38 年（1905） | 11,584 | 6,026 | 5,558 | 1,005 | 500 | 505 |
| | 100% | 52% | 48% | 100% | 50% | 50% |
| 明治 39 年（1906） | 12,713 | 6,788 | 5,925 | 1,039 | 521 | 518 |
| | 100% | 53% | 47% | 100% | 50% | 50% |
| 明治 40 年（1907） | 13,657 | 7,240 | 6,417 | 1,115 | 556 | 559 |
| | 100% | 53% | 47% | 100% | 50% | 50% |

| | | | | | | |
|---|---|---|---|---|---|---|
| 明治 41 年（1908） | 14,557 | 7,718 | 6,839 | 1,134 | 568 | 566 |
| | 100% | 53% | 47% | 100% | 50% | 50% |
| 明治 42 年（1909） | 15,546 | 8,256 | 7,290 | 1,168 | 587 | 581 |
| | 100% | 53% | 47% | 100% | 50% | 50% |
| 明治 43 年（1910） | 15,933 | 8,426 | 7,507 | 1,145 | 570 | 575 |
| | 100% | 53% | 47% | 100% | 50% | 50% |
| 明治 44 年（1911） | 16,512 | 8,687 | 7,825 | 1,156 | 562 | 594 |
| | 100% | 53% | 47% | 100% | 49% | 51% |
| 大正元年（1912） | 16,939 | 8,890 | 8,049 | 1,184 | 586 | 598 |
| | 100% | 52% | 48% | 100% | 49% | 51% |
| 大正 2 年（1913） | 17,708 | 9,320 | 8,388 | 1,192 | 582 | 610 |
| | 100% | 53% | 47% | 100% | 49% | 51% |
| 大正 3 年（1914） | 18,118 | 9,494 | 8,624 | 1,186 | 583 | 603 |
| | 100% | 52% | 48% | 100% | 49% | 51% |
| 大正 4 年（1915） | 18,727 | 9,952 | 8,775 | 1,204 | 624 | 580 |
| | 100% | 53% | 47% | 100% | 52% | 48% |
| 大正 5 年（1916） | 19,240 | 10,115 | 9,125 | 1,171 | 608 | 563 |
| | 100% | 53% | 47% | 100% | 52% | 48% |
| 大正 6 年（1917） | 19,451 | 10,143 | 9,308 | 1,217 | 629 | 588 |
| | 100% | 52% | 48% | 100% | 52% | 48% |
| 大正 7 年（1918） | 19,961 | 10,375 | 9,586 | 1,218 | 626 | 592 |
| | 100% | 52% | 48% | 100% | 51% | 49% |
| 大正 8 年（1919） | 21,194 | 11,036 | 10,158 | 1,241 | 633 | 608 |
| | 100% | 52% | 48% | 100% | 51% | 49% |

| 年 | | | | | | | | | | | | |
|---|---|---|---|---|---|---|---|---|---|---|---|---|
| 大正 9 年（1920） | 20,966 | 100% | 11,068 | 53% | 9,898 | 47% | 1,210 | 100% | 602 | 50% | 608 | 50% |
| 大正 10 年（1921） | 22,118 | 100% | 11,663 | 53% | 10,455 | 47% | | | | | | |
| 大正 11 年（1922） | 23,079 | 100% | 12,075 | 52% | 11,004 | 48% | | | | | | |
| 大正 12 年（1923） | 23,564 | 100% | 12,300 | 52% | 11,264 | 48% | | | | | | |
| 大正 13 年（1924） | 23,683 | 100% | 12,298 | 52% | 11,385 | 48% | | | | | | |
| 大正 14 年（1925） | 23,884 | 100% | 12,262 | 51% | 11,622 | 49% | 1,243 | 100% | 606 | 49% | 637 | 51% |
| 昭和元年（1926） | 24,359 | 100% | 12,467 | 51% | 11,892 | 49% | | | | | | |
| 昭和 2 年（1927） | 25,136 | 100% | 12,830 | 51% | 12,306 | 49% | | | | | | |
| 昭和 3 年（1928） | 25,711 | 100% | 13,154 | 51% | 12,557 | 49% | | | | | | |
| 昭和 4 年（1929） | 26,469 | 100% | 13,511 | 51% | 12,958 | 49% | | | | | | |
| 昭和 5 年（1930） | 27,056 | 100% | 13,894 | 51% | 13,162 | 49% | 1,406 | 100% | 713 | 51% | 693 | 49% |
| 昭和 6 年（1931） | 27,682 | 100% | 14,222 | 51% | 13,460 | 49% | | | | | | |

| | | | | | | |
|---|---|---|---|---|---|---|
| 昭和7年（1932） | 29,207 | 15,060 | 14,147 | 1,516 | 772 | 744 |
| | 100% | 52% | 48% | 100% | 51% | 49% |
| 昭和8年（1933） | 29,904 | 15,392 | 14,512 | 1,515 | 761 | 754 |
| | 100% | 51% | 49% | 100% | 50% | 50% |
| 昭和9年（1934） | 30,147 | 15,504 | 14,643 | 1,569 | 786 | 783 |
| | 100% | 51% | 49% | 100% | 50% | 50% |
| 昭和10年（1935） | 30,170 | 15,513 | 14,657 | 1,553 | 774 | 779 |
| | 100% | 51% | 49% | 100% | 50% | 50% |
| 昭和11年（1936） | 30,602 | 15,842 | 14,760 | 1,613 | 810 | 803 |
| | 100% | 52% | 48% | 100% | 50% | 50% |
| 昭和12年（1937） | 31,391 | 16,184 | 15,207 | 1,567 | 783 | 784 |
| | 100% | 52% | 48% | 100% | 50% | 50% |
| 昭和13年（1938） | 31,673 | 16,238 | 15,435 | 1,549 | 782 | 767 |
| | 100% | 51% | 49% | 100% | 50% | 50% |
| 昭和14年（1939） | 32,417 | 16,691 | 15,726 | 1,563 | 773 | 790 |
| | 100% | 51% | 49% | 100% | 49% | 51% |
| 昭和15年（1940） | 33,812 | 17,345 | 16,467 | | | |
| | 100% | 51% | 49% | | | |
| 昭和16年（1941） | 33,869 | 17,365 | 16,504 | | | |
| | 100% | 51% | 49% | | | |

說明：

一、本表數據引自《臺灣現住人口統計》及《臺灣常住戶口統計》。

二、表中烏牛欄庄所缺少的年份包括1921-1924、1926-1929年、1931年等9個年份，由於缺少統計數據，因此從略。

三、1925年的數據引自《第二次國勢調查結果表》。

表 35：台灣全島鴉片吸食及纏足人數表（1905、1915、1920）

| 項目<br>年代 | 人口數 | | | 鴉片吸食 | | | 纏足 | | | |
|---|---|---|---|---|---|---|---|---|---|---|
| 人數、性別、比例 | 總數 | 男 | 女 | 總數 | 男 | 女 | 女性人口數 | 纏足者人數 | 解纏足者人數 | 曾經纏足者人數 |
| | | 比例 | | | 比例 | | | 比例 | | |
| 明治38（1906） | 3,039,751 | 1,610,816 | 1,428,935 | 116,549 | 102,784 | 13,765 | 1,428,935 | 800,616 | 8,694 | 809,310 |
| | 100% | 53% | 47% | 4% | 88% | 12% | 100% | 56% | 1% | 57% |
| 大正4年（1915） | 3,479,922 | 1,813,053 | 1,666,869 | 70,828 | 61,395 | 9,433 | 1,666,869 | 279,038 | 476,016 | 755,054 |
| | 100% | 52% | 48% | 2% | 87% | 13% | 100% | 17% | 29% | 45% |
| 大正9年（1920） | 3,655,308 | 1,893,541 | 1,761,767 | 44,102 | 37,950 | 6,152 | 1,761,767 | 199,165 | 418,453 | 617,618 |
| | 100% | 52% | 48% | 1% | 86% | 14% | 100% | 11% | 24% | 35% |

說明：本表數據引自第一至第三次臨時戶口調查統計。

# 表 36：台灣全島纏足人數表（1905～1930）

| 年代 | 女性人口數 | 纏足者人數 | 增減數 | 解纏足者人數 | 增減數 | 曾經纏足人數 | 增減數 |
|---|---|---|---|---|---|---|---|
| | | | | 纏足 | | | |
| | | | | 比例 | | | |
| 明治 38 年（1905） | 1,428,935 | 800,392 | | 8,690 | | 809,082 | |
| | 100% | 56% | | 1% | | 57% | |
| 大正 4 年（1915） | 1,666,869 | 279,038 | -521,354 | 475,648 | 476,016 | 753,983 | -55,099 |
| | 100% | 16.7% | -65.1% | 28.5% | 5477.7% | 45.2% | -6.8% |
| 大正 9 年（1920） | 1,761,767 | 199,165 | -79,873 | 418,453 | -57,195 | 617,618 | -136,365 |
| | 100% | 11% | -28.6% | 23.8% | -12.0% | 35.1% | -18.1% |
| 昭和 5 年（1930） | 2,239,249 | 141,360 | -57,805 | | | | |
| | 100% | 6% | -29.0% | | | | |

說明：本表數據引自第一、第二、第三、第五等四次臨時戶口調查統計。

表37：埔里社堡及各街庄鴉片吸食及纏足人數表（1915）

| 郡、街、庄別 | 人口數 | | | 鴉片吸食 | | | | 纏足 | | |
|---|---|---|---|---|---|---|---|---|---|---|
| 項目／人數、性別、比例 | 總數 | 男（比例） | 女（比例） | 總數（比例） | 男（比例） | 女（比例） | 女性人口數（比例） | 纏足者人數（比例） | 解纏足者人數（比例） | 曾經纏足者人數（比例） |
| 埔里社堡 | 17,815 / 100% | 9,435 / 53.0% | 8,380 / 47.0% | 486 / 2.7% | 401 / 82.5% | 85 / 17.5% | 8,380 / 100% | 299 / 3.6% | 575 / 6.9% | 874 / 10.4% |
| 埔里社街 | 4,269 / 100% | 2,321 / 54.4% | 1,948 / 45.6% | 214 / 5.0% | 167 / 78.0% | 47 / 22.0% | 1,948 / 23% | 168 / 8.6% | 288 / 14.8% | 456 / 23.4% |
| 大肚城庄 | 1,546 / 100% | 788 / 51.0% | 758 / 49.0% | 25 / 1.6% | 22 / 88.0% | 3 / 12.0% | 758 / 9% | 21 / 2.8% | 32 / 4.2% | 53 / 7.0% |
| 枇杷城庄 | 1,301 / 100% | 687 / 52.8% | 614 / 47.2% | 24 / 1.8% | 24 / 100.0% | 0 / 0.0% | 614 / 7% | 23 / 3.7% | 34 / 5.5% | 57 / 9.3% |
| 水頭庄 | 867 / 100% | 467 / 53.9% | 400 / 46.1% | 24 / 2.8% | 21 / 87.5% | 3 / 12.5% | 400 / 4.8% | 9 / 2.3% | 11 / 2.8% | 20 / 5.0% |
| 珠仔庄 | 415 / 100% | 223 / 53.7% | 192 / 46.3% | 4 / 1.0% | 4 / 100.0% | 0 / 0.0% | 192 / 2.3% | 9 / 4.7% | 20 / 10.4% | 29 / 15.1% |
| 挑米坑庄 | 674 / 100% | 359 / 53.3% | 315 / 46.7% | 8 / 1.2% | 7 / 87.5% | 1 / 12.5% | 315 / 3.8% | 13 / 4.1% | 43 / 13.7% | 56 / 17.8% |
| 生蕃空庄 | 451 / 100% | 227 / 50.3% | 224 / 49.7% | 12 / 2.7% | 9 / 75.0% | 3 / 25.0% | 224 / 2.7% | 8 / 3.6% | 25 / 11.2% | 33 / 14.7% |
| 烏牛欄庄 | 1,178 / 100% | 604 / 51.3% | 574 / 48.7% | 23 / 2.0% | 17 / 73.9% | 6 / 26.1% | 574 / 6.8% | 8 / 1.4% | 12 / 2.1% | 20 / 3.5% |

| 庄 | | | | | | | | | | |
|---|---|---|---|---|---|---|---|---|---|---|
| 房里庄 | 750 (100%) | 369 (49.2%) | 381 (50.8%) | 20 (2.7%) | 18 (90.0%) | 2 (10.0%) | 381 (4.5%) | 3 (0.8%) | 3 (0.8%) | 6 (1.6%) |
| 水尾庄 | 1,269 (100%) | 655 (51.6%) | 614 (48.4%) | 21 (1.7%) | 19 (90.5%) | 2 (9.5%) | 614 (7.3%) | 8 (1.3%) | 3 (0.5%) | 11 (1.8%) |
| 牛相觸庄 | 285 (100%) | 157 (55.1%) | 128 (44.9%) | 7 (2.5%) | 7 (100.0%) | 0 (0.0%) | 128 (1.5%) | 4 (3.1%) | 6 (4.7%) | 10 (7.8%) |
| 牛眠山庄 | 1,075 (100%) | 539 (50.1%) | 536 (49.9%) | 15 (1.4%) | 14 (93.3%) | 1 (6.7%) | 536 (6.4%) | 5 (0.9%) | 18 (3.4%) | 23 (4.3%) |
| 福興庄 | 426 (100%) | 225 (52.8%) | 201 (47.2%) | 5 (1.2%) | 4 (80.0%) | 1 (20.0%) | 201 (2.4%) | 2 (1.0%) | 17 (8.5%) | 19 (9.5%) |
| 史港坑庄 | 511 (100%) | 260 (50.9%) | 251 (49.1%) | 12 (2.3%) | 12 (100.0%) | 0 (0.0%) | 251 (3.0%) | 4 (1.6%) | 12 (4.8%) | 16 (6.4%) |
| 小埔社庄 | 797 (100%) | 467 (58.6%) | 330 (41.4%) | 19 (2.4%) | 16 (84.2%) | 3 (15.8%) | 330 (3.9%) | 7 (2.1%) | 20 (6.1%) | 27 (8.2%) |
| 大湳庄 | 941 (100%) | 482 (51.2%) | 459 (48.8%) | 29 (3.1%) | 23 (79.3%) | 6 (20.7%) | 459 (5.5%) | 3 (0.7%) | 25 (5.4%) | 28 (6.1%) |
| 北山坑庄 | 1,060 (100%) | 605 (57.1%) | 455 (42.9%) | 18 (1.7%) | 17 (94.4%) | 1 (5.6%) | 455 (5.4%) | 4 (0.9%) | 6 (1.3%) | 10 (2.2%) |

說明：本表數據引自第二次臨時戶口調查統計。

表38：能高郡、埔里街及各大字鴉片吸食及纏足人數表（1920）

| 項目<br>郡、街、庄別 | 人口數 | | | 鴉片吸食 | | | 女性<br>人口數 | 纏足 | | |
|---|---|---|---|---|---|---|---|---|---|---|
| | 總數 | 男<br>比例 | 女<br>比例 | 總數 | 男<br>比例 | 女<br>比例 | | 纏足者<br>人數<br>比例 | 解纏足<br>者人數<br>比例 | 曾經纏足<br>者人數 |
| 能高郡 | 25,882<br>100% | 14,061<br>54.3% | 11,821<br>45.7% | 416<br>1.6% | 334<br>80.3% | 82<br>19.7% | 11,821<br>100% | 200<br>1.7% | 584<br>4.9% | 784<br>6.6% |
| 埔里街 | 19,570<br>100% | 10,234<br>52.3% | 9,336<br>47.7% | 322<br>1.6% | 248<br>77.0% | 74<br>23.0% | 9,336<br>100% | 183<br>2.0% | 521<br>5.6% | 704<br>7.5% |
| 埔里 | 5,101<br>100% | 2,790<br>54.7% | 2,311<br>45.3% | 147<br>2.9% | 110<br>74.8% | 37<br>25.2% | 2,311<br>100% | 111<br>4.8% | 307<br>13.3% | 418<br>18.1% |
| 大肚城 | 1,652<br>100% | 841<br>50.9% | 811<br>49.1% | 17<br>1.0% | 12<br>70.6% | 5<br>29.4% | 811<br>100% | 18<br>2.2% | 43<br>5.3% | 61<br>7.5% |
| 枇杷城 | 1,469<br>100% | 749<br>51.0% | 720<br>49.0% | 19<br>1.3% | 17<br>89.5% | 2<br>10.5% | 720<br>100% | 8<br>1.1% | 25<br>3.5% | 33<br>4.6% |
| 珠子山 | 559<br>100% | 322<br>57.6% | 237<br>42.4% | 4<br>0.7% | 3<br>75.0% | 1<br>25.0% | 237<br>100% | 9<br>3.8% | 22<br>9.3% | 31<br>13.1% |
| 挑米坑 | 772<br>100% | 407<br>52.7% | 365<br>47.3% | 7<br>0.9% | 5<br>71.4% | 2<br>28.6% | 365<br>100% | 6<br>1.6% | 41<br>11.2% | 47<br>12.9% |
| 生蕃空 | 580<br>100% | 299<br>51.6% | 281<br>48.4% | 6<br>1.0% | 4<br>66.7% | 2<br>33.3% | 281<br>100% | 2<br>0.7% | 7<br>2.5% | 9<br>3.2% |
| 烏牛欄 | 1,176<br>100% | 583<br>49.6% | 593<br>50.4% | 11<br>0.9% | 8<br>72.7% | 3<br>27.3% | 593<br>100% | 4<br>0.7% | 8<br>1.3% | 12<br>2.0% |

| 地名 | | | | | | | | | | |
|---|---|---|---|---|---|---|---|---|---|---|
| 房里 | 767 | 367 | 400 | 12 | 11 | 1 | 400 | 0 | 0 | 0 |
| | 100% | 47.8% | 52.2% | 1.6% | 91.7% | 8.3% | 100% | 0.0% | 0.0% | 0.0% |
| 水尾 | 1,492 | 763 | 729 | 11 | 10 | 1 | 729 | 4 | 4 | 8 |
| | 100% | 51.1% | 48.9% | 0.7% | 90.9% | 9.1% | 100% | 0.5% | 0.5% | 1.1% |
| 牛相觸 | 510 | 275 | 235 | 10 | 8 | 2 | 235 | 2 | 2 | 4 |
| | 100% | 53.9% | 46.1% | 2.0% | 80.0% | 20.0% | 100% | 0.9% | 0.9% | 1.7% |
| 牛眠山 | 1,156 | 554 | 602 | 11 | 7 | 4 | 602 | 4 | 12 | 16 |
| | 100% | 47.9% | 52.1% | 1.0% | 63.6% | 36.4% | 100% | 0.7% | 2.0% | 2.7% |
| 福興 | 494 | 264 | 230 | 6 | 3 | 3 | 230 | 1 | 2 | 3 |
| | 100% | 53.4% | 46.6% | 1.2% | 50.0% | 50.0% | 100% | 0.4% | 0.9% | 1.3% |
| 史港坑 | 531 | 260 | 271 | 4 | 4 | 0 | 271 | 2 | 1 | 3 |
| | 100% | 49.0% | 51.0% | 0.8% | 100.0% | 0.0% | 100% | 0.7% | 0.4% | 1.1% |
| 小埔社 | 1,002 | 532 | 470 | 12 | 10 | 2 | 470 | 3 | 8 | 11 |
| | 100% | 53.1% | 46.9% | 1.2% | 83.3% | 16.7% | 100% | 0.6% | 1.7% | 2.3% |
| 大湳 | 1,178 | 586 | 592 | 22 | 17 | 5 | 592 | 2 | 23 | 25 |
| | 100% | 49.7% | 50.3% | 1.9% | 77.3% | 22.7% | 100% | 0.3% | 3.9% | 4.2% |
| 水頭 | 1,131 | 642 | 489 | 23 | 19 | 4 | 489 | 7 | 16 | 23 |
| | 100% | 56.8% | 43.2% | 2.0% | 82.6% | 17.4% | 100% | 1.4% | 3.3% | 4.7% |

說明：本表數據引自第三次臨時戶口調查統計。

表 39：埔里社堡（埔里街）鴉片吸食及纏足人數表（1915、1920）

| 項目　　人數、性別、比例　郡、街、庄別 | 人口數 | | | 鴉片吸食 | | | 纏足 | | | |
|---|---|---|---|---|---|---|---|---|---|---|
| | 總數 | 男 | 女 | 總數 | 男 | 女 | 女性人口數 | 纏足者人數 | 解纏足者人數 | 曾經纏足者人數 |
| | 比例 | | | 比例 | | | | 比例 | | |
| 1915 年埔里社堡 | 17,815 | 9,435 | 8,380 | 486 | 401 | 85 | 8,380 | 299 | 575 | 874 |
| | 100% | 53.0% | 47.0% | 100% | 82.5% | 17.5% | 100% | 3.6% | 6.9% | 10.4% |
| 1920 年埔里街 | 19,570 | 10,234 | 9,336 | 322 | 248 | 74 | 9,336 | 183 | 521 | 704 |
| | 100% | 52.3% | 47.7% | 100% | 77.0% | 23.0% | 100% | 2.0% | 5.6% | 7.5% |

說明：本表數據引自第二、第三次臨時戶口調查統計。

表 40：1930 年台灣全島纏足者年齡層分布表

| 年齡層　　項目 | 總人數 | 19 歲以下（1910 以後出生） | 20-29 歲（1900 以後出生） | 30-39 歲（1890 以後出生） | 40-49 歲（1880 以後出生） | 50-59 歲（1870 以後出生） | 60-69 歲（1860 以後出生） | 70 歲以上（1850 以前出生） |
|---|---|---|---|---|---|---|---|---|
| 人數 | 141,360 | 82 | 2,215 | 15,174 | 29,936 | 39,851 | 31,844 | 22,258 |
| 比例 | 100% | 0.1% | 1.6% | 10.7% | 21.2% | 28.2% | 22.5% | 15.7% |

說明：本表數據引自第五次臨時戶口調查統計。

表 41：1905 年台灣全島居民常用語言區分表

| 語言別 | 日本人 總數 | 日本人 男 | 日本人 女 | 福建 總數 | 福建 男 | 福建 女 | 廣東 總數 | 廣東 男 | 廣東 女 | 其他 總數 | 其他 男 | 其他 女 | 熟蕃 總數 | 熟蕃 男 | 熟蕃 女 | 生蕃 總數 | 生蕃 男 | 生蕃 女 |
|---|---|---|---|---|---|---|---|---|---|---|---|---|---|---|---|---|---|---|
| 人口數 | 57,331 | 34,621 | 22,710 | 2,489,468 | 1,317,933 | 1,171,530 | 396,610 | 206,345 | 190,265 | 506 | 347 | 159 | 46,346 | 22,667 | 23,679 | 36,281 | 17,788 | 18,493 |
| 比例 | 100% | 60.4% | 39.6% | 100% | 52.9% | 47.1% | 100% | 52.0% | 48.0% | 100% | 68.6% | 31.4% | 100% | 48.9% | 51.1% | 100% | 49.0% | 51.0% |
| 日語 | 57,122 | 34,474 | 22,648 | 390 | 361 | 29 | 39 | 32 | 7 | 0 | | | 14 | 9 | 5 | 23 | 19 | 4 |
| 比例 | 100% | 60.4% | 39.6% | 0.0% | 92.6% | 7.4% | 0.0% | 82.1% | 17.9% | 0.0% | | | 0.0% | 64.3% | 35.7% | 0.1% | 82.6% | 17.4% |
| 閩南語 | 185 | 129 | 56 | 2,458,301 | 1,294,2⁻5 | 1,164,086 | 62,212 | 33,200 | 29,012 | 390 | 273 | 117 | 38,092 | 18,625 | 19,467 | 1,651 | 118 | 1,533 |
| 比例 | 0.3% | 69.7% | 30.3% | 98.7% | 52.6% | 47.4% | 15.7% | 53.4% | 46.6% | 77.1% | 70.0% | 30.0% | 82.2% | 48.9% | 51.1% | 4.6% | 7.1% | 92.9% |
| 客家語 | 17 | 11 | 6 | 29,824 | 22,791 | 7,033 | 333,961 | 172,861 | 161,100 | 34 | 19 | 15 | 695 | 223 | 472 | 58 | 6 | 52 |
| 比例 | 0.0% | 64.7% | 35.3% | 1.2% | 76.4% | 23.6% | 84.2% | 51.8% | 48.2% | 6.7% | 55.9% | 44.1% | 1.5% | 32.1% | 67.9% | 0.2% | 10.3% | 89.7% |
| 蕃語 | 6 | 6 | 0 | 752 | 458 | 294 | 394 | 248 | 146 | 39 | 23 | 16 | 7,511 | 3,792 | 3,719 | 34,543 | 17,644 | 16,899 |
| 比例 | 0.0% | 100% | 0.0% | 0.0% | 60.9% | 39.1% | 0.1% | 62.9% | 37.1% | 7.7% | 59.0% | 41.0% | 16.2% | 50.5% | 49.5% | 95.2% | 51.1% | 48.9% |
| 外國語合清國語 | 1 | 1 | 0 | 74 | 48 | 26 | 0 | | | 1 | 1 | 0 | 31 | 16 | 15 | 0 | | |
| 比例 | 0.0% | 100% | 0.0% | 0.0% | 64.9% | 35.1% | 0.0% | | | 0.2% | 100% | 0.0% | 0.1% | 51.6% | 48.4% | 0.0% | | |
| 清國語 | 0 | 0 | 0 | 73 | 48 | 25 | 0 | | | 1 | 1 | 0 | 31 | 16 | 15 | 0 | | |
| 比例 | 0.0% | | | 0.0% | 65.8% | 34.2% | 0.0% | | | 0.2% | 100% | 0.0% | 0.1% | 51.6% | 48.4% | 0.0% | | |
| 不詳 | 0 | 0 | 0 | 16 | 6 | 10 | 3 | 3 | 0 | 0 | | | 3 | 2 | 1 | 0 | 1 | 0 |
| 比例 | 0.0% | | | 0.0% | 37.5% | 62.5% | 0.0% | 100.0% | 0.0% | 0.0% | | | 0.0% | 66.7% | 33.3% | 0.0% | 100.0% | 0.0% |

說明：本表數據引自第一次臨時戶口調查統計。

－610－

表 42：1905 年台灣全島居民副用語言區分表

| 語言別 | 日本人 總數 | 日本人 男 | 日本人 女 | 臺灣人 福建 總數 | 福建 男 | 福建 女 | 廣東 總數 | 廣東 男 | 廣東 女 | 其他 總數 | 其他 男 | 其他 女 | 熟蕃 總數 | 熟蕃 男 | 熟蕃 女 | 生蕃 總數 | 生蕃 男 | 生蕃 女 |
|---|---|---|---|---|---|---|---|---|---|---|---|---|---|---|---|---|---|---|
| 人口數 | 57,331 (100%) | 34,621 (60.4%) | 22,710 (39.6%) | 2,489,468 (100%) | 1,317,938 (52.9%) | 1,171,530 (47.1%) | 396,610 (100%) | 206,345 (52.0%) | 190,265 (48.0%) | 506 (100%) | 347 (68.6%) | 159 (31.4%) | 46,346 (100%) | 22,667 (48.9%) | 23,679 (51.1%) | 36,281 (100%) | 17,788 (49.0%) | 18,493 (51.0%) |
| 日語 | 113 (0.2%) | 101 (89.4%) | 12 (10.6%) | 8,700 (0.3%) | 8,358 (96.1%) | 342 (3.9%) | 1,160 (0.3%) | 1,120 (96.6%) | 40 (3.4%) | 24 (4.7%) | 23 (95.8%) | 1 (4.2%) | 131 (0.3%) | 128 (97.7%) | 3 (2.3%) | 306 (0.8%) | 288 (94.1%) | 18 (5.9%) |
| 閩南語 | 6,084 (10.6%) | 5,358 (88.1%) | 726 (11.9%) | 10,295 (0.4%) | 5,295 (51.4%) | 5,000 (48.6%) | 47,568 (12.0%) | 30,088 (63.3%) | 17,480 (36.7%) | 19 (3.8%) | 13 (68.4%) | 6 (31.6%) | 4,477 (9.7%) | 2,263 (50.5%) | 2,214 (49.5%) | 350 (1.0%) | 199 (56.9%) | 151 (43.1%) |
| 客家語 | 312 (0.5%) | 280 (89.7%) | 32 (10.3%) | 9,277 (0.4%) | 5,951 (64.1%) | 3,326 (35.9%) | 20,884 (5.3%) | 11,371 (54.4%) | 9,513 (45.6%) | 11 (2.2%) | 8 (72.7%) | 3 (27.3%) | 474 (1.0%) | 303 (63.9%) | 171 (36.1%) | 14 (0.0%) | 3 (21.4%) | 11 (78.6%) |
| 蕃語 | 101 (0.2%) | 86 (85.1%) | 15 (14.9%) | 1,874 (0.1%) | 843 (45.0%) | 1,031 (55.0%) | 529 (0.1%) | 326 (61.6%) | 203 (38.4%) | 47 (9.3%) | 35 (74.5%) | 12 (25.5%) | 1,660 (3.6%) | 617 (37.2%) | 1,043 (62.8%) | 500 (1.4%) | 102 (20.4%) | 398 (79.6%) |
| 外國語 合清國語 | 1,319 (2.3%) | 1,283 (97.3%) | 36 (2.7%) | 512 (0.0%) | 476 (93.0%) | 36 (7.0%) | 13 (0.0%) | 13 (100.0%) | 0 (0.0%) | 29 (5.7%) | 25 (86.2%) | 4 (13.8%) | 30 (100%) | 14 (46.7%) | 16 (53.3%) | 0 (0.0%) | 0 | 0 |
| 清國語 | 64 (0.1%) | 63 (98.4%) | 1 (1.6%) | 430 (0.0%) | 398 (92.6%) | 32 (7.4%) | 11 (0.0%) | 11 (100.0%) | 0 (0.0%) | 29 (5.7%) | 25 (86.2%) | 4 (13.8%) | 29 (0.1%) | 13 (44.8%) | 16 (55.2%) | 0 (0.0%) | 0 | 0 |
| 不詳 | 1 (0.0%) | 0 (0.0%) | 1 (100.0%) | 0 (0.0%) | | | 0 (0.0%) | 0 | 0 | 0 (0.0%) | 0 | 0 | 0 (0.0%) | 0 | 0 | 0 (0.0%) | 0 | 0 |

比例

說明：本表數據引自第一次臨時戶口調查統計。

## 表43：1905年南投廳居民常用語言分布表

| 語言別 | 日本人 總數 | 日本人 男 | 日本人 女 | 臺灣人 福建 總數 | 福建 男 | 福建 女 | 廣東 總數 | 廣東 男 | 廣東 女 | 其他 總數 | 其他 男 | 其他 女 | 熟蕃 總數 | 熟蕃 男 | 熟蕃 女 | 生蕃 總數 | 生蕃 男 | 生蕃 女 |
|---|---|---|---|---|---|---|---|---|---|---|---|---|---|---|---|---|---|---|
| 人口數 | 588 (100%) | 372 (63.3%) | 216 (36.7%) | 61,932 (100%) | 33,536 (54.1%) | 28,396 (45.9%) | 4,207 (100%) | 2,542 (60.4%) | 1,665 (39.6%) | 25 (100%) | 19 (76.0%) | 6 (24.0%) | 3,181 (100%) | 2,323 (73.0%) | 2,515 (79.1%) | 108 (100%) | 22 (20.4%) | 86 (79.6%) |
| 日語 | 580 (99%) | 368 (63.4%) | 212 (36.6%) | 49 (0%) | 49 (100.0%) | 0 (0.0%) | 0 (0%) | 0 | 0 | 0 (0%) | 0 | 0 | 2 (0%) | 0 (0.0%) | 2 (100%) | 0 (0%) | 0 | 0 |
| 閩南語 | 7 (1%) | 3 (42.9%) | 4 (57.1%) | 61,761 (100%) | 33,430 (54.1%) | 28,331 (45.9%) | 1,675 (39.8%) | 1,002 (59.8%) | 673 (40.2%) | 25 (100%) | 19 (76.0%) | 6 (24.0%) | 1,678 (52.8%) | 1,604 (95.6%) | 74 (4.4%) | 65 (60%) | 9 (13.8%) | 56 (86.2%) |
| 客家語 | 0 (0%) | 0 | 0 (0.0%) | 68 (0%) | 31 (45.6%) | 37 (54.4%) | 2,520 (59.9%) | 1,532 (60.8%) | 988 (39.2%) | 0 (0.0%) | 0 | 0 | 36 (1.1%) | 7 (19.4%) | 29 (80.6%) | 1 (1%) | 0 (0.0%) | 1 (100.0%) |
| 蕃語 | 1 (0%) | 1 (100%) | 0 (0.0%) | 51 (0%) | 24 (47.1%) | 27 (52.9%) | 12 (0%) | 8 (66.7%) | 4 (33.3%) | 0 (0%) | 0 | 0 | 1,456 (46%) | 709 (48.7%) | 747 (51.3%) | 42 (39%) | 13 (31.0%) | 29 (69.0%) |
| 外國語合清國語 | 0 (0%) | 0 | 0 | 0 (0%) | 0 | 0 | 0 (0%) | 0 | 0 | 0 (0%) | 0 | 0 | 3 (0%) | 1 (33.3%) | 2 (66.7%) | 0 (0%) | 0 | 0 |
| 清國語 | 0 (0%) | 0 | 0 | 0 (0%) | 0 | 0 | 0 (0%) | 0 | 0 | 0 (0%) | 0 | 0 | 3 (0%) | 1 (33.3%) | 2 (66.7%) | 0 (0%) | 0 | 0 |
| 不詳 | 0 (0%) | 0 | 0 | 3 (0%) | 2 (66.7%) | 1 (33.3%) | 0 (0%) | 0 | 0 | 0 (0%) | 0 | 0 | 3 (0%) | 2 (66.7%) | 1 (33.3%) | 0 (0%) | 0 | 0 |

說明：本表數據引自第一次臨時戶口調查統計。

表44：1905年南投廳居民副用語言區分表

| 族群別 項目 | 日本人 | | | 臺灣人 | | | | | | | | | | | | | | |
|---|---|---|---|---|---|---|---|---|---|---|---|---|---|---|---|---|---|---|
| | | | | 福建 | | | 廣東 | | | 其他 | | | 熟蕃 | | | 生蕃 | | |
| 語言別 | 總數 | 男 | 女 | 總數 | 男 | 女 | 總數 | 男 | 女 | 總數 | 男 | 女 | 總數 | 男 | 女 | 總數 | 男 | 女 |
| 人口數 | 588 | 372 | 216 | 61,932 | 33,536 | 28,396 | 4,207 | 2,542 | 1,665 | 25 | 19 | 6 | 4,838 | 2,323 | 2,515 | 108 | 22 | 86 |
| 比例 | 100% | 63.3% | 36.7% | 100% | 54.1% | 45.9% | 100% | 60.4% | 39.6% | 100% | 76.0% | 24.0% | 100% | 48.0% | 52.0% | 100% | 20.4% | 79.6% |
| 日語 | 3 | 3 | 0 | 66 | 65 | 1 | 2 | 2 | 0 | 3 | 3 | 0 | 24 | 24 | 0 | 0 | 0 | 0 |
| 比例 | 0.5% | 100% | 0.0% | 0.1% | 98.5% | 1.5% | 0.0% | 100% | 0.0% | 12.0% | 100% | 0.0% | 0.5% | 100% | 0.0% | 0.0% | | |
| 閩南語 | 231 | 198 | 33 | 117 | 82 | 35 | 1,140 | 771 | 369 | 0 | 0 | 0 | 826 | 430 | 396 | 16 | 8 | 8 |
| 比例 | 39.3% | 85.7% | 14.3% | 0.2% | 70.1% | 29.9% | 27.1% | 67.6% | 32.4% | 0.0% | | | 17.1% | 52.1% | 47.9% | 14.8% | 50.0% | 50.0% |
| 客家語 | 1 | 1 | 0 | 66 | 49 | 17 | 469 | 276 | 193 | 2 | 2 | 0 | 24 | 15 | 9 | 0 | 0 | 0 |
| 比例 | 0.2% | 100% | 0.0% | 0.1% | 74.2% | 25.8% | 11.1% | 58.8% | 41.2% | 8.0% | 100% | 0.0% | 0.5% | 62.5% | 37.5% | 0.0% | | |
| 蕃語 | 0 | 0 | 0 | 722 | 89 | 633 | 15 | 11 | 4 | 0 | 0 | 0 | 625 | 265 | 360 | 61 | 7 | 54 |
| 比例 | 0.0% | | | 1.2% | 12.3% | 87.7% | 0.4% | 73.3% | 26.7% | 0.0% | | | 12.9% | 42.4% | 57.6% | 56.5% | 11.5% | 88.5% |
| 外國語 合清國語 | 13 | 12 | 1 | 6 | 5 | 1 | 0 | | | 3 | 3 | 0 | 6 | 2 | 4 | 0 | | |
| 比例 | 2.2% | 92.3% | 7.7% | 0.0% | 83.3% | 16.7% | 0.0% | | | 12.0% | 100% | 0.0% | 0.1% | 33.3% | 66.7% | 0.0% | | |
| 清國語 | 0 | 0 | 0 | 6 | 5 | 1 | 0 | 0 | 0 | 3 | 3 | 0 | 6 | 2 | 4 | 0 | 0 | 0 |
| 比例 | 0.0% | | | 0.0% | 83.3% | 16.7% | 0.0% | | | 12.0% | 100% | 0.0% | 0.1% | 33.3% | 66.7% | 0.0% | | |
| 不詳 | 0 | 0 | 0 | 0 | | | 0 | | | | | | | | | 0 | | |
| 比例 | 0.0% | | | 0.0% | | | 0.0% | | | 0.0% | | | 0.0% | | | 0.0% | | |

說明：本表數據引自第一次臨時戶口調查統計。

表45：1915年全島、南投廳、埔里社堡、烏牛欄庄臺灣人日語了解程度統計表

| 區域別 項目 會日語程度 | 全島 | | | 南投廳 | | | 埔里社堡 | | | 烏牛欄庄 | | |
|---|---|---|---|---|---|---|---|---|---|---|---|---|
| | 總數 | 男 | 女 | 總數 | 男 | 女 | 總數 | 男 | 女 | 總數 | 男 | 女 |
| 人口數 | 3,325,755<br>100% | 1,721,560<br>51.8% | 1,604,195<br>48.2% | 122,810<br>100% | 64,903<br>52.8% | 57,907<br>47.2% | 17,821<br>100% | 9,439<br>53.0% | 8,382<br>47.0% | 1,178<br>100% | 604<br>51.3% | 574<br>48.7% |
| 能讀且能寫者 | 71,579<br>2.2% | 65,807<br>91.9% | 5,772<br>8.1% | 3,720<br>3.0% | 3,468<br>93.2% | 252<br>6.8% | 630<br>3.5% | 564<br>89.5% | 66<br>10.5% | 83<br>7.0% | 60<br>72.3% | 23<br>27.7% |
| 能讀或能寫者 | 5,474<br>0.2% | 4,983<br>91.0% | 491<br>9.0% | 329<br>0.3% | 303<br>92.1% | 26<br>7.9% | 40<br>0.2% | 34<br>85.0% | 6<br>15.0% | 11<br>0.9% | 8<br>72.7% | 3<br>27.3% |
| 不能讀寫者 | 3,248,702<br>97.6% | 1,650,770<br>50.8% | 1,597,932<br>49.2% | 118,761<br>96.7% | 61,132<br>51.5% | 57,629<br>48.5% | 17,151<br>96.3% | 8,841<br>51.5% | 8,310<br>48.5% | 1,084<br>92.1% | 536<br>49.4% | 548<br>50.6% |

（比例）

說明：本表數據引自第二次臨時戶口調查統計。

表46：1920年全島、能高郡、埔里街、烏牛欄臺灣人日語了解程度統計表

| 區域別 項目 會日語程度 | 全島 | | | 能高郡 | | | 埔里街 | | | 烏牛欄 | | |
|---|---|---|---|---|---|---|---|---|---|---|---|---|
| | 總數 | 男 | 女 | 總數 | 男 | 女 | 總數 | 男 | 女 | 總數 | 男 | 女 |
| 人口數 | 3,466,507 | 1,781,636 | 1,684,871 | 25,882 | 14,061 | 11,821 | 19,570 | 10,234 | 9,336 | 1,176 | 583 | 593 |
| | 100% | 51.4% | 48.6% | 100% | 54.3% | 45.7% | 100% | 52.3% | 47.7% | 100% | 49.6% | 50.4% |
| 會日語者 | 99,065 | 87,897 | 11,168 | 789 | 704 | 85 | 311 | 280 | 31 | 43 | 35 | 8 |
| | 2.9% | 88.7% | 11.3% | 3.0% | 89.2% | 10.8% | 1.6% | 90.0% | 10.0% | 3.7% | 81.4% | 18.6% |
| 不會日語者 | 3,367,442 | 1,693,739 | 1,673,703 | 25,093 | 13,357 | 11,736 | 19,259 | 9,954 | 9,305 | 1,133 | 548 | 585 |
| | 97.1% | 50.3% | 49.7% | 97.0% | 53.2% | 46.8% | 98.4% | 51.7% | 48.3% | 96.3% | 48.4% | 51.6% |
| 能讀能寫者 | 115,305 | 101,884 | 13,421 | 927 | 821 | 106 | 388 | 349 | 39 | 68 | 56 | 12 |
| | 3.3% | 88.4% | 11.6% | 3.6% | 88.6% | 11.4% | 2.0% | 89.9% | 10.1% | 5.8% | 82.4% | 17.6% |
| 能讀者 | 19,651 | 16,782 | 2,869 | 93 | 82 | 11 | 59 | 51 | 8 | 16 | 14 | 2 |
| | 0.6% | 85.4% | 14.6% | 0.4% | 88.2% | 11.8% | 0.3% | 86.4% | 13.6% | 1.4% | 87.5% | 12.5% |
| 不能讀能寫者 | 3,331,551 | 1,662,970 | 1,668,581 | 24,862 | 13,158 | 11,704 | 19,123 | 9,834 | 9,289 | 1,092 | 513 | 579 |
| | 96.1% | 49.9% | 50.1% | 96.1% | 52.9% | 47.1% | 97.7% | 51.4% | 48.6% | 92.9% | 47.0% | 53.0% |

（比例）

說明：本表數據引自第三次臨時戶口調查統計。

表47：1930年臺灣人會日語程度區分表

| 人數、性別及比例　　會日語程度 | 比例一 | | | 比例二 | | |
|---|---|---|---|---|---|---|
| | 總數 | 男 | 女 | 總數 | 男 | 女 |
| 總人口數 | 4,313,681 / 100% | 2,192,384 / 50.8% | 2,121,297 / 49.2% | | | |
| 會日語人口數 | 533,172 / 12.4% | 424,230 / 19.4% | 108,942 / 5.1% | 533,172 / 100% | 424,230 / 79.6% | 108,942 / 20.4% |
| 會說日語且能讀能寫 | 319,233 / 7.4% | 259,050 / 11.8% | 60,183 / 2.8% | 319,233 / 59.9% | 259,050 / 61.1% | 60,183 / 55.2% |
| 會說日語且能讀 | 13,720 / 0.3% | 10,754 / 0.5% | 2,966 / 0.1% | 13,720 / 2.6% | 10,754 / 2.5% | 2,966 / 2.7% |
| 只會說日語 | 32,474 / 0.8% | 24,873 / 1.1% | 7,601 / 0.4% | 32,477 / 6.1% | 24,876 / 5.9% | 7,601 / 7.0% |
| 不會說日語但能讀能寫 | 111,592 / 2.6% | 86,866 / 4.0% | 24,726 / 1.2% | 111,592 / 20.9% | 86,866 / 20.5% | 24,726 / 22.7% |
| 不會說日語但能讀 | 56,153 / 1.3% | 42,687 / 1.9% | 13,466 / 0.6% | 56,153 / 10.5% | 42,687 / 10.1% | 13,466 / 12.4% |

說明：

一、本表數據引自第五次臨時戶口調查統計。

二、「比例一」欄的百分比是指該欄統計數佔「總人口數」欄的統計數之比例。「總人口數」欄的「男」、「女」欄百分比是指該欄人口數佔「總數」欄的統計數之比例。

三、「比例二」欄的百分比是指該欄統計數，佔「會日語人口數」欄的統計數之比例。「會日語人口數」欄的「男」、「女」欄百分比是指該欄人口數佔「總數」欄的統計數之比例。

表48：1940年臺灣人會日語程度區分表

| 人數、性別及比例／會日語程度 | 總數 | 男（比例一） | 女 | 總數 | 男（比例二） | 女 |
|---|---|---|---|---|---|---|
| 總人口數 | 5,510,259 / 100% | 2,776,808 / 50.4% | 2,733,451 / 49.6% |  |  |  |
| 會日語人口數 | 1,663,087 / 30.2% | 1,069,970 / 38.5% | 593,117 / 21.7% | 1,663,087 / 100% | 1,069,970 / 64.3% | 593,117 / 35.7% |
| 會說日語且能讀能寫 | 1,143,913 / 20.8% | 797,975 / 28.7% | 345,938 / 12.7% | 1,143,913 / 68.8% | 797,975 / 74.6% | 345,938 / 58.3% |
| 會說日語且能讀 | 116,162 / 2.1% | 63,537 / 2.3% | 52,625 / 1.9% | 116,162 / 7.0% | 63,537 / 5.9% | 52,625 / 8.9% |
| 只會說日語 | 203,294 / 3.7% | 101,899 / 3.7% | 101,395 / 3.7% | 203,294 / 12.2% | 101,899 / 9.5% | 101,395 / 17.1% |
| 不會說日語但能讀能寫 | 135,164 / 2.5% | 76,118 / 2.7% | 59,046 / 2.2% | 135,164 / 8.1% | 76,118 / 7.1% | 59,046 / 10.0% |
| 不會說日語但能讀 | 64,554 / 1.2% | 30,441 / 1.1% | 34,113 / 1.2% | 64,554 / 3.9% | 30,441 / 2.8% | 34,113 / 5.8% |

說明：

一、本表數據引自第七次臨時戶口調查統計。

二、「比例一」欄的百分比是指該欄統計數佔「總人口數」欄的統計數之比例。「總人口數」欄的「男」、「女」欄百分比是指該欄人口數佔「總數」欄的統計數之比例。

三、「比例二」欄的百分比是指該欄統計數，佔「會日語人口數」欄的統計數之比例。「會日語人口數」的「男」、「女」欄百分比是指該欄人口數佔「總數」欄的統計數之比例。